银行业务文本法引

Legal Guidelines for Banking Documents

魏连兵 ○ 主编　　魏心怡 ○ 副主编

天津大学出版社
TIANJIN UNIVERSITY PRESS

图书在版编目（CIP）数据

银行业务文本法引 / 魏连兵主编 ; 魏心怡副主编
. -- 天津 : 天津大学出版社 , 2023.1
ISBN 978-7-5618-7103-4

Ⅰ . ①银… Ⅱ . ①魏… ②魏… Ⅲ . ①银行法－研究
－中国 Ⅳ . ① D922.281.4

中国版本图书馆 CIP 数据核字（2022）第 002184 号

银行业务文本法引 | YINHANG YEWU WENBEN FAYIN

出版发行　天津大学出版社
地　　址　天津市卫津路 92 号天津大学内（邮编：300072）
电　　话　发行部：022-27403647
网　　址　www.tjupress.com.cn
印　　刷　廊坊市瑞德印刷有限公司
经　　销　全国各地新华书店
开　　本　710 毫米 × 1000 毫米　1/16
印　　张　20
字　　数　328 千
版　　次　2023 年 1 月第 1 版
印　　次　2023 年 1 月第 1 次
定　　价　66.60 元

前　言

践行学以致用

一、关于出版背景

高度发达的金融经济，离不开金融法律的支撑，金融法律的适用程度反映了一个地区金融业的繁荣程度。现代金融体系是以银行业为基础的，银行业的法治水平保障了银行业务的健康有序进行。如何加强银行法治建设，准确、有效、充分适用银行法律是整个银行业共同面对的挑战。

银行法治建设的内容和要求是多方面的。从最基础的层面上讲，银行对自身业务文本管理是银行法治建设的起始点和回归点，没有合同文本支撑的银行业务是不可能存在的。梳理和把控银行法律在业务文本中的运用，应该成为加强银行法治建设的最佳切入点。

实际上，相当一部分银行从业人员不重视业务文本的管理，认为签署业务文本仅为程序要求，文本的内容并不重要，这种情况也导致了另一种事实：银行文本的管理没有较为明确、统一、规范的标准。

如果要建立银行业务文本法律使用标准，就需要先形成银行法律理论与银行业务实践相结合的文本使用指导性规范。这种规范在形式上应采取准字典型，银行从业人员可以随时查阅参考；在内容上要与时俱进，不断变化。

银行业务文本具有相当程度的复杂性，单凭一个人、一个部门、一家银行，甚至整个银行业的力量，都无法建立和不断补充完善银行业务文本使用法律规范，文本法律规范应当众筹社会之力来完成。我们认为，可以通过某种方式，以银行业务文本为中心，形成一个研究团队，深入讨论银行业务文本的制定、使用及管理的各种法律标准、示范或指导，进而不断探讨、总结银行法律适用的实践规律，提升银行业务人员的银行法律素养，促进银行业的法治建设。

二、关于《银行业务文本法引》

银行业务文本确实重要，但是任何人都不可能完全理解银行业务文本的全部信息，如果我们打算建立一个社会参与性的研究组织，了解如何对银行业务文本的研究进行框架性阐述和规划就显得十分重要了，在此情况下，我们撰写了《银行业务文本法引》（简称《法引》），阐述关于银行业务文本法律研究及共建共享的思路，方便志同道合的朋友共同参与讨论。

《法引》由六大板块内容组成。

第一个板块是银行业务文本理论板块，主要阐述金融发展理论、律令（指各种法律及行政监管规制性文件）对银行的影响、银行业务行为法律解构等方面。

我们的基本观点是，金融发展是通过博弈动态发展的，静态模式化管理并不适合我国国情，银行业务文本要与银行发展相匹配，始终遵循博弈原理。

第二个板块是文本构成条款板块，主要对银行业务合同文本的基本条款进行分解，方便大家从整体上把控银行业务合同的结构及制作技巧。

我们把文本构成条款分为核心条款、辅助条款和诉讼条款。核心条款指关系合同主体、标的、价款、履行方式、时间、地点、生效等的合同文本条款。辅助条款指背景、定义、附则、税费等具有辅助性质的合同文本条款。诉讼条款指用于解决争议的条款，包括权利、义务、责任、违约 / 侵权事件及争议管辖条款。

文本构成条款是基础性条款，是银行业务文本的基础，银行业务文本的制作都要遵循文本构成条款。同时，文本构成条款虽然侧重文本条款制作的规范，但是为了便于内容的安排管理，我们也将关联文本构成条款的事项内容纳入相应的条款综合分析中。

第三个板块是银行业务板块，分为基础业务和六种特殊业务。

银行基础业务是银行常规业务，在此我们没有罗列全部的银行业务，而是将具有代表性的业务和基础性的业务进行归纳（由于水平有限，不一定准确），从思路上讲，只要把控好银行的基础业务，对银行的全部业务就会有整体的把控，就能更好地为银行提供法律服务。

对于银行的特殊业务，我们需要分析这些特殊业务的特点和要求，并将这些要求反馈到业务文本中，因此我们对银行的特殊业务进行了梳理归纳。

第一种特殊业务是资管业务。资管业务不属于银行的资产、负债或结算中的任何一种业务，而是一种表外业务。

第二种特殊业务是创新业务。创新业务不是单纯的具体业务，它表现为银行传统业务的突破，我们的目的在于梳理创新业务的特点及法律风险点，从而确定业务文本的把控点。

第三种特殊业务是担保、保障业务。担保业务是传统的银行业务，主要是为银行的授信提供担保，不涉及货币资金的流转；保障业务是指非典型担保或风险缓释业务。

第四种特殊业务是业务调整。业务调整对变更的业务及如何办理变更有单独的处理原则。

第五种特殊业务是风控业务。风控业务实质是银行内部管理业务，由于与风险紧密关联，所以被单独作为一种业务来研究分析。风控业务涉及以下四个内容。

一是如何识别风险的存在，风控的重点在于及时发现和识别风险。

二是对业务操作的把控，合规操作能避免大部分风险发生，尤其是银行内部犯罪，其风险很难缓释，这也是风控的重点。

三是事实确认，事实确认是综合事项，贯穿银行业务的整个过程，事实证据充分也是胜诉的基础，不过事实确认是单列为一个特殊业务还是放在诉讼业务中，有待商榷。

四是化险业务，对出现风险的业务或出现冲突的事项，银行通过协商解决这些业务。

第六种特殊业务是财产把控业务，主要是对客户或对银行负有责任的义务人进行财产掌控追索的业务。财产把控本来应纳入风控业务，但由于财产把控太重要，所以单独作为一种业务来研究。

第四个板块是博弈维权板块，博弈维权是指银行通过权力机关解决争议维护合法权益的业务，内容包括诉讼、执行、各种仲裁、调解、行政申诉、行政复议等一系列维权行为，最典型的就是诉讼。博弈维权内容不仅局限于清收不良贷款（虽然它是银行仲裁业务的主要部分），也包括制止针对银行的种种侵权行为，拒绝针对银行所提出的不合法的权利主张。

单独设立博弈维权板块的原因包括以下三方面。

一是博弈维权中使用的文本具有特殊性，不能纳入银行业务文本进行分析。

二是银行合同管理的质量评价标准就是能否维护银行合法权益。尽管在合同管理过程中并未忽视维护银行合法权益的导向，但是在具体业务实施过程中，存在法律适用时间滞后的问题，银行需要时刻注意司法的最新动态，根据司法变化，调整自身合同法律管理的具体措施。因此，我们通过博弈维权板块，分析如何及时有效把控司法最新动态，及时消除日常合同法律管理的隐藏风险。

三是银行合同文本法律管理通常由银行作为主体进行，银行在进行合同管理的过程中必然会带有局限性，我们通过博弈维权板块对司法裁判、行业监管的逻辑思维进行梳理，从不同角度对合同的法律管理进行分析，能保障银行的权益不受损失。

因为博弈维权是合同文本的核心目的，其要求是银行业务文本的标准，所以单独作为重要内容来分析。

第五个板块是文本法务管理板块，主要介绍银行法务如何制作、管理、审查业务合同，如何审查合同，如何指导合同的填写，以及合同文本事务的外包服务。

第六个板块是信息库建设板块，包括课题信息目录、参考类信息库（含律令信息库、案例信息库、理论研究信息库）、工具类信息库（含风险信息库、业务文本信息库）。

课题信息目录用于银行业务文本信息的归集、查阅、使用。

参考类信息库用于银行处理具体业务时查找和参考相关的资料。

工具类信息库用于业务处理时可直接或间接引用。

时事库是对重点课题项目持续深入观察把控的动态数据库。

信息库建设可以与文本管理分离，单独成为一个项目来研究拓展。

第七个板块是共建共享平台建设板块，主要介绍了共建共享银行业务文本研究的运行模式。

我们期望，《法引》能够起到抛砖引玉的作用，因此在编写《法引》过程中注意凸显以下几个特点，请读者予以关注和理解。

（1）《法引》的内容是框架性的，很少进行细致深入的描写，《法引》意在尝试构建银行业务文本的内容框架，便于以后完善、查阅和使用。有些课题具有综合性和交叉性，为了便于内容的安排，我们尽量选择一个比较妥当的课题进行汇总研究。

（2）为了便于推广，《法引》采用通俗的语言风格，离法言法语的要求有差距，我们争取做到雅俗共赏。

（3）《法引》是银法用典研究团队的一个尝试，是以银行法务为第一视角进行编写的，为了增加法引的开放性，将会采取不同的主体视角，不断丰富内容，更新推出不同版本的法引。

（4）在内容技术处理上，《法引》不是学术理论型著作，它更侧重对司法实践的指导和参考，其以仲裁逻辑为主，结合理论、业务需求进行路径分析。

路径分为概念路径、行为操作路径和博弈路径三种。概念路径是对标的物的静态界定；行为操作路径是对业务发生过程的描述，以法律强制规范、监管要求为重点；博弈路径指如何界定权、责、利，应对可能发生的争议情况，维护银行合法权益。

发现和编排这些路径，建立和不断优化合适的知识数据库，是我们的长期任务。

三、关于共建共享

《法引》的出版，除了基础性介绍银行文本法律制作管理适用原理外，更重要的是发出召集信息，吸引志同道合的朋友参与银行业务文本甚至银行法治管理的项目，建立众筹共享平台，也欢迎大家多提建设意见或建议。

四、版权说明

本书由主编魏连兵、副主编魏心怡共同完成。

感谢严武师兄等西北政法大学天津校友们，在他们的支持下本书才得以形成。特别感谢刘万海、许廷周、张春华三位校友，他们不仅提供了法律素材，而且提供了人力、物力支持，三位校友的情谊我们铭记于心。

感谢您的关注，期待您的参与。

成稿于2021年6月6日

目　录

第一部分　金融政法博弈

第一章　金融博弈观 | 3

第二章　银行律令调控 | 6

第一节　律令调控范围分析 | 6
第二节　律令调控的作用效能 | 7
第三节　律令管理的实施方式 | 7
第四节　律令文本调控的具体实践 | 8

第三章　银行业务法律解构 | 9

第一节　业务主体导论 | 9
第二节　银行业务标的导论 | 18
第三节　银行业务行为导论 | 23

第四章　行政监管 | 31

第一节　行政监管的业务界定 | 31
第二节　违反行政监管的后果 | 31
第三节　行政监管在业务文本中的反映 | 32
第四节　行政监管对履约的要求 | 32
第五节　银行营运操作一定要贯彻监管要求 | 33
第六节　行政监管对银行公司治理、机构建设的意义 | 33

第二部分　文本构成条款导引

第一章　文本核心条款导引 | 37

第一节　主体条款导引 | 37

第二节　银行业务产品标的物条款导引 | 42
第三节　价款利率条款导引 | 47
第四节　履约操作条款导引 | 70
第五节　时间条款导引 | 76
第六节　地点条款导引 | 79
第七节　起始条款导引 | 81

第二章　文本辅助条款导引 | 102

第一节　背景条款导引 | 102
第二节　定义条款导引 | 104
第三节　代理条款导引 | 108
第四节　税费率条款导引 | 109
第五节　合同属性条款导引 | 111
第六节　文件提供条款导引 | 118
第七节　第三人条款导引 | 119
第八节　附则条款导引 | 120
第九节　附件条款导引 | 121

第三章　诉讼条款导引 | 124

第一节　权利条款导引 | 126
第二节　义务条款导引 | 130
第三节　责任条款导引 | 138
第四节　争议条款导引 | 153

第三部分　银行业务简析

第一章　基础业务篇 | 157

第一节　贷款业务简析 | 157
第二节　账户业务简析 | 158
第三节　存款业务简析 | 160
第四节　结算业务简析 | 161
第五节　票据融资业务简析 | 163
第六节　保函业务简析 | 164

第七节　信用证融资业务简析丨 166
第八节　供应链融资业务简析丨 170
第九节　资金池业务简析丨 174
第十节　委托贷款业务简析丨 174
第十一节　消费授信业务简析丨 176
第十二节　同业存款业务简析丨 177
第十三节　同业融投资业务简析丨 178
第十四节　债券业务简析丨 179
第十五节　非标投资业务简析丨 180
第十六节　金融衍生产品业务简析丨 181
第十七节　结构性业务简析丨 182
第十八节　电子银行业务简析丨 183
第十九节　信用卡业务简析丨 185
第二十节　房屋租赁业务简析丨 186
第二十一节　理财业务简析丨 186
第二十二节　外汇业务简析丨 187
第二十三节　增信杠杆业务简析丨 190

第二章　资管业务导引丨 191

第一节　业务概述丨 191
第二节　资管业务的主体构成丨 192
第三节　资管业务基本模式丨 195
第四节　银行资管业务的基础业务丨 197
第五节　资管业务法律把控丨 198

第三章　创新业务导引丨 200

第一节　创新业务原理分析丨 200
第二节　创新业务的法律把控丨 201
第三节　创新业务信息库的建设要素丨 202
第四节　创新业务功效分类丨 203
第五节　两种特殊的创新业务丨 206

第四章　担保保障业务导引丨 211

第一节　担保保障业务总论丨 211

第二节 保证担保条款导引 | 214
第三节 物权担保条款导引 | 216
第四节 保障业务文本导引 | 219
第五节 保证金担保业务分析 | 223

第五章 业务调整导引 | 227

第六章 风控业务导引 | 230

第一节 风控业务总论 | 230
第二节 事实文件解构 | 232

第七章 客户财产把控业务导引 | 235

第一节 客户财产把控文本总论 | 235
第二节 授信业务资金监管解析 | 238
第三节 应收账款业务简析 | 252
第四节 实物保管业务简析 | 257

第四部分 博弈维权业务

第一章 概论 | 261

第二章 博弈维权基础 | 264

第三章 民事诉讼仲裁 | 270

第四章 其他博弈维权业务 | 273

第一节 刑事诉讼 | 273
第二节 化险和解 | 273
第三节 财产执行 | 275
第四节 侵权纠纷 | 277

第五部分 文本法务管理

第一章 文本法务管理总论 | 283

第二章 文本管理使用组织体系的建立 | 284

第三章　法审咨询的原则和流程丨285
第四章　制式文本的管理丨288
第五章　文本的适用管理丨289

第六部分　信息及工具库建设

第一章　银法用典信息库建设概论丨293
第二章　银行业务课题框架目录及使用说明丨298
第三章　诉讼风险自测表及使用指导丨299

后记丨303

第一部分

金融政法博弈

第一章　金融博弈观

金融的核心在信用，信用的核心在规则，规则的生命力在于遵守，遵守的保障在于国家强制力，具有国家强制力的规则就是法律和行政管理规制，国家通过法律和行政管理规制运用公权力。

国家运用公权力对金融市场进行宏观调控与监管是金融法律得以产生的客观现实基础，金融与生俱来的脆弱性和风险性为国家宏观金融调控和微观金融市场规制权提供了正当性和理论依据。

如何看待公权力运行的科学性、规范性以及效率性呢？我们需要从金融行业本身发展的规律来分析这一问题。

一种观点是金融市场决定论。金融产生于实体经济，但金融独立于实体经济，金融行业单独发展。金融深化理论的倡导者麦金农（R. I. Mckinnon，1973）和肖（E. S. Show，1973）认为，经济的发展与金融部门紧密相关，发展中国家普遍存在金融抑制的现状，要根除金融抑制对经济发展的束缚，必须把国家发展的政策核心定位在金融自由化和金融深化上。在健全完善的资本市场以及市场主体的风险呈现出中性特质的前提下，投资机会的价值是由利率决定的，所有有价值的投资机会均会被发掘。因此，金融市场决定论认为市场是看不见的手，可以自由调整金融乃至经济的发展，国家干预金融市场应当从客观实际出发，干预行为的介入仅限于市场失灵并导致实际金融结构已经部分偏离最优金融发展目标的场合。

另一种观点是金融调控发展论。每个经济体在特定的经济发展阶段都对应着一种特殊形态的最优金融发展模式，当两者相适应时，金融体系的基本功能才能实现最大化，进而推动经济持续健康发展。当金融发展模式破坏国民经济时，国家应当主动调控，改变金融发展模式，保障金融为经济实体服务。

我国重视市场的决定作用，同时更强调金融的安全性，坚持金融服务实体经济，在国家控制资本还是资本控制国家的争论上，我们坚持国家调控金融，这是研究我国金融发展的出发点。

马克思主义哲学告诉我们，经济基础决定上层建筑，上层建筑影响经济基础。具体到金融行业，法律不是万能的，金融法没有能力“生产”出一种适合一国经济发展的最优金融发展模式，但金融法作为经济法的分支，其对于纠正金融市场失灵和实际金融发展模式而言，相较于最优金融发展模式的非理性偏离具有重要的功能性价值。金融法是国家干预金融市场的基本法律依据和途径，尤其是对国家权力是否需要介入，何时介入，以何种主体、何种方式、何种力度介入等基本问题，金融法必须提供明确的规范指引和原则要求。

从保障金融行业发展的角度讲，金融法的基本原则应当包括以下几点。

1. 确保金融安全原则

金融是国家经济的命脉，1997 年亚洲金融危机导致了泰国经济和社会的灾难，由此我们得出一个不可动摇的结论：确保我国金融安全是我国金融发展的前提。金融资源错配将影响国家经济的发展，避免金融外患内忧是国家成立金融安全稳定委员会的终极目标。有些观点认为将国家调控仅限于市场失灵情况是片面的，属于亡羊补牢的狭隘思维。

2. 金融效率原则

国家在进行金融宏观调控和金融监管的过程中，坚持金融市场对金融资源配置的决定性作用，始终将基于市场禀赋要素的最优金融发展模式作为调控和监管的终极目标，时刻保持对金融市场机制的充分尊重和敬畏，同时保持金融法的基本结构理性，自觉维护和保障金融市场最优金融发展模式，以达到国家对金融市场的最优干预绩效。

3. 金融公平原则

在挖掘金融市场的经济功能的同时强调金融财富公平分配的社会功能，注意金融对经济的服务责任，降低金融的吸血性和对社会、经济、生态的破坏性和掠夺性。

假设金融业的发展有多重不确定的可能，我们将根据不同阶段的具体需要，通过博弈原理，进行金融发展模式的选择固化，固化的重点在于国家对金融模式的选择，其实现手段就是行政和法律手段。银行业务是通过业务文本操作的，业务文本同时具有金融法律性质和金融经济业务性质，我们需要从行业业务发展和金融法律调整两个方向来对银行业务文本进行总体把控。我们在分析法律、制定履行银行业务文本的过程中，要注意国家调控金融的手段、方式和效果，这样才能从整体上把控如何通过文本实现风险控制的实质要求。

单从金融效率而言，金融的发展模式手段是无穷尽的，而现实中的金融行为控制的确受限制，其原因是金融发展的目标并非单一的，而是金融各方通过博弈达成平衡的结果。

“君子不立危墙之下”，从应用角度看，我们需要观察各种金融博弈现象，分析国家金融权力机关对金融政策的实现路径，法律行政（命令）控制的效果，同时要分析不同博弈项下法律适用的原理，不断调整银行自身的经营行为，并通过文本制定和履行方式实现风险的缓释。

第二章　银行律令调控

我国是通过法律和行政手段来调控金融的，法律和行政手段主要指通过制定政策、法律、法规和监管规定命令（我们称之为律令）等方式实现银行业务的发展，但要在银行律令的框架下进行，因此分析和观察银行律令对银行业务实践十分重要。

我们的观察点应注重三个方面：律令调控的范围、律令调控的作用和律令调控的实施方式，从而把控银行业务合法合规，规避调控风险。

第一节　律令调控范围分析

银行律令直接关乎银行业务资源的分布、流向及银行盈利控制，权力机关对金融行业资源的影响有以下三个。

（1）资源创造，比如央行放水，国家财政部门或国资公司创造的建设项目。

（2）资源管控，分为环境调控和资源调控。环境调控包括基础建设、金融安全、服务实体经济规划等，资源调控分为资源利用限制及诚信环境建设。

诚信环境建设的原理在于：银行经营的是信用，信用来自规则及规范，银行经营不规范，无法取得社会信任，则会丧失经营的基础。

（3）获利限制，利润最大化是企业经营的原始动力，但是唯利是图往往破坏了社会整体经营环境，因此国家会采取规范经营的种种措施，比如要求授信资金不得投资股市，推行普惠金融，坚持脱虚向实，强调保护消费者权益，坚持绿色金融，等等。

我们需要研究银行业务资源的种类及获取使用方式，并以获得金融资源的可能性来衡量律令对银行业务的影响，主要指对银行社会资源掌控组合过程的监管。

权力调控的途径有以下几个方面。

（1）环境调控，包括金融主体资质调控，人员管理、各种运行系统的建设管理，如清算系统运行、经理国库，管理征信业等。强调社会公平环境，如强调银行的社会责任、强化消费者保护方面的管理、执行绿色金融政策等。

（2）货币外汇政策， 实施汇率政策和外汇管理，外汇管理涉及金融安全问题。

（3）行为管控，对银行负债、资产、经营行为、中间业务的督导、检查、管理等。

（4）金融维稳，包括预防违法，监督管理反洗钱，打击犯罪等。

（5）效率控制，包括货币政策、窗口指导、扶持政策、货币工具的使用等。

第二节　律令调控的作用效能

律令调控的作用有两种表现形式，一种是指导示范，另一种是抑制规范。

指导示范的作用一是维护强化金融信用，因为银行的核心在于金融信用的稳定安全；二是夯实金融基础，不同于西方金融逐利吸血的本性，我国的金融是为实体经济服务的，提倡脱虚向实，提倡普惠金融；三是制定奖励措施，变相增加银行的收入。

抑制规范的作用在于业务调控红线的界定，金融机构包括银行，赚钱的冲动和办法总是无限的，基于权力机构不能直接控制具体银行业务，只能通过律令来实现公权目的。

第三节　律令管理的实施方式

律令调控模式包括权力机关、调控起因时机、调控方式、调控力度、调控对象目的、风险观测及文本联系点。

权力机关包括人民银行、银保监会、证券委会、金融委、外汇等金融监管机构；工商局、公安局、消防局、房管局等政府机关；股市等中介登记机关；银行行业协会等引导服务机构；党委、监察委等监督机构；财政税收等财政机构，以及国有控股、政府经济平台等政策执行的经济机构。

调控起因时机包括推行某种业务、提示风险、整顿。

调控方式包括宏观调控方式和微观调控方式。宏观调控方式包括发布规章、发布通知命令、风险提示、业务示范、窗口指导、工具使用、建立准入制度等；微观调控方式包括具体业务行政审批、行政处罚、行政建议、不予办理、备案、检查、仲裁裁决等。

调控对象目的：金融发展三原则的实现，即确保金融安全、金融效率和金融公平。

在调控模式的风险把控方面，要分析各种调控形式、种类、结果对业务的影响程度，其中重点在于分析各种处罚的处罚条件，避免银行在经营过程中触线。

第四节　律令文本调控的具体实践

从形式上，我们要确保银行业务文本合法合规，在内容上我们要深刻领会律令管理的价值要求，不能违规操作，至于如何通过文本控制避免银行触线，这是我们需要不断研究和探索的问题。

第三章　银行业务法律解构

任何银行业务的办理均是一种法律行为，无论在法理上，还是在实践上，法律行为均由以下三要素构成：一是行为主体；二是法律关系内容；三是标的。以上三者各自有不同的分类，不同要素之间通过混合、镶套、变形构成不同的银行法律业务。

进行银行业务法律解构的目的在于从整体上把控银行业务的法律构成，从法律角度进行银行业务分类，从基础上掌握银行律令对银行业务的要求。我们关注基本业务的法律特征，这样可以快速把控基于基础业务衍生的具体银行业务。

我们计划从银行业务法律行为中最主要的法律关系主体、内容、行为、操作进行分析。

第一节　业务主体导论

我们对银行业务主体的研究是综合性的研究，因为银行研究的课题涉及以下几个主体：一是银行主体法律解构分析；二是业务拓展时的业务对象的主体调查认定；三是签约主体条款的描述；四是风险缓释业务中的主体确认，含第三人、侵权人主体认定；五是裁判主体的确定；六是主体异常情况分析，比如主体发生死亡、失联、注销、吊销、合并分立、债权的转让导致主体变更情况分析。

我们在解构银行业务主体的时候，主要围绕以下思路进行。

首先对业务主体进行理论上的研究，包括主体法律身份的确定、主体的调查识别、基于前两者而衍生出来的关联主体和特殊业务主体的认定。流程是：①根据业务模式、业务需要确定具体的业务主体有哪些；②在确定具体的主体之后，对这些具体的主体进行资质审查（实际上就是事实认定，实际操作中注意考虑将资质文件作为合同的附件）；③根据资质审查结果，形成最终的文本中书面形式的主体条款；④根据业务变化情况对主体进行调整；⑤对主体条款常见的瑕疵进行风险分析和缓释。一旦发生诉讼，如何将其他人追加为诉讼或执行主体（在清收诉讼中），或者排除银行作为诉讼一方（被诉案件）承担责任（尤其注意避免总行成为被告）。

在梳理合同主体事项时，注意与合同法律原理有关的主体的内容分析，注意履约过程中主体的变更以及诉讼时同时关联的主体把控问题（比如不要遗漏共同被告）。

我们按照上述业务推进发展的逻辑，对业务主体进行区别分析。

一、主体范围的确定

主体范围的确定就是明确业务可能涉及哪些具体的业务主体，可以从以下角度进行。

（1）业务利益 / 操作 / 交易关联的主体，比如借款关系中的借款人就是利益主体，操作主体就是可能没有利益关系，但是负有操作协助义务的主体，比如仓单的仓库保管主体、为抵押物提供保险的保险公司。

（2）担保 / 保障主体，为银行业务提供担保或保障的业务主体，比如保证人、流动性支持人等。

（3）利害关系第三人主体，在银行业务办理过程中需要为银行提供配合的主体（如客户的债务人）或者银行需要照顾其利益的人（如早于银行抵押的租赁人）。

（4）衍生主体，即基于法律、合同或利益关系，与业务主体可能关联的其他主体。

二、主体法律身份的确定

我们在前面的论述中提到银行业务主体和业务法律关系有密切关系，银行需要根据业务法律性质情况确定合格的主体，主体不合格的要予以更换调整，在这点上我们需要从理论上进行总结，在实践中进行归纳，对错案要予以警惕。

如何围绕业务确定具体的合同主体?

合同的制订 / 使用服务于业务，合同的主体也应根据业务交易操作的需要来确定，我们称之为业务途径。

从业务操作角度来讲，任何银行业务都有交易模式和操作规程的存在，每一个交易对象当然成为合同的主体。围绕业务确定合同主体，实质就是确认合同主体是否与合同的法律关系吻合适格匹配，反映了商业条款和法律条款的综合，这是确定具体合同主体的主要途径。

拓展提示：研究各种银行业务模式对检索合同主体是否缺失非常重要。

另一方面，针对交易方而言，有些交易方不限于单独的一个合同主体，往往是由多个合同主体构成的。有些人即使没有进行业务操作，但是仍需承担相应的法律责任或享有相关的权益，这些法律关联人也成为合同主体，我们称之为衍生主体。

三、主体的调查识别认定

认识客户，是银行业务管理最基本的要求，从目标管理角度看，我们需要对客户或者业务主体调查识别。主体认定的目标包括以下四个方面。

（一）业务主体的民事能力

民事能力包括民事资格能力和民事行为能力。关于民事资格的审查，《中华人民共和国民法典》（以下简称《民法典》）规定了三类民事主体，即自然人、法人和非法人组织，这三类民事主体可以作为合同的主体，对这些合同主体民事资格的审查，主要依靠审查其身份资格法律证件，比如身份证、营业执照等来进行。

但需要注意的是，这三类主体签订的合同并不一定都会生效。

1. 自然人

自然人包括完全民事行为能力人、限制民事行为能力人、无民事行为能力人。

（1）完全民事行为能力人：十八周岁以上的自然人为成年人。不满十八周岁的自然人为未成年人。成年人为完全民事行为能力人，可以独立实施民事法律行为。十六周岁以上的未成年人，以自己的劳动收入为主要生活来源的，视为完全民事行为能力人。

（2）限制民事行为能力的未成年人：八周岁以上的未成年人为限制民事行为能力

人，实施民事法律行为由其法定代理人代理或者经其法定代理人同意、追认；但是，可以独立实施纯获利益的民事法律行为或者与其年龄、智力相适应的民事法律行为。

（3）无民事行为能力人：不满八周岁的未成年人为无民事行为能力人，由其法定代理人代理实施民事法律行为。不能辨认自己行为的成年人为无民事行为能力人，由其法定代理人代理实施民事法律行为。无民事行为能力人无权签约。

2. 法人

法人是具有民事权利能力和民事行为能力，依法独立享有民事权利和承担民事义务的组织，包括以下几种。

（1）营利法人：以取得利润并分配给股东等出资人为目的成立的法人，为营利法人。营利法人包括有限责任公司、股份有限公司和其他企业法人等。

（2）非营利法人：为公益目的或者其他非营利目的成立，不向出资人、设立人或者会员分配所取得利润的法人，为非营利法人。非营利法人包括事业单位、社会团体、基金会、社会服务机构等。

（3）特别法人：机关法人、农村集体经济组织法人、城镇农村的合作经济组织法人、基层群众性自治组织法人，为特别法人。

3. 非法人组织

非法人组织是不具有法人资格，但是能够依法以自己的名义从事民事活动的组织，包括个人独资企业、合伙企业、不具有法人资格的专业服务机构等。

个体工商户和农村承包经营户性质类似非法人组织。

（二）业务主体的资质

有些行业需要特定的资质才能从事，银行还要注意调查合同当事人是否具备法律/行政法规规定的、从事特定经营活动应当具备的法定经营资质及相应的资质等级，具体包括以下几种。

（1）建设工程施工合同的承包人，应取得建筑施工企业资质及相应资质等级。房地产开发、建筑、监理、招标代理、审计评估、烟酒、药品、特种设备、物业管理、律师事务所等均需要相应的资质和许可。

另外相关的资质又分等级，比如工程招标代理机构资格分为甲级、乙级和暂定级。其中甲级工程招标代理机构可以承担各类工程的招标代理业务；乙级工程招标代理机构只能承担工程总投资 1 亿元人民币以下的工程招标代理业务；暂定级工程招标代理机构只能承担工程总投资 6000 万元人民币以下的工程招标代理业务。

（2）合作开发房地产合同的当事人，至少其中一方应具备房地产开发经营资质。

（3）从事食品生产、食品流通、餐饮服务，应当依法取得食品生产许可、食品流通许可、餐饮服务许可。

（4）金融类委托理财合同的受托人，应具备金融类委托理财资质。

（5）国内水路货物运输合同的承运人，应具有相应国内水路运输经营资质。

（6）从事期货经纪业务，或从事期货交易的，应具备相应法定资格。

对于经营资质审查，主要看合同主体的许可证书，比如银行的金融许可证。

（三）业务主体的准入资格

有些业务需要符合银行内部的准入资格，不符合条件的，银行不得与其发生业务往来。这是银行经营管理的需要，也是监管要求的体现。

（四）业务主体的自然情况

业务主体的自然情况包括住所、电话、法定代表人、经营场所、财产等。尤其是客户的财产情况，是银行授信业务的基础前提，是银行维权的关键，客户主体的财产情况是综合性的课题，掌控和变现客户资产是追求的效果，此部分内容将统一放在财产文本部分讲述。

四、衍生主体

每笔业务都存在业务主体，但是业务主体并不是唯一的，基于法律、合同或利益关系，业务主体可能关联其他主体，银行称之为衍生主体，比如夫妻共借人、合伙人、股东、上级主管单位等。

衍生合同主体的法律关系识别，能帮助银行检测合同主体是否有遗漏，主体关系描述是否不当。虽然每种具体的银行业务法律关系不一样，但从法理上银行还能总结出一些规律，就目前而言，从相互关系上，合同主体包括以下几种。

（一）共同主体

共同主体是几方共同承担义务责任或共同享受权利的主体，包括法定共同主体和约定共同主体。法定共同主体是由法律直接规定共同性质的主体，比如夫妻、合伙人等；约定共同主体是由当事人约定的共同性质的主体，比如共同担保人等。

各共同主体对外具有同一性，对内各自具有独立性，所以在共同主体列示方面，通常用序号进行区分表示，比如，保证人 1、保证人 2……，为了统一描述共同主体的事项安排，一般在合同中加入统称描述，举例：保证人 1、保证人 2……统称为保证人。

有一种观点认为，合同约定情况下，共同还款人的行为属于债务的加入，即并存的债务承担。那么既然共同还款人是与贷款人并存的债务人，则作为担保人在承担担保责任后享有对共同还款人的追偿权利。

（二）主从主体

主从主体是指存在附属随从关系的主体，主从主体之间实质上是委托关系。

在银行方面的例子有：对分行签约、支行执行的情况，分行的身份就是签约主导主体，支行的身份就是附随主体。在此情况下，合同条款中一般注明：合同项下分行（主导主体）项下的各种业务操作由支行（附随主体）具体实施，结果由分行承担。司法解释有规定，持有《营业执照》的企业下属分支机构，可以自己的名义对外签订合同。但是，除商业银行、保险公司的分支机构外，该分支机构对外提供保证仍须经所属法人或其他组织书面授权。

在客户方面的例子有：由核心企业代表关联企业与银行签署业务协议（合作协议居多），核心企业一般是集团公司，关联企业一般是集团公司的下属企业，被集团公司控制。因为下属企业与集团公司各自具有独立的法人资格，一般情况下，下属企业会给集团公司出具授权。

（三）联合主体

联合主体指地位平等、在权利义务方面具有一致性、关联性的多方主体，联合主体的法律关系实质为联营，主要靠联合约定调整彼此的关系。

联合主体又分为共同联合主体和分别联合主体。前者以合伙人主体为典型，联合主体对外承担共同责任，享受共同权利。分别联合主体就是联合主体之间法律地位独立，各自承担对外责任。

分别联合又分为同时操作联合和承接操作联合。同时操作联合就是不同主体对同一业务项目进行操作，比如多家银行对同一客户进行的联合授信；承接操作联合就是不同主体对同一业务项目按次序进行操作，比如对一笔授信业务，由 A 银行做完以后，约定由 B 银行续作。

对于银行而言，多家银行或金融机构对一家客户授信（银团贷款 / 联合授信）或与某集团公司所属多个公司存在授信，授信银行之间、授信客户之间的关系属于联合主体。

同一银行中多家分行同时对同一客户授信，不属于联合授信，多家分行不属于联合主体。

无论哪种联合主体，合同条款中应有联合主体的各种议事规程的约定，比如中国银行协会推荐的银团贷款合同文本就有相关约定，可以参考使用。

在参考使用该文本过程中需要注意以下两点。

（1）实际业务中，由于各银行的内部管理不一，对业务的把控也不一样，因此各银行应制定补充协议来完善具体的议事规程，协调处理联合业务中管理上的冲突。

（2）从目前来看，无论是银行推出的银团贷款业务文本还是联合授信业务文本，对联合主体之间的责任划分都不明晰，应当在合同中单列一章描述联合主体之间的法律关系，其中共同联合主体之间的法律关系描述的基本思路为：联合主体之间对外承担共同责任，享受共同权利；对内按照约定（一般按授信额度比例）分享成果、承担成本。相对于共同联合主体，独立联合主体之间的法律关系描述的基本思路为：联合主体之间法律地位独立，各自享受权利，承担对外责任。联合主体按议事规程处理相互关系。

另外，目前银行业界内有一种联合借贷业务，就是不同的借款人联合借款，借款人之间无法律关联，业务无关联，各自有贷款入账账户、还贷账户，此类业务的目的就是增信，存在不可规避的法律风险，应谨慎操作。

（四）名义主体

名义主体是指签署合同的主体仅为名义主体，合同实际由他人，也就是实际主体履行，责任由实际主体承担。此类业务中包括股权代持业务、资管计划业务。

名义主体涉及对外披露的问题，《民法典》第九百二十五条规定，受托人以自己的名义，在委托人的授权范围内与第三人订立的合同，第三人在订立合同时知道受托人与委托人之间的代理关系的，该合同直接约束委托人和第三人；但是，有确切证据证明该合同只约束受托人和第三人的除外。

因此在合同中注意增加披露条款内容，简单的用语为：名义主体代实际主体签约，实际主体履行本合同，法律后果均由实际主体承担。

实际操作中，实际主体委托名义主体签约，主要是为了规避法律或现实中的问题，一般不会在合同中进行主体披露，而是另行签约解决隐性主体问题，在此不再论述。

需要注意的是资管计划业务，资管计划合同主体一般写为“资管公司名称＋计划”，这个主体是不对的，“资管公司名称＋计划”在工商局未做登记，不属于合法的主体。

（五）特殊主体

银行是按照合同的框架来研究业务主体的，但是银行在业务经营过程中会遇到特殊业务，因此也会遇到特殊主体。

（1）侵权主体。侵权主体指对银行权益造成损害的主体，比如对银行抵押物造成破坏的主体，申请对银行保证金账户冻结扣划的第三人，当然也包括被银行侵权的主体。

侵权主体多发生于合同之外的业务，不和银行有业务上的直接关系，也不会与银行事先签署协议，属于后续的突发性主体。

在他人向银行提出侵权主张时，侵权主体是明确的，但是可能是无效或者不当的，银行在认为他人侵权时，应核定侵权构成要件，确定银行的主体。

银行以第三人参加诉讼，参照前述处理。

须注意的是，银行在合同中要适当增加免责条款，对于可能由于第三人侵权造成客户违约的，要提前在合同中明示处理办法。

（2）风控主体。在银行业务后期管理过程中由于业务或者出现主体异常、业务风险或者需要解决冲突，银行需要采取相应的风控措施或者冲突协商解决办法，围绕风控 / 冲突业务追加特殊主体，前面为缓释主体，后面为冲突主体，统称风控主体。

风控主体有时为单方义务主体。

单方义务主体指由一方单独实施法律行为的主体，比如担保、声明、陈述、保证、承诺、指令性质的出具方。

针对单方义务主体要做好以下把控：①要和业务关联，主体适格；②政府部门出具担保函或承诺函无效；③要有共有人等关联方的签章确认。比如遗产尚未分割的房屋用作抵押，所有继承人都要签约。

（3）裁判主体。银行在通过裁判过程主张权利、维护权益时需要对裁判行为对象主体进行选择，裁判主体多从前面所涉及的主体选择确定，银行需要研究确定的原则，做到有依据，不丢不滥。

（4）主体的变更。银行业务在管理过程中，主体会发生异常情况，比如主体发生死亡、失联、注销、吊销、合并分立、债的转让、股东变更情况，银行首先要注意变更异常情况，建立主体异常观察机制，并针对不同的变更情况采取相应的措施。

（5）银行自身主体资格。银行自身主体资格包括法律、监管对银行 / 其他金融机构自身资格的特许，国家对金融 / 银行业务主体的把控。

五、关于主体导论与其他内容的关系

主体导论属于理论性质的研究，在具体业务办理过程中，对业务主体有具体的侧重点。比如合同调查阶段的侧重点是对客户主体的选择及法律关系的认定；签约阶段的侧重点是文本的描述；化解风险阶段的侧重点是对新加主体的确认，尤其是利益关系的确认（应该有利益关系人的分类，比如实际控制人，法律上没有关系，但是对其他主体有重大影响）；诉讼阶段的侧重点是诉讼主体范围的确认以及法律关系的确认（哪些人可以被追加为主体，哪些人为第三人），注意诉讼阶段也包含胜诉后的诉讼执行阶段，在诉讼执行阶段，要考虑哪些人可以追加为被申请执行人。

我们认为，主体导论部分属于理论性质，其他部分属于操作，两者虽然有重合，但侧重点不一样，我们拟进行以下安排：在总论部分进行理论上的研究，对具体业务进行操作上的研究指导。四个关联业务侧重具体实践分析，在分析时简要介绍总论的一些内容及查阅提示。

第二节　银行业务标的导论

标的是指合同当事人之间存在的权利义务关系，标的物是指当事人双方权利义务指向的对象。

业务标的物是综合性研究课题，除了法理上的分析，还包括合同条款上的标的物研究、调查阶段对客户资产标的的调查研究、风控过程中对客户资产的观测和保全、化解风险业务中对客户财产标的的追加或处置，以及诉讼业务过程中对客户财产的保全和财产线索的确认和追加执行。

我们认为，银行业务标的物分为产品标的物和风控标的物。产品标的物主要是以货币这一资产为核心延伸的、体现银行服务的载体对象。风控标的物指银行办理风险控制

操作事务所指向的标的物，主要指客户的财产，当然客户的财产有时也可以为产品标的物，比如抵押担保业务。

所以，对银行业务标的物的研究实际分为产品标的物和风控标的物，产品标的物反映于业务拓展、合同制定和履行过程中，风控标的物反映风控内容，我们专门设置财产业务内容用来研究客户财产标的物，至于诉讼阶段的标的物，包括产品标的物和风控标的物，产品标的物的把控能确保银行权益得到确认，风控标的物能保证银行追偿权的实现，考虑到银行产品标的物已经存在且无法变更的情况，我们把诉讼阶段的客户资产把控也纳入财产业务范畴。

无论如何划分标的物，标的物的载体表现都是一致的，因此我们对银行业务标的物的研究从以下三个方面进行。

第一，关于业务标的物的法理研究，分为物权、债权、知识产权，具体内容包括标的物的基本形式分类、法律特征、确认发生时间等。

第二，银行产品业务标的物的研究，放在合同的签署和履行风控部分。

第三，关于客户资产的监控，放在诉讼 / 财产业务文本中。

一、标的物法理研究

银行业务合同标的物的划分依据有两个，一个是具体的对象物自身性质，另一个是法律关系。法律关系也可以叫业务定位。这里对标的物的自身性质进行划分。

标的物的自身性质划分有以下几个标准：一是外在形态，二是标的物的物权属性，三是标的物的物权功能。

从外在形态分析，标的物的外在形态可以理解为自然属性，合同标的物一般可以按照自然属性划分为四类。

（1）有形财产，指具有价值和使用价值并且法律允许流通的有形物，如物资（生产资料与生活资料）、货币、结算工具、债权凭证、有价证券等。

物资标的物一般都有各自的自然属性、国家标准和行业标准，对于特定物资，需要通过特别约定确定其自然属性标准。

值得注意的是，货币标的物分为现金和账款。现金包括各种纸币、金属币，纪念币作为特殊的现金存在。账款是存放于账户的货币，通过存折、银行卡和存款回执等方式表现其存在。

结算工具指用于支付结算的金融结算票据、信用证等，其外在表现分为纸质和电子两种，无论哪一种，其记载内容具有法定的规范。保函一般作为结算工具使用。

债权凭证指记载债的法律事实关系的证据法律文件，形式不一，内容随债权的种类不同而不同，由发行人的印章确认。

债券是有价证券的一种，指按照国家规定发行的标准债权凭证。

使用权利指使用物资的权证，比如土地使用权、承包经营权、知识产权中的财产等，由使用合同和使用权证书构成。

（2）无形财产，指具有价值和使用价值并且法律允许流通的不以实物形态存在的智力成果。

从狭义上讲，银行业务涉及的无形财产包括知识产权和商誉、商业秘密。银行业务很少对无形财产进行交易，所以更多的是对银行及客户无形资产的保护。

（3）劳务，指不以有形财产体现其成果的劳动与服务，如运输合同中的运输行为，委托中的代理、行纪、居间行为等。

银行业务合同中的劳务型标的物一般为金融产品代理行为和资金管理行为，受委托代理法律和行业监管的限制，同时受代理对象约束，比如保险、基金等产品。

（4）工作成果，指在合同履行过程中产生的、体现履约行文的有形物或者无形物。

银行业务合同中的工作成果型标的物一般发生于平台建设、顾问咨询业务以及出证业务。具体类型包括各种网银系统、各种咨询顾问、联营合作。

《民法典》第一百一十五条规定，物包括不动产和动产。法律规定权利作为物权客体的，依照其规定。《民法典》第一百一十六条规定，物权的种类和内容，由法律规定。从物权法定上看，标的物分为不动产、动产、债权权利和其他财产权利。物权法定原则决定标的物的法律认可，核实标的物首先要以法律权利证书或法律规定为准。

从标的物的权能看，标的物涉及所有权、用益物权、担保物权和占有几种权能。

在确定银行业务合同标的物时，要注意明确标的物的权能状态，对占有状态及损失风险确认和权能属性把控。

二、标的物损失风险承担

（1）标的物毁损、灭失的风险，在标的物交付之前由出卖人承担，交付之后由买受人承担，但法律另有规定或者当事人另有约定的除外。

（2）因买受人的原因致使标的物不能按照约定期限交付的，买受人应当自违反约定之日起承担标的物毁损、灭失的风险。

（3）出卖人出卖交由承运人运输的在途标的物，除当事人另有约定的以外，毁损、灭失的风险自合同成立时起由买受人承担。

（4）当事人没有约定交付地点或者约定不明确，依照《民法典》第六百零三至六百零五条的规定，标的物需要运输的，出卖人将标的物交付给第一承运人后，标的物毁损、灭失的风险由买受人承担。

（5）出卖人按照约定或者依照《民法典》规定将标的物置于交付地点，买受人违反约定没有收取的，标的物毁损、灭失的风险自违反约定之日起由买受人承担。

（6）出卖人按照约定未交付有关标的物的单证和资料的，不影响标的物毁损、灭失风险的转移。

（7）因标的物质量不符合质量要求，致使不能实现合同目的的，买受人可以拒绝接受标的物或者解除合同。买受人拒绝接受标的物或者解除合同的，标的物毁损、灭失的风险由出卖人承担。

（8）标的物毁损、灭失的风险由买受人承担的，不影响因出卖人履行债务不符合约定，买受人要求其承担违约责任的权利。

从上述规定中可以清楚地认识到标的物种类的多种多样性，其划分也变得复杂。在社会生产中，希望我们能够抓住规律，合理规避风险，减少自身损失。标的物的出现是经济发展的趋势，我们要准确理解，合理接受。

三、产品标的物的类别梳理

银行业务合同标的的特点有以下几点。

（1）法律规定，标的受物权和债权法律的约束，受登记影响。

（2）关于标的物的界定不仅局限于静态的限定，对业务操作也有反映。

（3）有行业监管的要求。

（4）有指导性示范文本。

（5）货币是银行业务重要的合同标的，货币经营是银行的主业，银行合同的重要标的就是货币，货币作为标的物，是具有特殊性质的物。

在标的与业务品种的关系上，业务品种（产品）决定合同权利义务的内容及对标的的处置安排，标的则反映合同权利义务的现实操作。

标的分为有形资产、无形资产、劳务和技术成果，针对银行业务而言，银行业务标的物分为货币类标的物和非货币类标的物两种。

货币类标的物包括：①货币（货币标的物分为现金和存款，现金包括各种纸币、金属币，纪念币作为特殊的现金存在。存款是存放于账户的货币，通过存折、银行卡和存款回执等方式表现其存在）；②账款；③外汇；④结算工具（指用于支付结算的金融结算票据、信用证等，其外在表现分为纸质和电子两种，无论哪一种，其记载内容是具有法定的规范的。保函一般作为结算工具使用）；⑤理财；⑥授信资产；⑦应收账款；⑧保证金。

非货币类标的物包括：①账户账号；②贵金属；③金融衍生品；④使用权利，指使用物资的权证，比如土地使用权、承包经营权、知识产权中的财产等，由使用合同和使用权证书构成；⑤不动产；⑥动产，包括生产设备、原材料、半成品、产品，正在建造的建筑物、船舶、航空器，交通运输工具等；⑦债权凭证，指记载债的法律事实关系的证据法律文件，形式不一，内容随债权的种类不同而不同，有发行人的印章确认，债券指按照国家规定发行的标准债权凭证；⑧货物单据 / 仓单等；⑨代理行为；⑩代销产品，指银行代为销售的其他金融产品，比如保险产品、基金产品等，代销的产品本身不属于银行业务的产品；⑪银行借记卡；⑫银行贷记卡；⑬操作系统；⑭受益权；⑮永续贷；⑯债权资产；⑰投贷资产；⑱股权；⑲合伙份额；⑳知识产权；㉑破产债权。

以上是我们对银行业务标的物的基本分类，后续会根据研究进展进行不断补充和完善。

第三节　银行业务行为导论

操作动作构成民事行为，民事行为构成业务履行。任何银行业务的办理均是一种法律行为。无论在法理上，还是在实践上，法律行为均由以下三要素构成，一是行为主体，二是法律关系内容，三是标的。以上三者各自有不同的分类，不同要素之间通过混合、镶套、变形，构成不同的银行法律业务。

关于银行行为的研究涉及银行合同业务模式研究、合同履行条款研究、业务操作管理风险控制研究、化解风险的操作以及违约 / 侵权行为的识别问题，所以银行业务行为研究是综合性课题。

我们拟在银行业务行为导论部分对民事行为的法律性质、类型、特征进行梳理，搜集基础的操作动作和行为，对行为的合法性、有效性和规范性进行探讨，对银行业务最基础的操作和行为进行归纳总结，便于从法律角度全局掌控银行业务行为。其他部分则将行为法理和具体业务结合，从实践操作层次上进行研究。

一、民事行为基础原理

民事行为基础原理包括以下四方面。

一是从法律关系上讲，民事行为分为权利民事行为和义务民事行为，此种分类和责任有关。

二是从法律效力上讲，民事行为分为合法民事行为、无效民事行为及代行法律行为。

三是从实现方式上讲，民事行为分为自主行为和配合行为。

四是从法律构成上讲，民事行为分为商业操作行为和民事法律行为。

二、银行业务操作动作

银行的每一笔业务都是由具体操作实现的，所以我们需要对银行业务的操作进行分析，制定相匹配的履行操作条款。虽然履行操作条款属于合同的基础内容，但是银行业务不仅包括合同的签署，更重要的还是合同的正确履行，所以我们将其内容放在这里进行研究，同时也提醒大家，在研究业务履行条款时，其适用范围不宜过窄。

银行业务操作行为是银行业务具体操作动作，每笔银行业务都是由操作行为构成的，但是每一个具体的操作行为不一定形成法律上的银行业务。操作行为可以理解为商业技术层面的行为，可能形成法律结果，也可能没有法律结果。

操作行为从完成业务效果上分为单一操作行为和组合操作行为。单一操作行为指通过一个操作行为实现业务，组合操作行为指需要多个操作行为才能实现业务。

操作行为从法律性质上分为规制操作行为和非规制操作行为。规制操作行为指法律、监管部门或行业有明确界定的行为，非规制操作行为指没有法律、监管部门或行业明确界定，由合同各方约定的行为，包括对规制操作进行补充的行为。

银行业务具体操作行为解构的思路在于：明确每种操作行为的实施步骤有哪些？如何对综合情况进行分析？实际操作的业务如何进行痕迹管理？需要借助的工具有哪些？想要达到何种法律效果？

归纳银行业务种类操作行为的思路是：根据基础类业务产品，搜集基本业务操作动作，再根据这些基本操作动作，进行不同的组合，形成不同的业务操作模式，最后按照不同种类操作行为进行分析。

所有业务操作均有对应的动作名词，搜集名词时应注意首先从法律法规中选用名词，其次从使用的合同等法律性文件中选用名词。我们要边收集名词边查询有关的法律解释，将操作动作上的法理特征（有关法理特征也应专题研究）转化为实用操作要点。在此建议归纳银行业务动作名词统一列表，便于查询使用。

三、银行业务操作基础行为梳理

银行业务操作基础行为是以某种银行具体业务的标准操作为核心进行归类、延伸整理的，所以基础行为又分为标准行为（每个行为分解成若干个动作步骤）和标准行为根据实际情况发生的衍生行为。所以，在搜集业务操作基础行为的过程中除了搜集标准行为，还要搜集衍生行为。注意，搜集衍生行为时要将衍生行为和标准行为挂钩，相应做好挂钩提示。

目前搜集的业务操作基础行为包括以下 33 条。

（1）开户基础行为，指在银行开立账户的行为，是银行业务的发生基础。开户客户分为批发客户开户和零售客户开户，在基础行为之上列明两种客户各自的行为特点，其他业务行为的客户分类同样适用本解释。

（2）收付结算。收付结算基础行为包括：动作提示、汇兑结算、SWIFT 电讯、系统处理、回单出具、收付结算入账收款、收付结算出账付款、收付结算、票单流转支付。

（3）账户管理，包括对账、业务通知、变更、 查询、挂失、 账户分账管理。

（4）账户服务，包括资信证明、 核押、协助查冻扣、账户监管、账户托管。

（5）存款，包括存款基础行为、存款客户分类、存款业务分类。

（6）授信放款，包括发放与支付、申请提款、业务申请与审核、贷后管理、支付及受托支付、还款计划、扣收。

（7）票单基础业务，主要指开立票据 / 信用证 / 保函业务，这些业务都是不直接提供资金授信而提供结算工具的授信业务，所以做同类归纳，在同类归纳后就具体业务做梳理介绍。票单基础业务包括票单开具、票单付款、票单垫款、票单索偿、票单加保、票单贴现、票单转让。

（8）保函业务，是银行对外出具不可撤销的法律文件、用以担保客户履约的担保业务，保函业务不完全是保证担保业务，不适用保证担保法律规定。

（9）系统建设，包括网银基础系统和信息科技系统。网银基础系统，指承载网银的基础系统，比如银联系统。国结系统清算等结算系统也纳入网银基础系统，特点是有国家强制执行标准和系统，也叫国标系统，注意接载自身系统建设。信息科技系统，指银行专属设计开发的信息支持系统，除了业务操作系统外，还包括终端建立、终端管理、安全管理 / 密码交易、数据交换与转移管理、跨境业务活动管理。

（10）网银开户，包括对公网银 、个人开卡。

（11）银行卡使用，包括发卡业务、收单业务。

（12）清算交易， 包括（线上）交易支持、交易发起 / 交易确认、交易凭证、 差错处理。

（13）银企直联。

（14）信用卡，包括发卡、 开卡、授权、 收单、 刷卡、现金分期、垫付。

（15）互联网众筹。

（16）P2P 网贷。

（17）第三方支付。

（18）数字货币。

（19）载体网银，包括手机银行、微信银行、手机 APP（应用程序）等通过特殊载体实现的银行业务网络渠道。

（20）理财业务，包括理财产品设计、理财营销、理财具体销售以及理财产品赎回等分项业务。

（21）中间代理，包括代理基础、众筹管理、结算代理、存款代理、授信代理、贵金属代理、同业代理、同业现金代理、保险代理、代理信托。

（22）中间代销 、代销基础。

（23）同业业务，包括同业负债业务、同业资产业务、同业结算业务和同业中间业务等。

（24）债券投资，包括银行债券投资、债券承销业务、债券交易业务、本币债券回购、债券买断式回购业务。

（25）非标准资产业务，指未按照国家行业标准设计开发的资产类金融产品业务。

（26）投机业务，包括贵金属出售、结构性存款、金融衍生产品、期权锁定、套期保值、外汇远期合约。

（27）资管通道，包括定向资管、信托业务、银基业务、私募业务、结构化融资。

（28）融资使用，包括信托贷款、委托贷款、入股融资、入伙融资、永续贷、债权投资、投贷联动、质押回购、投资保险公司股权。

（29）资金退出，包括股权转让退出、回购退出、权利转让退出、收购退出、份额转让。

（30）通道管理，包括行为管理、自治管理。

（31）保障担保，包括担保业务、特殊保障。

（32）外汇业务，包括结售汇、购现钞、跨境投融资人民币结算业务、外保内贷、国际汇款、跨境双向人民币资金池。

（33）特殊业务，包括受益权业务、银证业务、应收账款业务、供应链融资。

我们进行银行业务操作行为的分析，目的在于观测、控制合同的有效履行，确保合同目的顺利实现。

关于合同履行先决条款、结算支付条款以及用途条款，更侧重于合同的制定和履行，所以将其内容放在合同基础条款中。

四、银行业务分析基本结构

我们进行银行业务法律解构的目的在于从整体上把控银行业务的法律构成，从法律角度对银行业务分类，从基础上掌握银行律令对银行业务的要求。我们关注基本业务的法律特征，这样可以快速把控基于基础业务衍生的具体银行业务。

我们认为应从银行业务法律行为最主要的法律关系内容以及围绕该内容的行为操作进行列表式分析。

通常而言，法律关系是指权利义务内容的总称，针对银行业务而言，不同类型的银行业务能反映不同的银行业务法律关系，比如存款业务、反映了“存款自愿，取款自由，存款有息，为储户保密”的法律关系。

业务品种基本内容同民事法律行为相一致，有主体、客体、行为指向，所以界定业务品种的作用在于快速为合同所指向的业务进行法律定性，从而审核合同本身是否合法有效。实际上，在司法裁判中，确定纠纷的法律关系性质是审判工作的前提和基础。

截至目前，我们总结了基本的银行业务品种，如何分析和研究这些银行业务是重点，我们认为应当将每种银行业务进行专题研究，在专题研究时可以从以下几个方面进行分析解构。

1. 业务概念

在选择确定银行具体业务概念时，应注意把控以下原则。

（1）有律令规定的依从律令规定。

所谓的律令，包括法律法规、监管规定、司法解释和行业指引，如果律令有该业务的定义描述，则尽量采用律令的规定。

（2）无律令规定的参考类似业务。

有些创新业务律令并没有明确规定，在这种情况下要参照类似业务约定业务品种概念。

（3）无律令无参考明确操作规程及禁止触碰红线。

有的业务无明文规定禁止，又无类似案例，就需要把业务操作写清楚，注意红线的把控。红线把控就是合同中如何对红线进行规避，注意把控不同律令对红线条款的规定，各种检查检测对律令红线的不同解释，监管处罚的尺度，律令红线的冲突解决、金融博弈需要、宏观政策的变化，这需要有大量的事实证据做依据参考。

业务品种条款是对具体业务范围的界定，它的制作要满足三个基本条件，即反映业务内在需求，符合法律要求，诉讼仲裁时被有效支持。

在业务效能分析上，注意把控银行的经营特点和社会功能，因为银行业务的金融创新不能危害公共利益，因此需要对银行的业务进行限制。国家是如何限制某种金融产品的？这是银行业务法律分析的注意点。

2. 业务操作构成

业务操作构成即业务操作是由哪些业务处理动作组成的，一般依照银行的操作规程来确定业务处理动作范围。

3. 业务法律分析 / 限定

业务法律分析主要分为法理性分析和基础类型分析。法理性分析需要落实的几个问题包括：①合法性合规性问题；②法理对具体业务的转化影响问题；③不同法律关系的法律规范底线。

要注意基本业务主体各方各自的社会责任，具体表现为可以做什么，应该做什么，禁止做什么。

从顺序上讲，我们先从法律角度梳理银行业务，再通过传统的业务分类进行验证。

4. 业务监管要求分析

注意按银行业监管部门对具体银行业务禁止性或限制性要求进行，确保具体业务不触碰红线。

5. 业务效能分析

业务效能分析包括具体银行业务对银行盈利、减亏、履行社会责任等目标的作用分析。

6. 业务创新

为了更好地经营发展，银行往往根据社会需求，对原有的业务进行创新，我们需要关注创新规律，确保业务创新的合法有效。

7. 合同审查注意事项

银行业务依据合同与客户发生法律关系，业务需要确保合法，银行业务合同需要依法审查。审查合同过程中一定要注意行政监管的强制性，不要因为监管规定不具备法律性质就违反强制性监管规定。

8. 其他补充

比如参考的律令、案例和理论。

实际上，银行出于管理需要，本身有业务管理编排体系，由不同的业务部分负责。同样是存款业务，就存在对公存款和个人储蓄之分。我们认为应当就银行基本业务进行基础分类，基础分类的目的是便于使研究内容更加实用。

银行业务法律解构的目的就是为银行业务保驾护航，保障银行业的合法健康发展，具体而言，是对银行业务进行法律上的解析与支持。关于银行业务分类，我们建议从法律角度进行基础分类，这样做便于把控银行业务的法律性质。

从实用角度出发，银行具体业务的法律编排应该达到如下目的。

一是能够容纳足够的信息，设想针对银行具体业务创建单独的数据库，该数据库能包含该业务的操作模式、文本（含审查信息）库、诉讼信息库。

二是业务库的编排能够与业务管理、法院案由编排、诉讼研究同时挂钩。

三是按照基本业务、延伸业务、组合业务、银行创新业务等类别分类，对银行现有业务进行类别划分，根据不同类别业务，总结不同的法律需求。

如何优化银行业务分类，是一个重要的、长期的过程，期望大家提出宝贵意见。

第四章　行政监管

行政监管是指国家行政管理部门对银行的行政监督管理，除了银保监会等行业行政监管，还包括工商、消防等其他政府部门的行政监管。我们单独将行政监管列为专门的内容进行分析，主要考虑到以下几个原因。

（1）银行业的监管性严，专业性强。尤其是营运操作方面特别硬化，所以银行要特别重视监管部门对银行业务操作上的监管指导。

（2）行政监管属于综合监管，需要梳理各自的监管关系，其范围不仅包括金融业务，还包括后勤业务。

（3）预建立一个业务监管数据库，便于业务监管的查询。

行政监管是综合性课题，属于律令调控的内容，在银行业务的各个阶段均有要求，我们研究行政监管的角度包括：行政监管对银行业务范围如何界定，违反行政监管（触红线）的后果，行政监管对签约的要求，行政监管对履行操作的要求，行政监管在营运管理方面的要求，行政监管对网点、银行治理建设的要求，行政监管的抗辩。

第一节　行政监管的业务界定

银行的业务受行政监管的控制，除了特许经营许可之外，对具体银行业务的开展程度也有规范要求，一般是通过通知的方式确定某种具体业务的开展程度。通过分析这些通知，可了解国家对具体业务的指导政策，进而预测业务发展空间，规划业务的拓展安排。

第二节　违反行政监管的后果

行政监管对业务有强制性的要求，违反该要求，银行极有可能被处罚或不被法院裁判支持。我们要全面把控监管要求，详细了解具体业务种类行业标准。通常关注的监管要求分布在以下几个方面：主体的要求、权利义务的要求、操作的要求和标的的要求。在时间比较紧的情况下，监管要求暂时不收集，或者在其他部分显示 / 提示。

重点是业务红线的把控，就是在业务办理过程中如何对监管红线进行规避，注意把控不同律令对红线条款的规定，各种检查检测对律令红线的不同解释，监管处罚的尺度，律令红线的冲突解决、金融博弈需要、宏观政策的变化。

对业务红线的把控需要有大量的事实证据做依据参考，这是需要大家共同完成的。

第三节　行政监管在业务文本中的反映

行政监管对业务文本的影响就是监管条款，监管条款是指由有权机关明确必须约定的条款，其内容可能覆盖全部合同内容。从实质上讲，行政监管是国家意志的体现，应纳入法理范畴。

这里主要从形式上对监管条款进行研究，主要解决如下问题：制作监管条款时银行注意收集必备的条款；合同文本监管条款如何在形式上符合监管的要求；监管条款操作履行注意事项和违反监管条款的后果。

监管条款常以律令规定为蓝本制作，可能包括环保条款、人权条款、劳动者保护条款等，监管条款不具有对等性。这是监管部门要求合同必须有的内容，否则视为违规，比如银行信贷业务中的资金支付监管和账户监管，这是银行的权利，也是银行的义务。

在实际业务中，有些客户要求对监管条款进行修订，银行一定要慎重处理，如果按照客户的要求进行了修改，银行有可能违规，因此银行要对监管条款进行搜集，寻找行政监管的来源依据，向客户进行解释并说服客户放弃不符合监管要求的修改要求。

第四节　行政监管对履约的要求

行政监管对银行业务的具体操作有时会进行明确的规定，比如银行在销售理财产品过程中要进行双录操作，如果银行不进行双录，一旦形成诉讼，法院将判决银行败诉。

第五节 银行营运操作一定要贯彻监管要求

任何与资金有关的银行业务均通过营运完成，其结果与银行业务有直接的关系，银行的营运操作属于银行内部业务操作范畴，但是其业务凭证对外具有法律效力。考虑到营运受行政监管要求程度很高，因此把它纳入行政监管的研究范畴，但是大家一定要牢记，营运管理是综合性课题，任何业务的开展一定要对营运可行性进行验证，征求营运部门的意见。

营运操作的风险应把控和注意两点，一是一定要按监管要求操作，二是慎重对外出具文件。

第六节 行政监管对银行公司治理、机构建设的意义

行政监管虽然与客户的业务不一定存在直接关系，但是违反行政监管要求可能被限制、取消业务的经营资格，银行在办理业务过程中要贯彻内控监管要求，防止因为业务违规影响自身的营业资格。

行政监管对网点建设的要求是我们与外包公司关于建设项目、合作项目的重点，比如网点安全建设、自动取款机的安装必须符合监管要求，银行要把这些要求约定写入合同。

第二部分

文本构成条款导引

第一章　文本核心条款导引

第一节　主体条款导引

我们在银行业务法律解构中对业务主体进行了法理分析，这里重点对签署文本时合同主体条款的签署进行分析，我们认为应当围绕以下思路进行：第一，根据业务模式、业务需要确定具体的业务主体；第二，在确定具体的主体之后，对这些具体的主体进行资质审查（实际上就是事实认定），考虑将资质文件作为合同的附件；第三，根据审查结果，形成最终的书面形式的合同主体条款；第四，对主体条款常见的瑕疵进行风险分析和缓释。

在梳理合同主体条款时，除了注意签约时主体的正确匹配性，还要注意履约过程中主体的变更，以及诉讼时的主体把控问题和关联。

下面按照上述业务推进发展逻辑对业务主体进行区别分析。

一、主体条款分析

合同主体是指在合同法律关系中独立享有民事权利和承担民事义务的人。这里所说的“人”是广义的，包括自然人、法人和其他组织。主体条款指界定、描述合同主体范围的条款，部分合同也涉及合同文本中其他关联主体。

主体条款是合同的核心条款，确定了合同履行各方的身份资格，合同主体是合同权利义务的关系人，是判断诉讼主体是否适格的依据。

主体条款的一般构成和参考描述如下。

从法律关系角度来讲，主体条款需要对合同主体之间的法律关系进行明确规定，这种关系以业务模式为标准来确定，在合同中注明合同主体各自的法律关系身份，比如借款人、担保人、贷款人。在复杂合同中，合同主体的身份很多，比如银行在资金监管协议中的合同身份可能包括贷款人、抵押权人、监管行等，对于身份复杂的主体，在合同中要有关于主体进一步描述的内容，表明彼此关系、各自责任的承担和对外的关系。

从狭义上讲，合同的主体条款仅指能在合同文本中反映的关于合同主体形式识别表现的条款，由主体自身信息描述、主体关联关系描述和主体识别描述三个部分构成。

主体自身信息描述指对合同主体信息的书面描述。

（1）自然人指具有民事权利能力和行为能力的公民，无民事行为能力的自然人不能签约，限制行为能力的自然人只有经过监护人的同意才能签约。

自然人主体的描述信息包括姓名、字号、身份证号、住所、邮政编码、工作单位、固定电话、手机、传真、Email（电子邮件）、开户银行、开户账号等。自然人不具备行为能力或为限制行为能力，要加上监护人的信息。

（2）法人包括营利法人和非营利法人。营利法人包括有限责任公司、股份有限公司和其他企业法人等。非营利法人包括事业单位、社会团体、基金会、社会服务机构等。

另外，《民法典》还规定了特别法人，包括机关法人、农村集体经济组织法人、城镇农村的合作经济组织法人、基层群众性自治组织法人。

（3）非法人组织包括个人独资企业、合伙企业、不具有法人资格的专业服务机构等。

企业主体的描述信息包括主体名称、企业代码、营业地（住所地）、邮政编码、法定代表人、固定电话、手机、传真、Email（电子邮件）、开户银行、开户账号、代理人等。

合同主体信息中的名称（含自然人姓名，下同）、企业代码（身份证号）、营业地（住所）是必选项，其他为可选项。

把控主体自身信息描述要注意以下三点。①主体与营业执照、身份证对应一致。②住所涉及诉讼管辖情况下，要注意住所的准确描述，尤其注意营业执照注册地和实际经营所在地（针对自然人而言，就是身份证户籍所在地和实际住所）的区别。③主体的身份披露，在主体法律身份单一的情况下，应以实际法律关系反映的身份为准，比如贷款合同中不用甲、乙方描述主体，而是用借款申请人、贷款银行来描述，如果存在多种法律关系，可以用甲方、乙方等来描述，但是应在主体名称后面用括号的方式标注其全部的法律身份。在合同具体条款中注意厘清不同的身份，比较稳妥的办法就是加备注。比如，在主从合一的借款合同中，银行作为甲方主体签约，在描述其作为贷款人和质权人的条款中，要进行区别，可描述为甲方（作为贷款人）、甲方（作为质权人）。

二、主体关联关系描述

主体关联关系描述就是关于关联主体之间法律关系的描述，根据前述内容，主体关联法律关系包括共同主体关联关系、主随主体关联关系、联合主体、单方主体、名义主体，具体法律性质在银行业务法律解构中已经描述，此处不再重复。

主体关联关系描述在形式上也有不同的分类，包括以下几种。

（1）业务关系描述，一般和业务模式条款重合。

（2）统称描述，就是将角色性质相同的主体进行统称。

（3）关联关系描述，比如甲方与乙方系夫妻关系、甲公司系乙公司的子公司。

三、主体关系的合同识别描述

主体识别描述由主体资格自认描述和主体识别文件构成。

主体资格自认描述指合同主体对自身资格的单方陈述、声明、保证、承诺等。比如自认主体合法。经过授权，自认描述能规避、减轻银行的责任。

主体识别文件不是标准的文本条款，而是文件的复印件，包括前述的民事资格和经营资质法律证明文件以及银行要求的其他文件复印件。银行一般要求客户在其主体识别文件复印件上盖章（个人须签字按手印）来确认文件的真实性，并注明“此复印件与原件相符无误”。主体识别文件的作用在于：①提醒银行进行客户识别；②由客户进行自证；③一旦形成诉讼，主体识别文件可以作为客户的资格资料向审判机关提供，免去取证的工作 / 责任。

四、合同主体条款法律风险及缓释

在实践中，合同主体条款涉及的法律风险比较多，且多有重合交叉，相对于其他法律风险更重要，将其归类到其他风险课题研究中。在此仅提示如下。

1. 合同主体与业务不匹配

合同主体不合格将直接影响合同的效力。在司法实践中，主体资格不合格会导致合同无效，但合同已经全部履行或者部分履行完毕的，应当将无效合同按有效合同的原则进行处理。主要原因在于主体资格的无效与合同履行后果的损失并无因果关系。

法律禁止一些主体从事特定交易活动，若对方恶意利用这种禁止性规定导致合同无效，银行会面临法律风险。如银行客户在经济交往中为提高自己的履约能力的可信度，常常由国家机关、学校、幼儿园、医院等单位提供担保，依照《民法典》的规定，国家机关、学校、幼儿园、医院等以公益为目的的事业单位不得作为保证人，以这样的主体提供担保实质上并没有任何担保效果。

2. 遗漏合同主体

注意主体的设定要方便将来的诉讼清收，特别要注意别漏掉主体，尤其是必要的主体，比如夫妻借款，就该将夫妻双方作为主体，起诉时以夫妻双方为被告。

合同义务部分为第三人才能履行。这种主体不适格更为隐蔽，合同主体并非不符合合同的所有内容，而是合同部分内容必须特定第三人才能完成，这样会导致部分合同内容无效或效力待定。这种情况需要认真理解合同内容才能够准确识别，常出现在与集团公司合作，为交易方便将若干个公司共同履行的义务纳入一个合同约定。

3. 合同主体不具有民事资格

合同主体为限制行为能力人时的法律风险如下。当企业在与自然人签订合同时，如果自然人为未成年人，他的行为能力是受限的，其权利一般由其法定代理人来行使或进行追认。如果对企业客户不进行授权审查，很有可能会导致所签订的合同不被法定代理人追认从而导致合同不生效的结果。如某企业在寻找企业形象代言人时，决定找某位世界冠军，但他刚满 16 周岁，他本人同意了企业的邀请，遂签订了合同。后其法定代理人主张该合同无效，导致企业前期投入拍摄的广告及其他宣传都无法使用，给企业造成了较大损失。

4. 合同主体不具有经营资格

法律规定一些商业活动只有具有特定资格的民事主体才能进行，而普通民事主体从事这些活动将导致主体不适格。这类关于法定资格的规定，常见于一些部门法规、建筑、医药等技术要求较高的行业，它们往往有此类限制性规定。若因不符合法定资格导致合同无效，银行面临的法律风险损害通常难以预计。

5. 名称与印章不符

《民法典》第四百九十条规定：当事人采用合同书形式订立合同的，自当事人均签名、盖章或者按指印时合同成立。在签名、盖章或者按指印之前，当事人一方已经履行主要义务，对方接受时，该合同成立。

法律、行政法规规定或者当事人约定合同应当采用书面形式订立，当事人未采用书面形式但是一方已经履行主要义务，对方接受时，该合同成立。

根据该条规定，当事人对书面合同条款的认可以签字、盖章为主，如无签字或盖章，合同不成立。鉴于签字、盖章对合同成立具有重要意义，故当合同抬头与签字、盖章相冲突时，应以签字、盖章为准，确定当事人。其次，仅作书面形式上的判断通常难以进行确认，还需要结合合同的实际履行情况，考察合同重要义务的实际履行方，判断合同权利、义务的承担者。此外，还需要从合同标的物的特征、用途以及主体经营范围等方面进行辅助判断，最终综合考量。

6. 主体变更不是主体条款

实际业务中，有些银行习惯通过签署变更协议的方式变更主体，但是合同的内容可以变更，合同的主体不能变更，所以在主体变更的情况下，只能通过合同转让的方式完成主体变更，其中主体继受的情况下应签署继受协议，主体追加的情况下应签署追加协议。

7. 未经授权签约

未经授权签约包括银行内部违规办理业务和客户未授权，此类情况经常发生刑事案件，银行一定要做好授权管理，尤其要做好印章的使用管理。

第二节 银行业务产品标的物条款导引

一、标的条款的含义

标的条款指描述界定合同标的的条款，合同标的是合同法律关系的客体，是合同权利义务共同指向的对象，是银行经营法律行为的外在载体。它决定着合同的成立，关联业务的合法性。

标的物条款的作用在于确定标的物真实合法存在、界定标的物范围（自然属性和法律属性）、形式凭证、确认登记/存放保管、风险承担、变动（增值减损）、转移、侵权、对抗第三人等。

要注意的是，一笔银行业务中标的不是固定的，可能随着业务的转换而转换，比如储蓄款项因为投资私募成为基金款项，基金款项因投资入股成为股权款，股金因为委贷成为授信款项。

关于标的的研究涉及四个方面：一是金融法律行为标的构成，属于法理类；二是本章的合同标的条款的制作与描述；三是担保保障业务中的担保物，侧重担保物的把控；四是财产业务文本，注意对清债资产的把控。这四个方面既有联系又有区别，强行放在一起可能有冲突，暂时分散研究，我们的观点是将财产业务文本作为主攻方向。

我们在银行业务行为解构部分已经进行了银行业务标的物的法理研究，在这里侧重合同文本对标的物的条款描述。在合同条款界定产品标的物时，需要注意区分不同标的的物的特点，并将其反映到合同文本制作和履行把控中。

二、标的物条款的要素分解

货币具有特殊性，货币标的物是综合性标的物，主要由以下要素构成：①标的品种；②币种；③来源和用途；④金额额度；⑤物质载体。

货币标的物的构成一般包括：业务类型 + 标的物 + 金额 + 币种。在分析制定银行业务合同标的的时候，可考虑采取如下方式。

第一步，确定有形资产 / 服务标的物的法理及合同条款构成。

第二步，根据银行业务的分类，将两种标的物再划分，并分为基础和分项两个级别，以及业务类别项下标的物的变形及条款的修止。

第三步，根据业务品种、法律和监管要求进行标的条款再修正。

下面以贷款业务为例进行说明。

1. 标的品种

不光是业务品种，标的条款是以流动资金贷款这一业务作为模板来研究的，实际上还包括开证开函方式，对受益权转让、股权融资也做了简单描述。

标的品种是指具体的业务法律关系类型，是法律规定、监管部门认可的，一定要把握法律规定及监管要求对业务品种的范围界定，不可触及红线。

标的品种一般是通过定义完成的，如果法律有规定或者监管有指导概念，可以省略此步骤。

注意业务品种的勾连，所谓的勾连，主要指：①业务品种的替换；②业务品种的续作，比如进口信用证续作进口押汇等。

业务种类与业务品种有关，是业务品种的具体显化。业务品种可以理解为货币标的物的质量要求。

货币标的物应注意明确范围质量，有证书的要与证书挂钩，且要有质量标准。对于质量没有具体明确的，要引用有关国家、地区、行业或者样品标准。

标的条款位置明显，要和规范一致。

2. 币种

一般而言，币种比较简单，需要注意的是在不同币种清偿情况下的币种换算问题。币种条款不仅包括计价单位，还包括不同币种之间的换算，涉及外汇政策，所以单独列为一个条款。

3. 金额与额度

银行业务的品种简单时用金额来描述数量，复杂的业务则用额度来描述数量。比如在综合授信业务中，经常用额度来表示标的物的数量，额度又可细分为敞口额度、余额、额度调剂等不同概念。

4. 物质载体

物质载体是指体现业务完成的纸质文本，比如借据、信用证等，在诉讼过程中物质载体是产品服务实际完成的标志。

纸质载体受营运和监管要求，修改性不大，除非是创新业务，但是无论什么业务都要有物质载体。

5. 来源和用途合法

资金来源合法指向银行提供的资金（主要包括保证金、存款、还贷资金）来源合法规范，不存在洗钱情况。资金（主要是贷款资金）用途合法是指客户对资金的使用符合合同约定，符合监管要求，不违反法律规定。

三、用途条款导引

用途条款指约定授信用途的条款，用途条款可以是履约操作条款，也可以是标的物条款，考虑用途与业务种类有关，所以放在标的条款处。

银行授信业务中用途条款属于监管要求必备条款，授信支持实体，无真实背景不得授信，用途认定很重要，延伸的是受托支付，受托支付纳入合同履行部分。

基于授信用途对金融进行宏观管理具有重要作用，用途条款不仅是商业条款，也是监管条款，所以违规使用借款的行为不仅可能导致贷款人到期不能收回贷款，而且还严重破坏了国家经济和金融秩序。从这一角度而言，借款人不按约定用途使用借款的行为是一种根本违约行为，将严重损害贷款人的利益，甚至危害社会公共利益。

用途条款不只在表面上进行用途约定，还要确保用途实际履行，涉及银行内部批复和外部监控问题。用途条款由不同内容要素构成，现以流动资金贷款文本为例，对用途条款内容进行分析。

（一）具体用途表述

用途要符合规定，如果监管要求客户承诺，就需要文本体现客户做出用途承诺内容，一般在承诺条款中体现。

注意，关于借新还旧、以贷还贷、置换他行贷款等用途，实际上存在监管与司法实践冲突的问题。

（二）用途检查权利

用途检查权利包括以下几点：①单向检查权利；②受托支付（账户监管）；③受托支付其他变形条款；④有关用途核查的特殊事项。

1. 单向检查权利

单向检查权利是指银行有权利但无义务进行检查，实践中客户未按规定或者约定使用贷款的时候，客户往往主张银行未及时行使用途检查权利，从而企图减轻自身的法律责任，约定检查权利单向性质的目的在于预防客户提出银行未尽职的抗辩。

条款举例：贷款人有权但无义务对本合同项下任何贷款的使用进行监控或核查。

2. 受托支付（账户监管）

受托支付是银监机关要求的，且受托支付是通过专门账户进行的，一般银行授信合同均有受托支付条款。

3. 受托支付其他变形条款

涉及开立票证业务的，银行无法做到受托支付，但是也要确保用途的合法有效，确保合规。在信用证、保函、承兑汇票业务情况下，银行要有贸易背景真实的条款，防止客户虚假开立票据。

4. 有关用途核查的特殊事项

根据具体业务所做的特殊约定，比如用途检查途径确定、第三人配合条款等。

（三）违反用途条款表现（违约界定）

为了维护金融秩序，保障信贷资金的安全，保证贷款能够及时收回，在借款合同的履行过程中，借款人违规使用借款的，贷款人有权停止发放借款、提前收回借款或者解除合同。根据《民法典》第五百六十三条关于合同解除制度的有关规定，当事人一方迟延履行主要债务，经催告后在合理期限内仍未履行，或者当事人一方迟延履行债务或者有其他违约行为致使不能实现合同目的的，当事人可以解除合同。

《民法典》第六百七十三条关于借款用途的内容规定，借款人未按照约定的借款用途使用借款的，贷款人可以停止发放借款、提前收回借款或者解除合同。借款人按照约定的借款用途使用借款，不挪作他用，是借款人的主要合同义务之一。贷款人往往是根据贷款用途来确定借款人的偿还能力的，如果借款人未经贷款人的同意擅自改变借款用途，例如利用贷款从事期货、有价证券方面的投机经营，利用贷款进行房地产投机，利用贷款进行股本权益性投资，甚至利用贷款进行非法经营活动或者从事其他非法活动，等等，这一系列的违规使用借款的行为不仅可能导致贷款人到期不能收回贷款，而且还严重破坏了国家经济和金融秩序。

《贷款通则》第七十一条规定，借款人有下列情形之一，由贷款人对其部分或全部贷款加收利息；情节特别严重的，由贷款人停止支付借款人尚未使用的贷款，并提前收回部分或全部贷款。

（1）不按借款合同规定用途使用贷款的。

（2）用贷款进行股本权益性投资的。

（3）用贷款在有价证券、期货等方面从事投机经营的。

（4）未依法取得经营房地产资格的借款人用贷款经营房地产业务的；依法取得经营房地产资格的借款人，用贷款从事房地产投机的。

（5）不按借款合同规定清偿贷款本息的。

（6）套取贷款相互借贷牟取非法收入的。

（四）违反用途条款的后果

违反用途条款属于违约的一种，一般情况下，对于违反用途条款无具体的约定，特殊情况下须对违反用途的具体后果进行明确。

关于违反用途条款的法律后果有明确的法律规定。《民法典》第六百七十三条规定，借款人未按照约定的借款用途使用借款的，贷款人可以停止发放借款、提前收回借款或者解除合同。

在具体文本制作上，银行用概括性条款描述违约事项和违约后果，不会对违反用途条款单独描述。理论上，银行可以采取的措施包括以下几种。

（1）加罚利息，指针对其挤占挪用部分贷款（授信）计收罚息。

（2）停止发放借款。

停止发放借款分为临时性的和永久性的。临时性的实际属于不安抗辩，当客户改正错误以后还可以恢复发放，这对担保人很重要，恢复须经担保人同意。永久性的则属于客户根本违约，诉讼过程要明确。

实际上，银行从严处理客户未按用途用款事件，按照根本违约处理，会对贷款进行清收。

（3）宣布加速到期。

法律规定银行有权提前收回借款或者解除合同。一般情况下银行采取的是宣布加速到期，加速到期不属于标准法律概念，不容易被司法实践认可。

最后提示一下合同标的条款的审查签署问题，合同审查时银行需要注意审核交易标的是否合法，交易标的是否处于受限状态。合同标的条款能更好地界定合同的性质，对合同的标的要有权利属性的说明，要有标准或规范的框定。

第三节 价款利率条款导引

价款是指交易双方就交易达成价格的条款，影响经营者的盈利水平。如何定价属于商业操作事项，我们在此不进行讨论。银行业务的价格条款比较特殊，首先要遵从一般定价的要求规律，其次它反映为银行进行金融产品交易所获得的利息和服务费，就合同签署而言，银行产品的价格表现为利息（资管业务项下可能表现为维持费、权利费）和服务费。

从常规产品和服务来看，价款条款的基本构成要素包括以下几种。

（1）币种和数量。

范文：本合同项下标的物的价款（酬金）为人民币（币种）（　　）元，大写（　　）元，大写与小写不一致，以大写为准。

（2）税费承担。

范文：本合同中的价款系税前价款。

（3）价款的范围，是否封顶。

范文：本合同中的价款为全部价格，非经支付方书面同意，支付方不再另行支付其他费用。

（4）价格优惠规定。

因为银行经营的产品主要为货币产品，银行产品的价格一般表现为利息，银行利息往往通过约定利率来表现，因此银行产品的价格条款也称利率条款。

针对利率条款，我们准备从以下几个角度进行分析：①银行贷款利息的法律概念；②关于利率的特别事项研究；③利率条款参考范文；④服务费用条款分析。

一、银行利率概述

（一）利率的基本概念

利率是指贷款、存入或借入金额（称为本金总额）中每个期间到期的利息金额与票面价值的比率。借出或借入金额的总利息取决于本金总额，利率，复利频率，借出、存入或借入的时间长度。利率是借款人须向其所借金钱支付的代价，亦是放款人延迟其消费，借给借款人所获得的回报。利率通常以一年期利息与本金的百分比计算。一般来说，根据计量的期限标准不同，利率的表示方法有年利率、月利率、日利率。

利率就表现形式来说，是指一定时期内利息额同借贷资本总额的比率。利率是单位货币在单位时间内的利息水平，可表明利息的多少。

所有国家都把利率作为宏观经济调控的重要工具之一。当经济过热、通货膨胀率上升时，国家便提高利率、收紧信贷；当过热的经济和通货膨胀得到控制时，国家便会把利率适当调低。因此，利率是重要的基本经济因素之一。利率也是经济学中一个重要的金融变量，几乎所有的金融现象、金融资产均与利率有着或多或少的联系。

在我国，通常说的利率指的都是银行利率，进一步更是指向中国人民银行规定的存贷款基准利率（现为银行同业间拆借利率，LPR）。社会主义市场经济中，利息仍作为平均利润的一部分，因而利息率也是由平均利润率决定的，即利率的高低首先取决于社会平均利润率的高低。根据我国经济发展现状与改革实践，这种制约作用可以概括为利率的总水平要适应大多数企业的负担能力。

从广义的角度讲，利率并不局限于银行利息本身，还包括债券市场，甚至还可以纳入股票分红，作为股息的另一种表述方式。

马克思的利率决定论是建立在对利息的来源和本质准确把握的基础上的。马克思指出，利息是贷出资本的资本家从借入资本的资本家那里分割出来的一部分剩余价值，而利润是剩余价值的转化形式。

利息的这种质的规定决定了它的量的规定性，利息量取决于利润总额，利息率取决平均利润率。马克思进一步指出，在平均利润率与零之间，利息率取决于两个因素：一是利润率；二是总利润在贷款人和借款人之间进行分配的比例。

这一比例的确定主要取决于借贷双方的供求关系及其竞争，一般来说，供大于求时，利率下降；供不应求时，利率上升。此外，法律、习惯等也有较大作用。马克思的理论对于说明社会化大生产条件下的利率决定问题具有指导意义。

改革开放以来，中国人民银行加强了对利率手段的运用，通过调整利率水平与结构，改革利率管理体制，使利率逐渐成为一个重要杠杆。

（二）利率的理论分类

（1）根据计算方法不同，利率分为单利和复利。

单利是指在借贷期限内，只在原来的本金上计算利息，对本金所产生的利息不再另外计算利息。复利是指在借贷期限内，除了在原来的本金上计算利息外，还要把本金所产生的利息重新计入本金，重复计算利息，俗称“利滚利”。

（2）根据与通货膨胀的关系，利率分为名义利率和实际利率。

名义利率是指没有剔除通货膨胀因素的利率，也就是借款合同或单据上标明的利率。实际利率是指已经剔除通货膨胀因素后的利率。

实际利率是随价格水平预期变化而调整的，现今国际上通用的实际利率计算公式如下。

实际利率 =（1+ 名义利率）/（1+ 物价变动率）−1

利率变动对经济有很大的影响，各国都通过法律、法规、政策的形式，对利率实施不同程度的管理。国家往往根据其经济政策来干预利率水平，同时又通过调节利率来影响经济。

总之，决定利率及影响利率变动的复杂因素有很多，最终起决定作用的是一国经济活动的状况。因此，要分析一国利率的现状及变动，必须结合该国国情，充分考虑该国的具体情况，区分不同的特点分别对待。

（3）根据确定方式不同，利率分为法定利率、公定利率和市场利率。

法定利率是指由政府金融管理部门或者中央银行确定的利率。公定利率是指由金融机构或银行业协会按照协商办法确定的利率，这种利率标准只适用于参加该协会的金融机构，对其他机构不具约束力，利率标准也通常介于法定利率和市场利率之间。市场利率是指根据市场资金借贷关系紧张程度所确定的利率。

（4）根据国家政策意向不同，利率分为一般利率和优惠利率。

一般利率是指不享受任何优惠条件的利率。优惠利率是指对某些部门、行业、个人所制定的优惠政策规定的利率。

（5）按利率所依附的经济关系划分，利率分为存款利率、贷款利率和其他利率。

存款利率是指在金融机构存款所获得的利息与本金的比率。贷款利率是指从金融机构贷款所支付的利息与本金的比率。其他利率指非常规业务产生的利息与本息的比率，比如逾期利率。

（6）根据与市场利率的供求关系，利率分为固定利率和浮动利率。

固定利率是在借贷期内不作调整的利率。使用固定利率便于借贷双方进行收益和成本的计算，但同时不适用于在借贷期间利率会发生较大变动的情况，利率的变化会导致借贷的其中一方产生重大损失。

浮动利率是在借贷期内随市场利率变动而调整的利率。使用浮动利率可以规避利率变动造成的风险，同时不利于借贷双方预估收益和成本。

（7）根据利率之间的变动关系，基准利率也是利率的一种。

基准利率是在多种利率并存的条件下起决定作用的利率，在我国，中国人民银行对商业银行贷款的利率发挥着基准利率的作用。

基准利率是中国人民银行公布的商业银行存款、贷款、贴现等业务的指导性利率。2015 年 2 月 28 日，中国人民银行（央行）将存款利率浮动上限调整为基准利率的 1.3 倍。自 2013 年 7 月 20 日起，央行全面放开金融机构贷款利率管制。基准利率是金融市场上具有普遍参照作用的利率，其他利率水平或金融资产价格均可根据这一基准利率水平来确定。基准利率是利率市场化的重要前提之一，在利率市场化条件下，融资者衡量融资成本，投资者计算投资收益，客观上都要求有一个普遍公认的利率水平作参考。所以，基准利率是利率市场化机制形成的核心。

利率浮动区间的调整是利率市场化改革的重要环节，央行对此举措的实施一直较为谨慎，多年来一直执行存款利率暂时不能上、下浮动，贷款利率可以在基准利率基础上下浮 10% 至上浮 70% 的政策。但自 2012 年 6 月 8 日起这一政策开始出现变化，中国人民银行允许商业银行将存款利率上浮最高至基准利率的 10%，利率市场化的步子开始逐渐迈开。

利率浮动区间调整的影响因素有以下几种。

利率作为资金的价格，决定和影响的复杂因素很多，利率水平最终是由各种因素的综合影响所决定的。首先，利率分别受到产业的平均利润水平、货币的供给与需求状况、经济发展状况的决定因素的影响。其次，利率又受到物价水平、利率管制、国际经济状况和货币政策的影响。

根据马克思的利率理论，利息是利润的一部分，是剩余价值的转换形态，所以利息首先受平均利润的制约。一般来说，平均利润率是利息的最高限。利率作为资本的价格，与普通商品一样，货币的供求状况决定和影响其价格。

一国经济发展的状况，决定了企业利润水平和人们的收入，决定和影响了储蓄供给与投资需求，也影响了货币的需求和供给。

（8）按借贷主体划分，利率分为银行利率、非银行金融机构利率、债券利率和市场利率等。

（9）按性质划分，利率分为常规利率和惩罚性利率。

（三）利率条款的构成

（1）利率的起源条目指利率产生法律关系，包括主体＋经济业务关系。

（2）利率的形式条目指采用固定利率还是浮动利率。

（3）计息条目包括以下几项。

①计息对象指何种本金（有时叫提款）及具体数额。

②计息的利率依据指遵循法定利率，还是按照基准利率进行调整。

注意存在择时利率情况，择时利率是指贷款合同签署时没有约定利率，待贷款实际提款时确定利率，本质上讲，择时利率不属于利率采用标准，而是以上利率的具体应用问题，通常通过借据来确定最终适用的利率。

一般而言，采用择时利率的，要明确择时适用条件：一是利率标准；二是采用择时利率的方式，没有明确择时确定条款的，银行有可能被认为自行定价；三是择时条件，一般为提款时，按照客户申请日期确定利率；四是申请书要明确具体利率或引用借款合同条款。

特别要在资金监管业务中注意利息的事项约定，注意内部对利率的审批。银行法律部门对利率把控审查时，要注意审查有关利率的规定。

还有一种特殊的择时利率情形，例如一笔委托贷款，首笔贷款利息确定，其他利息根据提款通知单确定。在提款通知单出具前，利率是不固定的，属于债权约定不明，债权不明情况下担保人有权对利息部分提出免于担保责任的抗辩。

③利率结构是指利率与期限之间的变化关系。在现今的存款利率中，各种不同期限利率档次的设计基本上是按照期限原则，并考虑复利因素形成的。

④利率浮动指按照基准利率进行上下浮动调整。

⑤利息的起算时间是指开始计算收取利息的时间，利息的起算依法律规定，自提款之日起算，至到期前一日，所谓的算头不算尾。

注意计息日和结息日是两个不同的概念，结息日是计息日的次日，简单说，先计完利息，再根据计息结果结算利息。

注意结息日顺延问题，如果合同约定贷款结息日正是法定节假日，实际结息时间只能顺延到法定节假日结束后的第一个工作日，贷款客户一定会因为结息日顺延而多支付利息，银行业务人员注意规避这个问题，避免与客户发生纠纷。

⑥计息方式。计息方式因为有法律规定，一般省略不写，但是从目前来看，银行贷款利息的计算方法有积数计息法和逐笔计息法，银行通常采用逐笔计息法，它按预先确定的方式计收利息（文本要有公式体现）。

计息公式基本为：利息 = 计息本金 × 计息期间 × 利率。

Ⅰ. 计息本金可能是全部贷款本金，也可能是部分贷款本金，但是以实际到账的本金为计算依据。

Ⅱ. 计息期间也是贷款期间，可能按年、按月、按日计，计息时间算头不算尾，贷款入账当天计算利息，当天还款也要支付当天的利息，还款日不计息。

按月计息是对头掐尾，如果贷款期限是 3 个月，如 5 月 6 日贷款入账，那 8 月 5 日为贷款到期日，8 月 6 日就要将款项支付到还贷账户，8 月 6 日也叫还款日。

按年计算类同对头掐尾，如果贷款期限是 1 年，如 2011 年 5 月 6 日贷款入账，贷款到期日是 2012 年 5 月 5 日。

计息期间的注意事项如下。

Ⅰ. 要注意还款期避免发生在银行非工作日，否则银行会因无法收贷而造成逾期，给企业带来征信不良记录和额外的逾期利息。

Ⅱ. 按月、按年计息不考虑具体天数，但是遇到提前还款的情况，要进行月日的转换，分段计算，如 2010 年 2 月 1 日贷款，期限 3 年，2011 年 7 月 20 日还款，其贷款期限是 1 年 +5 个月 +20 天。

Ⅲ. 贷款期间不是以合同签署时间或合同约定的时间起算的，而是以贷款实际到达借款人账户或受托支付的账户的时间为起算时间。

对应的存款利息计息方式有以下三种。

第一种是银行可选择将计息期全部化为实际天数计算利息，即每年为 365 天（闰年 366 天），每月为当月公历实际天数。

计息公式为：利息 = 本金 × 实际天数 × 日利率。

第二种是积数计息法。积数计息法按实际天数每日累计账户余额，以累计计息积数乘以日利率计算利息。

计息公式为：利息 = 累计计息积数 × 日利率。其中累计计息积数 = 每日余额合计数。

第三种是逐笔计息法。逐笔计息法按预先确定的计息公式逐笔计算利息。

计息期为整年（月）的，计息公式为：利息 = 本金 × 年（月）数 × 年（月）利率。

计息期有整年（月）又有零头天数的，计息公式为：利息 = 本金 × 年（月）数 × 年（月）利率 + 本金 × 零头天数 × 日利率。

⑦利息的确定书面形式——借据。

贷款利息最终以借据的形式确定，确定的含义有三层：第一层是双方确认；第二层是贷款已经发放，借据具有放贷事实证据效力；第三层是利率最终确定。

以其他方式（比如提款通知书）确定的也要包含以上三层意思。

⑧利率计算方式一般按年利率计算，有时也按月利率、日利率计算，甚至可以同时适用，使用时一般进行换算说明。

⑨一般情况下，利息不含增值税。

⑩利息预扣禁止。

作为本金的孳息，利息应当从本金出借之日起计算，即借款合同的利息应当从货币出借之日起开始计算。预扣利息的行为属于变相提高贷款利率，它是出借人以牟取超过法定利息以上的非法高额利息为目的借合同形式发放高利贷的行为。在合同中预先扣除利息，从形式上看，借款方有自愿接受预扣利息条款的意思，给人造成平等交易、两相情愿的错觉。而事实上，这种平等只是一种假象，实际上是不平等的，对于急需资金的借款人而言，很多时候不得不接受这样的条款，否则无法顺利筹集资金，因此人民法院通常判定预扣利息条款无效，并按预扣利息数额下调实际贷款本金。

4. 结息条款

①结息周期及日期。

《人民币利率管理规定》（银发〔1999〕77 号）第二十条规定：短期贷款（期限在一年以下，含一年），按贷款合同签定日的相应档次的法定贷款利率计息。贷款合同期内，遇利率调整不分段计息。短期贷款按季结息的，每季度末月的二十日为结息日；按月结息的，每月的二十日为结息日。具体结息方式由借贷双方协商确定。第二十一条规定：中长期贷款（期限在一年以上）利率实行一年一定。贷款（包括贷款合同生效日起一年内应分笔拨付的所有资金）根据贷款合同确定的期限，按贷款合同生效日相应档次的法定贷款利率计息，每满一年后（分笔拨付的以第一笔贷款的发放日为准），再按当时相应档次的法定贷款利率确定下一年度利率。中长期贷款按季结息，每季度末月二十日为结息日。

按月结息和按季结息实际就是计息结息周期不同。

②结息系统冲突。

银行的结息是系统生成的，系统生成后利息不能变更，但是在结息期间是可以变更的，比如按季结息，3 月 20 日结息后，5 月 10 日想调整利率，新利率可以从 3 月 20 日起执行，因为 6 月 20 日的利息还没有结息。

如果发生实际挤占挪用但是银行事后才发现情况，银行要向客户追索加罚的利息，具体追索时需要注意把控以下关键点：一是要以实际挤占挪用事实为基础，确定具体挤占挪用的时间；二是要确定加罚利率的标准，一般为100%；三是注意时效问题，按照《民法典》的规定，银行追索挤占挪用利息时效自实际挤占挪用发生之日起三年；四是银行注意将营运系统正常利率调整为挤占挪用罚息利率。

5. 复利项目

复利，俗称“利滚利”，是指对利息的归还约定一定的期限，若借款人在约定期限中未返还利息，则未返还的部分计入本金，与本金一起按约定利率计算利息的一种现象。《民法典》和《贷款通则》都规定，借款人有义务按照合同规定支付利息。但是，对于复利是否受法律保护没有做出明确规定。在司法实践中，遇到借款合同有关复利纠纷的案件，通常应当考虑按以下方法解决。

①民间借贷一般不允许计算复利。最高人民法院《关于人民法院审理借贷案件的若干意见》第七条规定：出借人不得将利息计入本金谋取高利。审理中发现债权人将利息计入本金计算复利的，其利率超出第六条（民间借贷的利率最高不得超过银行同类贷款利率的四倍）规定的限度时，超出部分的利息不予保护。根据这两条司法解释的规定可以看出，民间借贷通常不允许计算复利，但如果计算复利后利率不超过一定限度，可以承认其效力。

②以银行等金融机构为出借人的借款合同，法律允许计算复利。根据1991年颁布的《利率管理暂行规定》的规定：金融机构对企业的流动资金贷款和技术改造贷款按季结息，对不能支付的利息，可以计收复利；基本建设按年结息，对不能支付的利息，不计收复利；中国人民银行对金融机构的贷款按季结息，对不能支付的利息，可以计收复利。1995年中国人民银行发文《关于调整各项贷款利率的通知》，指出固定资产全部实行按季计息，不能支付的利息可以计收复利。

按月或季度计算结息周期，最后一笔贷款清偿时，利随本清。计收复利是中国人民银行要求的，如果减免，须符合中国人民银行规定，具体依据待查。复利于每月或季度末月的二十日次日（即21日）起算。

注意，有的法院不认可复利，司法机关不同意对罚息收取复利。

6. 利率变动

根据业务情况分析变动特点，做好文本的制作，注意文本对利息的约定要明确全面，要注意利率随法院判决而固化的问题：人民法院在审理金融借款纠纷案件时，通常会判定一个具体还贷日期，还贷日期届满，贷款利率将依照判决确定（一般为逾期贷款利率加 72% 固定双倍罚息），但是银行营运系统往往不考虑法院判决情况，仍按原来约定利率计息，从而出现法院判决利息和银行计息不一致的情况，在实际操作中，要以法院判决为准。

利率的变更属于合同重大事项，银行应告知担保人或其他义务承担人，由后者提供继续担保或承担义务的书面承诺。

（1）利率变动适用起算日期。

适用浮动利率，应该是监管要求，依据待查，示范文本如下。

每笔提款的用款期限内遇人民银行基准利率调整，利率按照人民银行公布的基准利率相应调整，利率变动起算时间有以下几种。

①人民银行基准利率调整日的下一年度的 1 月 1 日起适用。

②人民银行基准利率调整后的第一个与相应提款日对应的周年日起适用。

③人民银行基准利率调整后的下一个季度的第一天起适用（但人民银行基准利率调整生效日为当季首日，则自该调整生效日起适用）。

④人民银行基准利率调整后的下一个月的第一天起适用（但人民银行基准利率调整生效日为当月首日，则自该调整生效日起适用）。

⑤人民银行基准利率调整的当日起适用。

备注：变更前的利率仍执行原合同项下约定的利率。

（2）监管规则有以下三条。

《人民币利率管理规定》（银发〔1999〕77 号）第二十条规定：短期贷款（期限在一年以下，含一年），按贷款合同签定日的相应档次的法定贷款利率计息。贷款合同期内，遇利率调整不分段计息。

《人民币利率管理规定》（银发〔1999〕77 号）第二十一条规定：中长期贷款（期

限在一年以上）利率实行一年一定。贷款（包括贷款合同生效日起一年内应分笔拨付的所有资金）根据贷款合同确定的期限，按贷款合同生效日相应档次的法定贷款利率计息，每满一年后（分笔拨付的以第一笔贷款的发放日为准），再按当时相应档次的法定贷款利率确定下一年度利率。

《人民币利率管理规定》（银发〔1999〕77 号）第二十四条规定：贷款展期，期限累计计算，累计期限达到新的利率期限档次时，自展期之日起，按展期日挂牌的同档次利率计息；达不到新的期限档次时，按展期日的原档次利率计息。

（3）根据贷款期限情况确定利率变动规则。

按照规定，利率一旦确定原则在一年内不能变动，一年后可以调整利率，因此银行对于长期贷款要在合同中约定利率调整变动规则。

（4）根据贷款展期情况变动利率。

贷款利率一般分段计算，半年贷款利率和一年贷款利率、三年贷款利率、五年贷款利率并不相同，如果贷款展期后达到某个时间段，展期后的利率和展期前的利率是不一样的。

（5）参照利率变动。

如果利率本身是动态的利率，文本中有关利率的内容无须改动，比如按照上海同业拆借利率计收利息的情况下，上海同业拆借利率本身是变动的，实质上不算利率的变动，具体利率的变化无须另行约定。

7. 特殊利率

①优惠利率。

基于国家规定或双方约定，利率可以优惠，按照国家的要求，需对优惠予以明确。利率的优惠主要有三种：一是优惠原因；二是优惠幅度；三是优惠的中止取消。

②溢价利息。

注意民间借贷中的溢价利息，24~36 期间的利息属于溢价利息，已给的不能要求返还，这样在不能足额支付利息时需要明确顺序，否则两方会打架，一个说是溢价利息已经支付，需要清偿的是正常利息，一个则说清偿的是正常利息。关于委托贷款清收次序问题，提前约定有利于解决以后的纠纷。

在市场化前提下，结合投贷联动业务，结合项目贷款，也可以约定溢价利息，在项目达到一定效益后，可以根据获利情况给予利息奖励，该奖励属于借款人自愿支付，也叫增值利息。

8. 加罚利率

加罚利率指违约情况下加收的利息。加罚利率内容包括：①加罚适用的条件；②加罚针对的对象；③加罚利率的标准；④加罚利率的计算期间；⑤加罚利息的推演；⑥加罚利率的竞合（客户同时存在贷款逾期和贷款挤占挪用情况下，只能选择一种罚息，通常情况下，银行应选择挤占挪用罚息）；⑦司法加罚的处理。

9. 利率风险的缓释

在利率市场化情况下，为了缓释利率、汇率波动带来的风险，可以考虑选择利率锁定原则。

10. 监管禁止条款

监管禁止条款就是将监管禁止的内容列入文本，以作提示，也可以不写明而作为法审的备用资料。

（四）贷款利率

贷款利率是指借款期限内利息数额与本金额的比例。我国的贷款利率由中国人民银行统一管理，中国人民银行确定的贷款利率经国务院批准后执行。

贷款利率是借款合同双方当事人计算借款利息的主要依据，贷款利率条款是借款合同的主要条款。以银行等金融机构为出借人的借款合同的利率的确定，当事人只能在中国人民银行规定的利率上下限范围内进行协商。如果当事人约定的贷款利率高于中国人民银行规定利率的上限，则超出部分无效；如果当事人约定的利率低于中国人民银行规定的利率下限，应当以中国人民银行规定的最低利率为准。此外，如果贷款人违反了中国人民银行的规定，在计收利息之外收取任何其他费用的，应当由中国人民银行进行处罚。

需要注意的是，上述强制性的规定仅仅适用于以银行等金融机构为贷款人的借款合同。自然人之间的借款利率，只要不违反国家的有关限制性规定，当事人可以自由约定。根据最高人民法院的司法解释，民间借贷利率最高不得超过银行同类贷款利率的四倍，超过部分不受法律保护。

1. 贷款利率的类别

我国银行贷款利率一般分为以下四类。

（1）法定利率：国务院批准经国务院授权中国人民银行制定的利率。

（2）差别利率：对不同期限、不同行业、不同地区所规定的不同利率。

（3）优惠利率：根据国家有关政策要求，对扶植对象采取的低于法定利率的优惠利率。

（4）浮动利率：金融机构在中国人民银行总行规定的浮动幅度内，以法定利率为基础自行确定的利率。

2. 影响商业银行贷款利率确定的因素

（1）影响商业银行贷款利率确定的直接因素。

①中央银行基准利率。中央银行基准利率主要指中央银行再贴现率和中央银行对商业银行贷款的利率。它反映了国家货币政策的要求，并影响着商业银行资本融通的成本。因此，商业银行贷款的利率一般要参照中央银行的基准利率，并且要略高于中央银行的基准利率。

②存款利率。商业银行的资金主要来自银行存款，存款利率直接影响着商业银行借入资金的成本。银行存款利率越高，借入资金的成本越大；反之就越小。商业银行从事贷款业务是为了获取利润，要实现利润收入，就必须使银行的存款利率和贷款利率之间存在一个利差，使银行的贷款利率高于银行的存款利率。

③贷款业务费用支出。影响贷款资金成本的直接因素，除了中央银行基准利率和银行存款利率之外，还有贷款业务费用的支出。银行在从事贷款业务的过程中，要进行贷款调查、审查批准、贷款监督、贷款管理等活动，这些业务活动必须要支出业务费用。银行支出的这笔业务费用，需要从贷款利润收入中得到补偿，而贷款利润的收入是靠贷

款利息来取得的。因此，贷款业务活动费用的支出就构成了影响贷款利率的一个直接因素。

以上三方面影响贷款利率的直接因素都是基于贷款资金成本考虑的。在银行实际的贷款业务中，贷款利率还受其他方面因素的影响，这些因素对商业银行贷款的利率同样起着重要的作用。

（2）影响商业银行贷款利率确定的间接因素。

①贷款的风险程度。贷款的风险程度影响着商业银行信贷资金的安全，反映银行按期收回贷款本金和利息的可能性。因此，贷款风险程度越高，贷款利率也越高；反之，贷款风险程度越低，贷款利率也就越低。决定贷款风险程度的因素包括借款人的信用、贷款的种类和期限等。商业银行对信用较好的借款人，向其提供贷款的风险较小，一般可以采用较低的优惠利率；反之，就采用较高的利率。贷款的种类和期限不同，贷款的风险程度也不同，因而，对不同种类和期限的贷款，商业银行所采用的贷款利率也不同。一般来说，固定资产贷款利率要高于流动资金贷款利率；信用贷款利率要高于担保贷款利率；期限较长的贷款利率要高于期限较短的贷款利率。

②借贷资本的市场供求状况。利率作为借贷资本的“价格”，同其他商品的价格一样，受到市场供求状况的影响。在市场经济条件下，借贷资本的市场供求状况是决定当前市场贷款利率水平的最主要的因素。通常情况下，在经济扩张和繁荣时期，贷款需求量大，利率水平也随之升高；在经济萧条时期，投资需求不高，贷款需求量减少，市场利率水平也随之降低。借贷资本市场供求状况不但对贷款利率水平产生影响，对中央银行基准利率和存款利率也同样产生影响，而后者又决定借贷资本的成本，对贷款利率水平产生影响。

③预期的通货膨胀率。通货膨胀率对贷款利率的影响主要表现在贷款利率会存在名义利率和实际利率的差异。由于商业银行注重的是实际利率，即名义利率与通货膨胀率之差，在通货膨胀率升高时，商业银行就要相应提高名义利率，以使实际利率保持不变或者相应提高。商业银行在从事贷款业务时，对一些贷款往往实行在贷款期限内可以浮动的利率，以便使贷款利率随着通货膨胀率的变动而相应变动。

3. 商业银行贷款利率的确定

目前，我国正处于市场经济的发展阶段，总体看来，各方面对资金的需求大于资金的供应。为了稳定国家的金融秩序，防止贷款利率的任意提高，国家有必要对金融机构的贷款利率做出规定，保证贷款人在国家规定的利率限度内贷款，降低贷款人的生产成本，促进国民经济健康有序向前发展。国家的利率政策是中央银行货币政策的主要组成部分，其制订和调整都对国民经济产生重大影响，中央银行也通过对金融机构贷款利率的管理达到对国家金融秩序进行调整的目的。

中国人民银行根据市场经济的发展及资金供求关系，一般在一定时期内对金融机构的贷款利率做出规定。目前国务院批准和国务院授权中国人民银行制定的各种利率为法定利率，其他任何单位和个人均无权变动。法定利率的公布、实施由中国人民银行总行负责。金融机构在中国人民银行总行规定的浮动幅度内，以法定利率为基础自行确定浮动利率。中国人民银行对商业银行浮动利率的现行规定是：从 2004 年 1 月 1 日起，在中国人民银行制定的贷款基准利率基础上，商业银行、城市信用社贷款利率浮动区间上限扩大到贷款基准利率的 1.7 倍，农村信用社贷款利率浮动区间上限扩大到贷款基准利率的 2 倍，金融机构贷款利率浮动区间下限保持贷款基准利率的 90%不变。以一年期贷款为例，现行基准利率为 5.31%，扩大贷款利率浮动区间后，商业银行、城市信用社可在 4.78% ~9.03%的区间内按市场原则自主确定贷款利率。中国人民银行不再根据企业所有制性质、规模分别确定贷款利率浮动区间；政策性银行贷款及国务院另有规定的贷款利率不上浮。

贷款利率条款内容结构包括：贷款利率构成、计息结息方式、来源依据、利息税费及清收减免变动规则、监管要求、利率风险及防范和文本的基础条款。

注意利息预扣禁止。作为本金的孳息，利息应当从本金出借之日起计算，即借款合同的利息应当从货币出借之日起开始计算。预扣利息的行为属于变相提高贷款利率，它是出借人以牟取超过法定利息以上的非法高额利息为目的借合同形式发放高利贷的行为。

利息预扣严重扰乱经济秩序，我国法律和政策一直禁止借款利息的预先扣除。中国人民银行多次明文规定禁止出借人以预扣利息、收取贷款保证金、利息备付金等形式提高贷款利率或变相提高贷款利率。如果出现上述情形，则预扣的利息或者利息保证金、利息备付金应当从约定的借款本金中扣除，扣除后的金额作为出借人履行借款合同而发放的本金金额，并以此重新计算应付利息。法律的这一规定属于禁止性规定，为强行法律规范，当事人不得以协议的方式排除其适用。如果合同中有预扣利息的条款，则直接适用本条确认其无效。当然，该条款的无效并不影响其他合同条款的效力。

（五）罚息

《人民币利率管理规定》（银发〔1999〕77号）第二十五条规定：逾期贷款或挤占挪用贷款，从逾期或挤占挪用之日起，按罚息利率计收罚息，直到清偿本息为止，遇罚息利率调整分段计息。对贷款逾期或挪用期间不能按期支付的利息按罚息利率按季（短期贷款也可按月）计收复利。如同一笔贷款既逾期又挤占挪用，应择其重，不能并处。

这个规定是收取罚息的依据，使用时要把控以下几个原则。

（1）针对的是贷款本金，而不是利息。

（2）针对的逾期贷款或挤占挪用贷款，两者同时存在，两者只能择其一。要注意的是，逾期和挤占挪用可能不属于同一部分贷款本金。

实践证明被挤占挪用而使用逾期利率，属于避重就轻，对法院而言是错案，对银行人员而言可能违反监管要求。

挤占挪用时间有可能发生在正常付息的情况下，此时的挤占挪用有可能是追要，按照加罚的部分利率，这时要注意时效问题，以及复利的计算基础，还有就是银行内部营运系统的处理问题。

（3）罚息就是按罚息利率计收的利息。

（4）《人民币利率管理规定》（银发〔1999〕77号）第五条做了罚息利率的规定，罚息利率原来是固定的，随着利率市场化的推进，央行不再直接制定罚息利率，而是允许银行在一定的基础上进行浮动，一般是原贷款利率上浮动。原贷款利率是约定的利率而不是实际贷款期限利率。

（5）罚息利率调整分段计息。罚息利率是由央行制定的，基准利率调整，罚息随之调整。

（6）对特定本金在某一时间段计取罚息只能发生一次。

（六）复利

复利，俗称“利滚利”，是指对利息的归还约定一定的期限，若借款人在约定期限中未返还利息，则未返还的部分计入本金，与本金一起按约定利率计算利息的一种现象。《民法典》第六百八十条中禁止高利放贷以及对借款利息的确定规定，禁止高利放贷，借款的利率不得违反国家有关规定。借款合同对支付利息没有约定的，视为没有利息。

借款合同对支付利息约定不明确，当事人不能达成补充协议的，按照当地或者当事人的交易方式、交易习惯、市场利率等因素确定利息；自然人之间借款的，视为没有利息。

《人民币利率管理规定》（银发〔1999〕77号）对复利做了以下规定。

第二十条对短期贷款的复利规定内容是：对贷款期内不能按期支付的利息按贷款合同利率按季或按月计收复利，贷款逾期后改按罚息利率计收复利。最后一笔贷款清偿时，利随本清。

第二十一条对中长期贷款（期限在一年以上）的复利规定内容是：对贷款期内不能按期支付的利息按合同利率按季计收复利，贷款逾期后改按罚息利率计收复利。

第二十五条规定：逾期贷款或挤占挪用贷款，从逾期或挤占挪用之日起，按罚息利率计收罚息，直到清偿本息为止，遇罚息利率调整分段计息。对贷款逾期或挪用期间不能按期支付的利息按罚息利率按季（短期贷款也可按月）计收复利。如同一笔贷款既逾期又挤占挪用，应择其重，不能并处。

以上三个规定条款是对复利的规定，具体分析主要包括以下几点。

（1）复利是利息的利息，不针对本金。

（2）计收复利是央行要求，如果减免，须符合央行规定，具体依据待查。

（3）计收复利的利息范围为全部未支付的利息，具体分类如下。

①贷款期内不能按期支付的利息，简称期内利息。

②虽然贷款期内已经付息，但是按照挤占挪用贷款规定应追加计收的利息，简称追

加利息。

③贷款到期后不能支付的利息，简称逾期利息。

④贷款到期后不能支付的挤占挪用贷款，简称挪用利息。

⑤复利的利率，按罚息利率计算。

⑥复利的起算日期以应付未付的利息结息日次日起算。按月或季度计算结息周期。《人民币利率管理规定》（银发〔1999〕77 号）对此作出规定。

第二十条短期贷款按季结息的，每季度末月的二十日为结息日；按月结息的，每月的二十日为结息日。具体结息方式由借贷双方协商确定。

第二十一条中长期贷款（期限在一年以上）利率实行一年一定。贷款（包括贷款合同生效日起一年内应分笔拨付的所有资金）根据贷款合同确定的期限，按贷款合同生效日相应档次的法定贷款利率计息，每满一年后（分笔拨付的以第一笔贷款的发放日为准），再按当时相应档次的法定贷款利率确定下一年度利率。中长期贷款按季结息，每季度末月二十日为结息日。

根据上述规定，复利的起算为每月或季度末月的二十日次日（即 21 日）起算。

在司法实践中，遇到借款合同有关复利纠纷的案件，通常应当考虑按以下方法解决。

（1）民间借贷一般不允许计算复利。最高人民法院《关于人民法院审理借贷案件的若干意见》第七条规定：出借人不得将利息计入本金谋取高利。审理中发现债权人将利息计入本金计算复利的，其利率超出第六条（民间借贷的利率最高不得超过银行同类贷款利率的四倍）规定的限度时，超出部分的利息不予保护。根据这两条司法解释的规定可以看出，民间借贷通常不允许计算复利，但如果计算复利后利率不超过一定限度，可以承认其效力。

（2）以银行等金融机构为出借人的借款合同，法律允许计算复利。根据 1991 年颁布的《利率管理暂行规定》的规定：金融机构对企业的流动资金贷款和技术改造贷款按季结息，对不能支付的利息，可以计收复利；基本建设按年结息，对不能支付的利息，不计收复利；中国人民银行对金融机构的贷款按季结息，对不能支付的利息，可以计收复利。1995 年中国人民银行发出了《关于调整各项贷款利率的通知》，指出固定资产全部实行按季计息，不能支付的利息可以计收复利。

（七）司法惩罚金

1. 逾期付款违约金

逾期付款违约金有关规定有以下两条。

最高人民法院《关于逾期付款违约金应当按照何种标准计算问题的批复》（法释〔999〕8号）和最高人民法院关于修改《最高人民法院关于逾期付款违约金应当按照何种标准计算问题的批复》的批复（法释〔2000〕34号）中都对逾期付款违约金有相关规定。

2. 逾期付款滞纳金

最高人民法院于1994年3月12日出台文件（法函〔1994〕10号复函）对逾期付款滞纳金有相关规定。

一般理解逾期付款滞纳金是未向有权机关缴纳款项产生的，与民事行为无关。

3. 迟延履行期间的债务利息（简称加倍利息）

加倍利息依据：《最高人民法院关于在执行工作中如何计算迟延履行期间的债务利息等问题的批复》（法释〔2009〕6号）、《最高人民法院关于执行程序中计算迟延履行期间的债务利息适用法律若干问题的解释》（法释〔2014〕8号）。

加倍利息的构成包括迟延履行期间的一般债务利息和加倍部分债务利息。

一般债务利息根据生效法律文书确定的方法计算，生效法律文书未确定给付该利息的，不予计算。

加倍部分债务利息＝债务人尚未清偿的生效法律文书确定的除一般债务利息之外的金钱债务 × 日万分之一点七五 × 迟延履行期间

一般而言，法院会判决债务人在一定时间内履行所欠银行贷款本金、利息罚息、实现债权费用等款项。

关于加倍利息方面，加倍部分债务利息是法院决定的，无法单方决定或者双方约定。有些法官认为不主张不判决，因此银行应在诉讼中提出诉请，才可以获得判决确定给付加倍利息。

关于加倍利息的本金，有些观点认为是全部应付款项，有人认为只限于贷款本金。从银行考虑，全部债务更有利。建议银行在合同中约定，但是也需要做好法院只算本金的准备。

关于利息计算期间，一种观点是自贷款发放到判决给付期的期间同期中国人民银行基准利率，一种是一年期贷款利率，有的是贷款合同本身约定的利率，有的法院认为加倍部分债务利息很高了，不应再支付利息。

（八）存款利率

存款利率指银行吸收存款支付利息与本金的比率，原理同贷款利率，所以不再重复描述。

二、关于利率的特别事项研究

1. 当前银行利率依照国家控制执行

《民法典》第五百一十三条规定，执行政府定价或者政府指导价的，在合同约定的交付期限内政府价格调整时，按照交付时的价格计价。逾期交付标的物的，遇价格上涨时，按照原价格执行；价格下降时，按照新价格执行。逾期提取标的物或者逾期付款的，遇价格上涨时，按照新价格执行；价格下降时，按照原价格执行。

合同如果约定执行政府定价或者政府指导价，实际上只是确定了价格的计算方法，而没有明确合同总价金的数量。在当事人按照合同约定的时间交付标的物的情况下，如果交付期限内政府价格调整的，应当按照交付时的价格计价，当事人可据此计算出合同的总价金。

如果逾期交付标的物的，遇价格上涨时，按照原价格执行；价格下降时，按照新价格执行。如果逾期提取标的物或者逾期付款的，遇价格上涨时，按照新价格执行；价格下降时，按照原价格执行。需要注意的是，该规定属于价格制裁条款，目的在于保护守约方，制裁违约方，而不是违约责任。另外，价格制裁与违约责任可以并用。

2. 利率市场化浮动条款

在利率市场化前提下，银行应做好利率市场化浮动条款上的准备。

3. 考虑控化利率

利率从广义上讲，也包括其类似产品的定价，比如入股融资溢价等。他们的特点是国家有指导价格，企业按照这个标准上下浮动，也包括为规避利率风险而设立的利率期约等。利率本身是一种商品的定价，与其他商品有很大的关联关系。至于具有投机甚至赌博性质的产品，比如期数指数不在此。

所谓的量化利率，就是以基础利率或者指导利率为基础，按照法律控制角度，形成利率调整比率，控化利率类似利率掉期，是金融市场与金融博弈及法律控制的结合的产物，这个控制也包括金融博弈理论下的定性控制，总之，形成一个比率值，在商业利率上与比率值相乘，得到一个控化利率，这个控化利率是风险警示及风险程度指标。

如果控化利率模型成立且有实用性，则法律工作具有经济性质，将来的发展大有前途。

金融博弈下利率锁定问题研究很重要，在合同中应该添加情势变更，可以允许银行执行特别利率的条款。

三、贷款利率条款制作指导

1. 利率的起源

构成：主体 + 经济业务关系

范文：贷款人将按照本合同所规定的条款和条件向借款人提供不超过币种 ×××，金额 ×××（大写 ×××）的流动资金贷款额度。

本合同项下每一笔提款的利率见相应的公司贷款借据。

2. 计息方式

计息方式指采用固定利率方式还是浮动利率方式，确定计息方式时注意载明利率适用对象、形式、利率依据、计息浮动范围等内容。

3. 提款文件

范文：

（1）本合同项下其他提款每一笔提款具体利率由本合同及提款文件共同确定。提款文件包括提款申请书和或借据。

（2）借款人提款文件一旦做出即为不可撤销，除非银行拒绝该提款文件。

（3）借款人、银行默认提款文件收到之日银行已经发放提款文件所示提款，除非借款人取得银行未发放书面证明。

4. 计息期间

范文：

（1）贷款项下的利息以贷款实际使用的天数在一年三百六十（360）天（如为港币或英镑，则为一年三百六十五〔365〕天）的基础上计算。

（2）贷款项下的计息期限自提款之日起算，至到期日前一日。每一笔提款到期日为节假日时采取如下方式调整□到期日自动提前到该节假日前最近银行工作日，按实际计息期间计息□到期日自动延迟到该节假日后最近银行工作日，按实际计息期间计息。

（3）本合同项下采用逐笔计息法计息。

5. 罚息

加罚利率，指违约情况下加收的利息，加罚利率内容包括：加罚适用的条件、对象、标准、计算期间、推演、加罚利率的竞合。

四、服务费用条款制作导引

1. 服务费用条款概念

服务费用条款系银行与客户就银行提供的非融资性服务支付费用的合同条款，服务费用是银行非资金产品的价格体现，是银行过大中间业务收入的主要来源。

银行的服务费用不是越高越好，它受政府物价部门、监管部门的把控，银行必须在其控制范围内确定服务价格，所以服务价格要进行公示，未经公示的价格视为免费。公示的内容有要求，必须达到一定的标准。某种意义上讲，服务费用公示也是一种特定的合同条款。服务费用公示的必备内容包括收费项目、收费标准、服务内容、适用客户、收费依据、备注或补充说明。没有公示的服务收费是无效不被支持的。

因为服务费用规定由银行总行负责，银行的服务费用在内部严格执行审批程序。

2. 服务费用的分类

服务费用一般采用银行业务产品分类的办法来分类，与业务拓展配套，也适合对外公示，服务费用按照定价来源分为政府定价、政府指导价及政府指导价基础上协商的市场价。

3. 违反服务费用定价要求的法律后果

违反服务费用定价要求的法律后果一般为退还，同时会受行政处罚。

4. 服务费用条款的构成

服务费用条款通常由以下部分构成：服务费用范围、服务费用收费标准及总额、服务费用收费优惠、服务费用支付周期、收款账户、授权扣收、税票及其他内容。

注意对具体服务费用进行分类梳理，做好总结，备用。

第四节　履约操作条款导引

合同履约操作条款指为实现合同签约目的而安排的业务操作条款，实质是履约方式的体现。

合同履约操作条款的制作需要满足以下三个要求：一是业务操作需求；二是合同履行法理要求，比如全面、及时履行等；三是银行内部管理要求，就是银行保护六原则。

合同履约操作条款分为商业操作条款和法律义务履行条款，关联的课题是合同法律行为构成、业务风险监控及裁判业务。

合同法律行为构成属于理论上的研究，统驭文本的制定，业务风险监控则负责合同行为的纠正，合同履行最终结果影响博弈裁判事件的触发。

我们在银行业务行为法律解构部分探讨了业务的操作与构成理论，这里主要是从条款制定方面研究分析履约操作的条款，我们认为，银行业务主要围绕资金流动进行，业务操作是按照资金流转来安排的，将可能变动的情况加以考量，提前预设，如果某些操作具有关键性，则对关键的操作赋予义务性约束。

一、履约操作条款的业务操作安排

履约操作条款首先要以业务交易模式为基础，业务交易模式的准确描述是以银行内部的业务流程、规程为代表，履约操作条款就是对这些流程的体现和翻版，可以说，没有流程就没有文本。

履约操作条款在文本结构上可分为以下几个分项条款：①流程安排（含营运管理）；②先决条件；③申请和发起（含有效期）；④结算清偿；⑤变通履行等。

1. 关于流程安排条款

流程安排条款就是将合同业务进行操作步骤分解，操作步骤分解一般以银行内部操作或者流程为准，一般要求有操作流程图。注意审查操作流程合法并符合监管规定要求。在合同操作流程条款制定、审查、修改前一定先理顺业务操作规程。

流程安排条款一般由以下要素构成：针对何事，由谁，在何时（何种情况下）、何地、以何种方式，进行什么样的操作，由何人验收交接。

具体业务流程可以在合同中约定，也可以由附件单独说明。

制作流程安排条款要注意以下几点。

一是流程安排条款要考虑能否得到营运系统或科技系统的支持。

二是要考虑流程的变通性，因为业务情况可能发生变化，流程安排条款需要随之变通，因此在制定流程安排条款时要注意业务情况变化性，尽量使流程安排条款具有普遍适应性，尽量减少将来修改频率。

三是要准确把控流程安排条款的属性。

合同项下业务流程条款可能属于商业属性，也可能属于法律属性，或者两者兼而有之。修改商业属性的条款一般不会引发法律性质的风险，修改法律属性条款有可能导致合同全部或者部分无效，或者无法维护银行合法权益，所以要把控好业务流程条款属性。商业属性条款修改可由业务部门自行把控。法律属性条款的修改必须经过银行法务人员审核同意。

可以通过以下三个标志区分条款商业属性和法律属性。

标志之一就是该条款是否涉及核心事项，核心事项指合同的主要内容，或者法律、监管、内部规程强制性的内容，批复强调的内容，当然单纯数据调整属于商业条款。

标志之二就是在条款中是否明确了触发违约事件。

流程安排条款仅就业务操作进行了描述、指导，并未就法律后果进行提示，一般认定该条款不具备法律属性；文本中数据通常按照商业条款处理。

标志之三就是该条款的变动是否构成法律事件，引发责任的承担。

2 关于先决条件条款

先决条件条款是指取得授信的客户在申请使用授信额度前先要达成的附条件条款，有的银行也称放款条款。

先决条件条款是银行或者金融业务合同特有的条款，银行为了确保金融授信资金的安全才设立，另外，制作先决条件条款也是银行监管部门的要求。先决条件条款实质是审核、确保贷款发放符合要求，实际缓释了授信业务的风险。

先决条件条款从内容上包括如下几部分：关联履行有效期的起算，先决条件达成内容明细及标志、先决条件达成时间限制及先决条件达成的后果等。

制作先决条件条款需要注意以下几个问题。

一是避免先决条件达成的标准模糊不清，引发争议。

二是先决条件条款要和银行内部流程规定或业务批复对应匹配，尽量采用银行关于先决条件的制式文本。

三是先决条款是监管部门检查重点，监管部门检查标准尺度经常发生变化，所以一定要根据监管部门动态要求写清、落实好先决条款，避免监管风险。

3. 关于申请发起

申请发起一般源于客户的书面申请，申请书内容都有制式要求，目前普遍问题是申请书没有编号，和具体业务无法一一对应。

还有一些申请书同时具备证据效力，比如开证申请书证明已经提供专门的保证金，声明已经完成合同要求的条件等。

申请有效期纳入申请部分管理，原因在于申请书的提出必须在申请有效期内，注意需要随时查实申请有效期的变化。

有效期目前在银行授信业务合同中是混合的，和期限混用。实际上两者有一定的区别，期限是一个时间段，针对业务的时间段；有效期是允许业务申请时间区域，先有有效期，后有期限。两者有重合，所以容易引发误解。

有效期的构成由以下几个要素构成：①有效期概念；②有效期发生日；③有效期终止日；④有效期内可以申请发生的业务。

4. 关于提用清偿

提用清偿是银行或者金融机构主要的履行条款。银行如何放款及回款的约定。放款在特殊情况表现出具单证，性质是义务履行。

提用的事项应注意以下几点。

（1）资金使用监管条款，这是监管要求，含受托支付条款。

（2）有些创新业务，比如入股融资业务，客户基于业务需求，会要求分批进行，所以应注意分批操作的对应性。

（3）注意提用渠道的描述。

清偿回款应注意的问题有以下几点。

（1）注意有回笼账户的约定。

（2）注意回笼资金监管的要求（资金监管协议另行研究）。

（3）提前还款的要求。

（4）不同币种还款的要求（注意担保金与主合同不同导致汇差利率的风险）。

（5）由第三人代偿的问题。

（6）多重业务情况，清偿对象要明确。

注意权利义务相对转化，有些行为动作是权利义务消灭产生的交界，比如结算条款付款同时就开始产生索要票据的权利，这种转化条款一定要注意。

5. 关于变通执行

复杂的授信业务，不仅执行一个业务操作模式，各方可能考虑各种变动情况，针对可能的变动情况进行预设约定，这是允许的，也是应该的。其模式是和流程安排相通的，注意和其他条款的对应。

6. 关于操作流程的注意事项

（1）注意对事实文本把控，事实文本是记录履约过程的文本，将来用作主张权利诉讼证据。当然，事实文本各条款都有反馈，比如附件文本。

（2）注意合同履行条款的可操作性。

在实践中，大量合同缺乏可操作性，如对合同各方权利的规定过于抽象，对合同各方的义务规定不明确、不具体，没有违约责任条款或对违约责任一笔带过。只有各方权利义务规定得清清楚楚，违约责任非常详尽，才不容易产生歧义、误解和扯皮的现象。

7. 业务操作条款撰写注意事项

合同履行条款通过商业操作条款来体现，但是与商业条款有所区别，商业操作条款重点在于商业行为/数据的确认，可以变通、补救，操作条款执行不当不会引发法律后果，合同履行条款是对商业操作的法律结果进行确认，违反履行条款的一方为违约方，须承担不利的法律后果。在商业操作条款和履约条款区分不明显的情况下，一般通过对某项商业操作进行限制性约定，一旦商业操作不符合要求，将承担某种不利后果。

操作条款应为商业条款。业务合同中的操作条款和文本（比如票据）通常为商业操作条款，当该操作会产生法律上的权利义务时才为法律条款，其显著特征就是在合同权利义务的条款中对操作款项做法律定性，比如：甲方如果未……则视为违约，须赔偿乙方 *** 元。

动态操作条款内容基本是以连续行为构成的，由主动方开始，按照时间或者操作顺序进行，可以分为不同阶段、不同事项来处理：①由谁做好准备；②由谁首先做什么；③可以参照引用流程；④每个步骤动作行为前可以加小标题提示；⑤可以根据最密切联系原则，插入其他业务条款。

动态操作条款基本语法结构为：主体 + 条件 + 行为 + 对象 +（目的）。

经常使用的几种语法有以下几种。

（1）承接复句，两个或两个以上的分句，一个接着一个地叙述连续发生的动作，或者接连发生的几件事情。分句之间有先后顺序，用词有：便、才、又、于是、然后、接着、首先（起初）……然后……、从而。

（2）条件复句，前一个分句提出一个条件，后一个分句说明这个条件一旦实现所要产生的结果，分为充分、必要、完全等三种类型：只要……就……、只有……才……、除非……才（不）……、无论（不管，不论）……都……

（3）目的复句，一个分句表示实现或避免某种目的，一个分句表示为此而采取的行为，常用词有：为了、以便、以、用以、好、为的是、以免、免得、省得。

我们在总论部分讲到基本业务操作动作，在该动作分析有标准话术情况下，可以将基本动作转化形成基本业务操作条款。

二、履约操作条款的风控

履约操作条款需要体现银行权益保护八原则：银行的权利不丧失，银行应尽的义务，银行应配合支持的客户权利（注意免责），银行应把控客户的义务（注意追责），银行如何避免责任承担，银行如何追究客户的责任，银行如何落实监管要求，实现社会责任的承担、制定合适的文本。

在合同签署后，应安排专人对合同的履行情况进行监督，检查操作行为是否有失规范，对于有重要法律性质的操作行为要重点检查，用清单方式筛查。

三、履约操作条款的判定触发

裁判事实不是文本条款的内容，但是为了方便总结，这里放在一起研究，我们在研究裁判触发事实的同时，可以将其作为衡量标准，在操作条款制作时避免失误。

履约操作条款要有痕迹证据，形式上符合事实证据文本要求。

在裁判审查前，要审查履约操作条款是否构成违约法律上的要件，客户违约不一定必然导致结果，比如客户没有开发票，不能成为银行不付款的理由。我们在制定和履约操作条款时，注意让其保持法律效力。

第五节　时间条款导引

时间条款指有关计时的条款，时间决定金融产品的价格，对时间条款的把控是金融业务必须考虑要素。

从属性上讲，时间分为自然属性、诉讼属性和（业务）文本属性，这里分别介绍分析不同时间的概念及文本制作注意事项，对运用时间条款注意事项进行提示。

一、自然时间的类别及条款制作

自然时间指具备天然属性的时间概念，作用是界定时间的概念范围，自然时间具有广泛知晓通用性，一般不在合同中描述，但是作为文本制作人，即使不在文本中描述自然时间概念，但是应对该概念有准确把控。自然时间的概念包括以下几种。

①日期，具体的年月日；②期限；③期间；④以内；⑤以前，之前，届满之日；⑥银行工作日：是指贷款人对公司客户提供商业银行业务的日子；⑦营业日：指银行和/或（在涉及外币业务时）相关外币的主要金融中心的商业银行，对外办理一般商业银行对公业务的任何一天，包括国家临时规定商业银行应该办理一般对公业务的星期六或星期日，但不包括国家法定节假日及前述情形之外的星期六及星期日。合同项下提及的除结息日、用款期限到期日、额度有效期到期日之外的任何日子（包括但不限于付息日、还款日等），如为非营业日，则该日应被视为结束于其后的第一个营业日；⑧非银行工作日，本合同项下提及的任何日子（包括但不限于最后到期日、还款日等）如为非银行工作日，则该

日应被视为结束于其后的第一个银行工作日；⑨到期日；⑩北京时间；⑪节假日；⑫法定节假日；⑬发生日期；⑭溯及力；⑮有效期（保函）；⑯次序时间：第几年，次月，季度首月；⑰关于票据、信用证的各种日期。

二、业务文本时间的分类及制作规范

文本时间指围绕业务展开而约定的时间，注意文本条款与实际业务发生时间可能不一致。

文本时间包括以下几种。

（1）起算时间有发生时间、中止时间、终止时间。注意资金监管不应有具体到期日期，应以监管事项终结为准。

（2）动作时间。

①展期，指业务到期日的延长。

②提款期，指客户提用授信资金的期间，或合同规定的借款人有权申请提用贷款的期间。延长提款期限变更属于特殊变更，争议在于，提款期到期后是否允许变更，换句话提款期是否为不变期间？这需要法律尤其是监管规定来确认。

注意：提款期实际业务中是可以变更的，提款期变更时需要有担保人同意的书面意见。

③提前还款（缩期）。

④还款期限，指借款人根据借款合同的约定向贷款人归还本金的期限。

借款人按照合同约定的期限向借款人返还本金，是借款合同中借款人最主要的义务之一。如果合同当事人在借款合同中对返还本金的期限做了明确的约定，则借款人按照合同约定的期限返还借款实属无疑；如果合同当事人在借款合同中对还款期限没有约定或者约定不明，当事人可以按照《民法典》第六百七十五条的规定进行协议补充；如果当事人无法对还款期限达成补充协议，可以按照合同的有关条款和交易习惯进行确定。如果对于还款期限通过上述一系列的办法仍然无法确定，那么借款人可以随时要求返还；

贷款人也可以随时请求返还，但是应当给借款人合理的准备时间。借款人逾期返还的，应当按照约定或者按照法律规定承担违约责任。

还款期限届满之后，借款人仍然未向贷款人归还贷款的，贷款人可以向人民法院提起诉讼，要求人民法院保护自己的合法债权。如果不及时向人民法院提起诉讼，又不及时采取其他措施向借款人主张权利，那么在诉讼时效经过之后，贷款人的权利将变成道德上的自然权利，不能得到法律强制力的保护。

⑤利息支付期限。实践中，对于利息支付期限往往约定不明，例如通常会出现按季计息、按年计息的约定。对于这些约定，就应当按照交易习惯处理，即按季结息的，利息支付日为每季度最后一个月的20日；按年计息的，利息支付日为每年的12月20日。如果按照上述方法仍然无法确定利息支付日期，《民法典》第六百七十四条规定，借款期间不满一年的，应当在返还借款时一并支付；借款期间一年以上的，应当在每届满一年时支付，剩余期间不满一年的，应当在返还借款时一并支付。

司法实践中应当注意下列两个问题：第一，借款人在向出借人支付款项时未表明款项用途的，应当由借款人及时书面确定是还本还是付息。未能及时确定的，如果已经发生结欠利息的，按先归还利息、后归还本金的习惯规则办理；第二，企业之间相互借款所约定的利息不受法律保护。对于企业之间相互借贷或者名为联营、实为借贷的案件，人民法院对于出资方已经取得的利息应当进行收缴，如果出资方尚未取得利息，则向借款方收缴。

⑥提前到期，也叫加速到期，在借款人违约情况下银行宣布全部贷款立即提前到期归还，实际是违约救济的一种方式，在责任条款中阐述。

（3）计期期间指持续的计算时间，主要包括以下三种期间。

①额度有效期指借款人申请使用授信额度的时间区域，超过额度有效期，借款人不能申请额度的使用。

②贷款期限是指贷款合同约定的贷款使用期限。

③履约付息周期是指借款人结算支付利息的时间频率，包括按季结息，利随本清等。

三、时间条款的运用规则

（1）与法律法规保持一致，尽量使用、沿用法律法规标准描述。

（2）时间变动把控，注意自动延期的约定，要求展期的条件约定。

（3）注意时间条款的溯及力问题。

（4）不同时间的勾连及一致，确保不同行为发生之间的对应，不要出现顺序矛盾。

四、诉讼时间的类别及实践注意事项

诉讼时间指涉及诉讼（含仲裁及其他争议解决程序，下同）的时间，一般包括事实发生时间和解决争议时效规定的诉讼时效时间。

事实时间包括实际时间、效力时间和推定时间，实际时间指具有法律文件证明的事件发生的时间，也叫行为时间，包括：①起算日；②发放日；③利息支付日；④清偿日。

效力时间指民事行为生效的时间。包括：①犹豫期；②签署生效日期；③知道日、签收日期、文书到达日；④撤销日；⑤解除日；⑥终止日；⑦有效期。

推定时间指根据事实判断规则对无法明确实际发生事件进行的时间，包括：①宽限期；②应当知道日。

诉讼时效时间包括：①诉讼时效时间；②除斥期间；③诉讼仲裁时效中断；④诉讼仲裁时效延长；⑤时效障碍日期。

诉讼时效时间的关键点在于确定诉讼时间的触发点，在合同中明确具体的事件发生的标志及证明文件。

我们仅就诉讼时间进行客观性介绍，如何把控诉讼时间在后文的博弈业务文本中进行详细研究。

第六节　地点条款导引

地点条款是约定与合同履行有关位置的条款，包括行为所在地和主体所在地，合同

中关于地点的条款按照其作用，分为以下几种。

一、住所地条款

住所地条款指主体居住或经营场所，一般在主体条款中载明，涉及送达、签约和诉讼管辖问题。

住所地地址条款要注意以下问题。

（1）实际经营地与注册地不一样，户籍所在地与经常居住地不一样。

（2）履约过程中的地址变更。

（3）约定诉讼送达地址的有关要求。

二、送达地址条款

送达地址条款指主体接收各种合同通知各种法律文件的地点，一般和住所地相同，也可以另行约定其他送达地。

送达地址包括电子收件地址，注意传真送达问题。

三、合同履行地

合同履行地的意义在于方便合同目的的实现，确定诉讼管辖。一般而言，是将银行经营所在地作为合同履行地。

对于复杂的业务，要考虑尽量统一履行地为同一地方，尽量以银行所在地为准，对于银证理财等涉及不同地区、单位的业务，要注意各自地区的管理要求。

对于异地业务，要考虑将合同履行地约定为银行所在地。

注意代理业务，比如代为异地资金账户监管，签署三方协议。

法律上有硬性规定，借贷业务、履行地一般推定为银行所在地，要注意日常工作的搜集整理。

四、诉讼管辖地址

（1）诉讼管辖地址法律范围包括：合同签署地、合同履行地、被告所在地。

（2）关于明确具体诉讼管辖权的要求。一般为由银行所在有管辖权的人民法院解决；或者由签约地有管辖权的人民法院解决，签约地为 ×××。

关于地点条款有几点特殊说明。①未做特别约定，银行业务一般情况下以银行经营所在地为准；②关于电子银行业务，提供电子邮箱的，以电子邮箱为接收地。

第七节 起始条款导引

起始条款是指约定合同签署成立、生效履行、登记公示、中止（消除）、终止（解除）、清算等事项的条款，分为六部分进行描述。

业务变更调整实际属于发生新的业务，放在业务变更文本中分析，在此不再重复论述。

起始条款包括行为起始和效力起始两部分，起始的构成形式分为时间和条件。

一、签署成立条款导引

（一）签署成立条款概述

签署开始条款指合同签署成立后，生效条件达成开始履行的条款，分为签署成立条款和生效开始条款。签署成立条款也叫签署条款，主要描述签署状态，法律意义上指合同的成立，签署条款有时通过特定文件来体现，比如指令函、确认函、变更函等文本文件，没有强制性规定或附条件情况下，合同签署即生效。

（二）签署成立条款的构成要素

签约条款的构成要素包括：签约人、签约形式、签约日期、签约地点。

签约人的描述标准为：双方法定代表人（负责人）或授权代表（或授权签字人或委托代理人）。

签署成立条款的构成要素有以下几种。

1. 签约人

签约人指签署合同的各方当事人，注意要与营业执照或身份证核对一致相符。

签约人的描述标准为：双方法定代表人（负责人）或授权代表（或授权签字人或委托代理人）。

2. 签约形式

自然人签约形式为签字，盖章（签章指签字或盖章）加按手印。法人（或其他经济组织）签约形式为加盖公章，加盖合同专用章。一般要求自然人签约法人签约同时进行（在语言上表现为“并”）。

有些条款，比如签字、盖章，签字或签章，这些条款不如金额日期那样能明显确定为商业条款，但是从法律上讲，签字、盖章，签字或签章效力相同，都是文本生效的条件，但是签字对人身限制要求比较严格，为了便于操作，希望变更为盖章，但是盖章从银行管理而言，是不安全的，需要管控。在风险管控情况下，签字可以调整为盖章，此类条款应为管控条款，实质为商业条款，只是需要取得授权允许。

3. 签约日期

签约日期可以明确具体日期，也可以引用日期，一般为合同成立的时间，《民法典》关于合同成立的时间有三条规定：第四百八十三条、第四百八十四条和第四百九十条。

合同是当事人之间意思一致的产物。当事人订立合同有两个阶段，一为要约，二为承诺，故有承诺生效时合同成立的规定。具体到采用合同书的形式订立合同的，双方当事人的签名、盖章或者按指印意思一致的表现，故以双方当事人签名、盖章或者按指印的时间作为合同成立的时间。如果双方当事人签名、盖章或者按指印不在同一时间的，最后签字或者盖章的时间为合同成立的时间。综合《民法典》的上述规定，采用合同书的形式订立合同的，合同成立的时间不是受要约人的承诺到达要约人的时间，而是双方当事人在合同书上签名、盖章或者按指印的时间。需要注意的是，根据《民法典》的文义，在合同书上签字/按指印、在合同书上盖章或者在合同书上同时签字及盖章应具有同等效力。

4. 签约地址

签约地址可以明确具体地址，也可以引用地址。

合同成立的地点在诉讼法上具有非常重要的意义。合同成立的地点与合同成立的时间有着十分紧密的联系，所以确定该地点应结合合同成立的时间。一般而言，合同成立时的地点即为合同成立的地点，而承诺生效时合同即成立，所以原则上承诺生效的地点为合同成立的地点。另外，根据《民法典》规定，采用数据电文形式订立合同的，收件人的主营业地为合同成立的地点；没有主营业地的，其经常居住地为合同成立的地点；当事人另有约定的，按照其约定。

当事人采用合同书形式订立合同的，合同成立的时间是双方当事人签字或者盖章时，基于此，合同成立的地点也当为双方当事人签字或者盖章的地点。

注意事项如下。

（1）面签不是签署要求，是见证签署要求，公证也是如此。

（2）出现公章差错，要针对不同情况来处理。一是误盖章情况处理，有些人出现误操作，错盖业务专用章，此情况下须收回原件重新出具，或者出具加盖公章的说明。二是如果客户不方便加盖公章，由客户经办人员签署备忘录可以作为缓释措施。三是公章已经销毁的情况下，需要继承人提供说明。

（三）签署成立条款的有关争议

1. 非公章合同是否成立问题

我们在处理经济合同纠纷案件过程中经常会遇到有关人员签字、盖章、签字并盖章对经济合同成立的效力影响问题。对于这一问题，我们有不同意见。一种意见认为，只要是法定代表人或单位授权的有关人员签字的，经济合同就成立；另一种意见认为，除了有权人员签字外，还必须加盖单位公章，经济合同才能成立。以上意见哪一种正确还存在争议。

按照《民法典》原理，当事人双方依法就经济合同的主要条款经过协商一致，经济合同就成立。这一规定表明，缔约双方经要约和承诺后，经济合同即告成立。从审判实践来看，缔约双方就经济合同的主要条款经过协商一致并形成书面协议后，往往要有一定的标志以证明该经济合同已经成立，这一标志便是有关人员的签字或盖章或签字并盖章，如无上述标志，除缔约双方无争议外，一旦涉讼，便无法认定该经济合同已经成立。

以保证合同为例，1994 年 4 月 15 日最高人民法院《关于审理经济合同纠纷案件有关保证的若干问题的规定》第三条规定：保证人在债权人与被保证人签订的订有保证条款的主合同上，以保证人的身份签字或盖章；或者主合同中虽然没有保证条款，但保证人在主合同上以保证人的身份签字或盖章的，视为保证合同成立。上述司法解释把签字或盖章作为保证合同成立的标志。

不仅仅是保证合同，所有的经济合同乃至其他的民事合同中均存在一个有关人员签字或盖章或签字并盖章直接影响合同的成立效力问题。合同为民事法律行为，必须遵循民事法律行为的运作规则，如主体适格、意思表示真实、不违反法律或社会公共利益等。以法人签订经济合同为例，法人的行为是通过其法定代表人及其工作人员的职务行为表现出来的，因此，有权在合同书上签字的只能是法人的法定代表人或者单位特别授权的人（包括法人的工作人员和被授权代理的其他人员），有权在合同书上盖章的也只能是法人授权的人员。我们认为，具有下列情形之一的，能够认定和证明合同已经成立：①合同已经法定代表人或者单位特别授权的代理人签字；②合同已经单位盖章；③合同已经有权人员签字并盖章；④法律或行政法规对签字和盖章有特别规定。

2. 签约存在缔约上过失责任问题

1）缔约上过失责任

缔约上过失责任，是指在合同订立过程中，一方因违背其依据诚实信用原则所应负的义务，而致另一方的信赖利益损失时所应承担的民事责任。

缔约上过失责任发生在合同订立的过程中。只有在合同尚未成立，或者虽然成立，但是因为不符合法定生效要件而被确认为无效或者被撤销时，缔约人才承担缔约上过失责任。如果合同已经成立，但是其为附生效条件的合同，因条件不成就而尚未发生效力，所产生的责任当为合同责任，而非缔约上过失责任。需要注意的是，缔约上过失责任虽然发生在合同成立之前,但是它要求当事人之间已经进行某种缔约联系并实际展开缔约活动。

缔约上过失责任产生的前提是一方违背基于诚实信用原则所应负的义务。依据诚实信用原则，在缔约过程中，在当事人之间产生一定的附随义务，即先合同义务。先合同义务主要包括以下几种：与合同订立有关的重要事项的告知义务；相互协作和保护的义务，即缔约当事人在缔约之际应尽必要的注意，尽力保护对方的利益，尽可能地为其提供方便；忠实与保密义务，即当事人在缔约之际，不得欺诈、胁迫以及滥用优势地位，也不得随意泄露其在缔约过程中知晓的对方的商业秘密。从这个角度看，缔约上过失责任就是故意或者过失地违反这些先合同义务所产生的民事责任。

缔约上过失责任以造成相对方信赖利益损失为前提。信赖利益又被称为消极利益或者消极合同利益，指一方当事人信赖合同成立或者有效后因合同不成立而蒙受损失。其包括因对方的缔约过错行为而致使其财产的直接减少，如为了缔结合同所支付的差旅费等有关费用；也包括信赖人的财产应增加而未增加的利益，如信赖合同有效失去的其他可以获得的机会等。当然，对合同成立或者有效的信赖必须合理，否则不能通过缔约上过失责任主张赔偿。

2）缔约上过失责任的适用范围

当事人在订立合同过程中如果假借订立合同恶意进行磋商、故意隐瞒与订立合同有关的重要事实或者提供虚假情况和有其他违背诚实信用原则的行为，以及泄露或者不正当地使用在订立合同过程中知悉的商业秘密，给对方造成损失，应当承担损害赔偿责任。在实践中，主要适用以下情形。

①要约人错误地撤销要约。要约人撤销不能撤销的要约或者未按法律规定的条件和程序撤销要约，而受要约人已经对要约产生合理信赖并且因要约的错误撤销而遭受损失，要约人应承担缔约上过失责任。

②合同在实质上不成立。合同在表面上已经成立，但实际上当事人之间并无合意，或者虽有合意，但未满足特定的形式要求，例如要物行为中标的物并未交付、要式行为中尚未满足特定的合同形式，致使合同未能成立，如果相对方已经产生合理的信赖，则对合同不成立有过错的一方应当赔偿对方因信赖所遭受的损失，即承担缔约上过失责任。

③缔约之际未尽通知义务而致相对方遭受损失。如甲乙商谈，甲欲购买乙的一幅名画，双方约定甲于某日前往乙处察看，然而乙已于数日前就将该画售予他人，使甲蒙受损失，乙应对甲之损失承担缔约上过失责任。

④缔约之际未尽保护义务、保密义务而致相对方遭受损失。

因合同不符合法律要求的要件而被确定无效或者被撤销的，当事人一方因信赖此合同有效而蒙受损失，有过错的当事人所负的赔偿之责也可视为缔约上过失责任。

3）缔约过失责任与一般侵权责任区别

缔约上过失责任与一般侵权责任都以当事人有过错为构成要件，二者主要有以下区别。

①缔约上过失责任以当事人已经进行交易上的接触并基于此接触而产生信赖关系为前提；侵权责任的发生则不需要当事人之间存在任何的特定关系。

②在缔约上过失责任中，当事人违反的是基于诚实信用原则、交易惯例所生的附随义务；在侵权责任中，当事人所违反的则是不得侵害他人财产和人身等绝对权的一般性义务。

③缔约上过失责任赔偿的是信赖关系被破坏所生的信赖利益的损失，这种信赖利益可以不是既有财产；侵权责任赔偿的则是财产、人身受害而生的实际损害。

4）缔约上过失责任与违约责任的区别

缔约上过失责任与违约责任的区别主要表现在以下几方面。

①发生的时间不同。缔约上过失责任发生在合同缔结阶段；违约责任则发生在合同有效成立之后。

②性质不同。缔约上过失责任是一种法定的损害赔偿责任，其目的是解决没有合同关系的情况下因一方的过错而造成另一方信赖利益损失的问题；违约责任则可以由当事人自行约定，如当事人可以约定违约金、损害赔偿金的计算方法和数额等。

③赔偿范围不同。缔约上过失责任赔偿当事人的信赖利益损失，以求回复到先前的状态；违约责任则赔偿当事人的期待利益损失，目的在于达到犹如合同全部履行的状态；在具体的责任形式上，缔约上过失责任表现为单一的损害赔偿责任，而违约责任则表现

为支付违约金、赔偿损失和实际履行等。

④损害赔偿的限度不同。基于违约责任而产生的损失赔偿原则上不能超过违反合同的一方在订立合同时应当预见到的因违约可能造成的损失；在缔约上过失责任中则不存在这样的限制性规定。

3. 没有签字或者盖章订立的合同

依据《民法典》规定，当事人采用合同书形式订立合同的，自双方当事人签名、盖章或按指印时合同成立。对此不能反推，即不能认为，只要双方当事人未在合同书上签字或者盖章，合同就不成立。采用合同书形式订立合同，在签字或者盖章之前，当事人一方已经履行主要义务，并且对方接受的，该合同也成立。

需要注意的是，没有在合同书上签字或者盖章有下列情况，在法律效力上要根据具体情况加以认定：第一种是只有一方当事人在合同书上签字或者盖章了，如果一方（不论是否是签字或者盖章的一方）履行了合同的主要义务并且为对方所接受，该合同成立，而不论接受方是否履行了其应负的义务；第二种是只有一方当事人在合同书上签字或者盖章了，如果一方（不论是否是签字或者盖章的一方）履行了合同的主要义务但不为对方所接受，该合同不成立；第三种是只有一方当事人在合同书上签字或者盖章了，但是双方当事人都未履行合同的主要义务，该合同不成立；第四种是双方当事人均未在合同书上签字或者盖章，但是当事人一方已经履行了其主要义务而且为对方所接受的，该合同成立，而不论接受方是否履行了其应负的义务；第五种是双方当事人均未在合同书上签字或者盖章，当事人一方已经履行了其主要义务但不为对方所接受的，该合同不成立；第六种是双方当事人均未在合同书上签字或者盖章，双方当事人也都未履行合同的主要义务，该合同不成立。

4. 应采用而未采用书面形式订立的合同

法律、行政法规规定或者当事人约定采用书面形式订立合同的，当事人订立合同应当采用书面形式，但是这并不能反推认为在上述情况下，当事人未采用书面形式则合同不成立。对合同书面形式的要求主要是基于证据上的考虑，依据《民法典》规定，法律、行政法规规定或者当事人约定采用书面形式订立合同，当事人未采用书面形式但一方已经履行主要义务，对方接受的，该合同成立，从这个角度看，书面形式的主要目的在于举证。

但是需要注意的是，对于应采用而未采用书面形式并且一方拒绝履行主要义务或者其履行义务对方不接受，应当认定合同不成立。从这个角度看，书面形式的效力不仅表现为证据效力，否则只会导致主张合同权利义务方败诉的效果，而不会导致合同不成立。另外，《民法典》并未规范全部的合同关系，诸如保险合同等仍然通过相应的民事特别法加以调控，在这些法律明确规定书面形式为这类合同的成立要件时，如果未采用书面形式订立合同，即使一方已经履行主要义务并且对方接受的，该合同也不成立。

5. 合同确认书

当事人采用信件、数据电文等形式订立合同的，可以在合同成立之前要求签订确认书。数据电文形式包括电报、电传、传真、电子数据交换和电子邮件等可以有形地表现所载内容的形式。

根据《民法典》规定，签订确认书的要求只能在要约或者承诺的阶段提出。如果在有效的承诺已经做出后一方才提出要求签订确认书，则属于合同变更的意思表示，因为合同已经成立，故不能以未签订确认书为由主张合同不成立。当事人采用信件、数据电文等形式订立合同的，可以在合同成立之前要求签订确认书，签订确认书时合同成立。这时合同成立的时间以最后一方当事人签字或者盖章的时间为准。

6. 公章和公司合同章、财务专用章、业务专用章、部门专用章的区别

单位主体，包括公司等法人主体以及非法人单位，在对外交往中离不开印章。可以说，在与外界发生法律关系的过程中，印章起着在形式上代表单位意志的作用。无论是日常的交往，还是在法院对纠纷的审查判断中，依据盖章认定有关文件的效力进而确定有关权利义务的归属已经成为常识。但每个单位都备有不止一个印章，如企业法人往往备有公章、法人章、财务专用章、合同专用章、发票专用章等。企业印章代表着企业全部或某方面的意志，不正确使用可能会给企业带来巨大的损失。

《中华人民共和国企业法人登记管理条例》第十六条规定：申请企业法人开业登记的单位，经登记主管机关核准登记注册，领取“企业法人营业执照”后，企业即告成立。

企业法人凭“企业法人营业执照”可以刻制公章、开立银行账户、签订合同，进行经营活动。在这里，出现了“公章”的字样。国内的实际情况是，一个企业法人领取了营业执照后，就可以刻制公章、合同专用章和财务专用章三枚印章并在工商局备案。一般来说，这三枚印章是具有代表企业法人行为的、具有法律效力的印鉴。根据企业的业务范围不同，有的企业可能还需要刻制报关专用章（需要在海关备案）。

刻制公章、合同专用章、财务专用章的程序如下。

法人或代理人携税务登记证副本、营业执照副本、法人身份证和公章先到公安局登记备案，公安局开出证明后，再到指定的地点刻章，以上证件需原件及复印件。

公章在所有印章中具有最高的效力，是法人权利的象征，在现行的立法和司法实践中，审查是否盖有法人公章成为判断民事活动是否成立和生效的重要标准。除法律有特殊规定外（如发票的盖章），公章可以代表法人意志，对外签订合同及其他法律文件，具有极高的法律效力，凡是以公司名义发出的信函、公文、合同、介绍信、证明或其他公司材料均可使用公章。 盖有公章的介绍信、合同乃公司意思表示的法律文件。在法律实践中，持有上述法律文件的行为人一般会被视为公司的代理人（即授权代表）。代理人在代理权限范围内以公司的名义所实施的民事法律行为，其法律后果概由公司承担。

法人章在规定的有限用途内使用，如税务申报、开支票等。在法律上，盖章是法人的行为，而不是一个自然人的行为；在代表人签署个人名字的文件上，再盖有法人印章，以此可确定该签字行为是属于职务行为，而不是签字人的个人行为。如印章所有人基于自己的意思将印章交予他人使用，具有授予他人代理权的法律效果，印章所有者必须为该意思内容承担责任。

财务专用章的用途为办理单位会计核算和银行结算业务等。

发票专用章的用途为单位用于开具发票时使用。

合同专用章的用途为单位对外签订合同时使用，可以在签约的范围内代表单位，单位需承受由此导致的权利义务；公章可以代替合同专用章使用。

而关于合同专用章和公章的效力高下，实际上在使用过程中和司法实践中是一样的，对合同和协议而言具有同等法律效力。依据《民法典》规定，当事人采用合同书形式订立合同的，自双方当事人签字、盖章或按指印时合同成立。对于盖合同专用章和公章没有做出明确的限定。但这不说明使用合同专用章签合同生效，公章签合同不生效。实际上，公司的合同专用章和公司公章，在代表该公司对外签订合同时，均产生法律效力。《最高人民法院关于在审理经济纠纷案件中涉及经济犯罪嫌疑若干问题的规定》（法释〔1998〕7号）第四条规定可以印证这一点。"个人借用单位的业务介绍信、合同专用章或者盖有公章的空白合同书，以出借单位名义签订经济合同，骗取财物归个人占有、使用、处分或者进行其他犯罪活动，给对方造成经济损失构成犯罪的，除依法追究借用人的刑事责任外，出借业务介绍信、合同专用章或者盖有公章的空白合同书的单位，依法应当承担赔偿责任。但是，有证据证明被害人明知签订合同对方当事人是借用行为，仍与之签订合同的除外。"因此，法人合同专用章和公章在签合同时都是有效的，盖公章不影响合同效力。

同时，如果能够提供旁证证明签约时单位出于自愿，即使使用了不合格的章如财务专用章也可以认定合同等法律行为成立。此外，个人签字如法定代表人的签字在一定程度上也可以代表单位的意志。

企业自行刻制的其他业务章，如物资进出库专用章等，还有企业隶属各级职能部门、基层单位的公章等（主要是在企业内部使用），一般来说，不能在企业的外部使用。这些内部章的加盖仅是该事实的确认。如果档案专用章盖在合同上，就不产生签订合同的法律效力。

电子签名章是电子签名的一种表现形式，随着社会的进步，网络的发展，《中华人民共和国电子签名法》也随即出台，其中第三条规定："民事活动中的合同或者其他文件、单证等文书，当事人可以约定使用或者不使用电子签名、数据电文。当事人约定使用电子签名、数据电文的文书，不得仅因为其采用电子签名、数据电文的形式而否定其法律效力。"这部法律宣告了电子签名章在市场经济往来活动中的法律效力，标志着能够表明企业法人法定身份和资格条件的方式有了新的突破。这必将为今后的电子招投标活动（即网上招投标活动），开拓一个新的、广泛应用的模式。

现实生活中，由于多方面的原因，签订合同的其中一方在公章处所盖的印章并非单位合同章或备案公章，而是部门公章（采购部门、项目部门）或者财务专用章、技术专用章等，一旦合同履行发生纠纷，这一方往往以合同未加盖单位公章为由，主张合同并未成立，拒绝承担合同责任。这种主张能够得到支持吗？

我们分析认为，合同是否成立，取决于双方是否有缔约的真实意思表示并达成一致，在合同书上加盖公章只是表达缔约意思的方式之一，并不是唯一方式。发生纠纷时，法院会根据双方磋商过程、参与缔约人员的权限、嗣后履行情况、发票开具情况等案情进行综合判定——双方是否存在并向对方表达过缔约的真实意思。实际上这种主张是得不到法院支持的，原因有以下几点。

第一，公章加盖虽有瑕疵，但代表公司签字之人系公司法定代表人或负责人，即使其签字超出公司授权（合同相对方系善意），按照《民法典》规定，其签字与公司盖章具有同等效力。

第二，公章加盖虽有瑕疵，但参与磋商、缔约之人系有权代理人。

第三，公章加盖虽有瑕疵，但参与磋商、缔约之人的行为构成民法典规定的表见代理。

第四，公司公章管理混乱，除了备案公章外，事实上存在使用多枚公章的习惯。

第五，公司存在混用财务专用章、技术专用章、合同专用章等各类专用章的惯例。

在合同有明确约定且加盖公章、法定代表人签字的情况下，允许对方公司仅加盖资料用章，故己方未尽审慎的注意义务，其对对方公司的诉求难以得到支持。

7. 合同无公章有法人签字是否有效

问：甲乙公司签订的合同没有加盖甲方的公章，但有甲方法定代表人的签字，该合同是否有效?

我们认为，法定代表人以法人名义做出的行为应由法人承担责任，盖具公章并非合同有效的必备条件。依据法律的相关规定，当事人双方订立的合同，自双方当事人签字或者盖章时合同成立，依法成立的合同，自成立时生效，法律、行政法规规定应当办理批准、登记等手续生效的，依照其规定。在签订合同过程中，经过要约、承诺，双方当事人意思表示一致，合同即成立。法定代表人作为当事人的法定代表，当然有权在合同上签名以示对合同内容的确认。

依据法律规定，合同生效的要件为：①行为人具有相应的行为能力；②意思表示真实；③不违反法律或者社会公共利益。法定代表人作为代表在合同上签字而不盖章并没有违反上述规定。

合同无效的情形包括：①一方以欺诈、胁迫的手段订立合同，损害国家利益；②恶意串通，损害国家、集体或者第三人利益；③以合法形式掩盖非法目的；④损害社会公共利益；⑤违反法律、行政法规的强制性规定。法定代表人作为代表在合同上签字而不盖章不是其中规定的任何一种情况。例外的情况是：在合同一方当事人明知对方的法定代表人超越权限而仍与其签订合同的情况下，只有法定代表人签名而没有盖章的合同对该法人单位没有约束力。所以，合同没有加盖甲方的公章，但有甲方法定代表人的签字，合同有效，但乙方明知甲方法定代表人超越权限的除外。

8. 未签署签约时间的后果

未签署签约时间而合同履行的，合同成立。如果合同未履行，法院有可能判定合同未签署，银行则不能因为缔约过错追究客户的责任，提起民事赔偿。

二、生效履行条款导引

签署开始条款指合同签署成立，生效开始履行的条款，分为签署成立条款和生效开始条款。生效开始条款指引发合同产生法律约束效力的条款，与签署成立条款区别在于，合同不生效，可以不履行，除非存在缔约过失，签约方不承担违约责任。生效开始条款与附条件履行不同，附条件履行是在生效合同基础上具体条款约定需在一定条件下履行，生效开始条款本身决定合同是否产生法律效力。

一般情况下，签署即生效，但是有的合同需要审批登记后生效，有的合同资产交付后生效，但是不登记不具有对抗第三人的公示效力。

生效开始条款模式一，成立即生效。

范文：本协议自甲乙双方法定代表人或授权签字人签字并加盖公章，并自本协议首页载明之日起生效。

生效条款模式二，批准/登记/交接（比如质押中的质物移交）后生效。

范文：本协议自甲乙双方签署之日成立，于 ***** 批准/登记/交接后生效。签署指甲乙双方法定代表人或授权签字人于本协议首页载明之日签字并加盖公章。

批准/登记指取得由 ***** 出具的批准文件（或具体名称）/登记证书（或具体名称）/交接清单。

注意：①对于某些公示性登记，比如担保物权登记，不登记不意味着担保合同无效，故此不要设定协议登记后生效；②对于经批准才生效的合同，需要有批准文件作为生效的证明文件。

生效条款模式三，附约定条件生效。

附约定条件生效是参照批准/登记/交接后生效模式制定的，它的来源是意思自治，主要针对资产管理计划等业务来约定。

生效条款注意避免生效条件的确定性，如果存在多个生效条件，各生效条件之间不要发生冲突。

生效条款模式四，交接转移后生效。

交接转移后生效情况主要适用于质押担保、赠予等法律行为，因为交接转移以后生效属于法定事项，所以一般而言生效条款主要描述转移财产的过程，根据不同的转移物而作不同约定。

所谓的移交，包括实物移交（比如动产质押）、凭证移交（比如票据仓单）、登记移交（针对知识产权等无形资产）。

三、登记公示条款导引

登记公示条款指对登记公示事项进行约定的条款，其作用就是保障权利方的权利得以通过公示对抗第三人，多发生于担保事项。登记公示条款的另一个作用就是制约义务人及时协助配合完成登记，一旦义务人违约，权利人可以请求法院完成登记或直接进行登记。

在合同有效的前提下，登记的作用有两个：①不登记权利仍有效，但是无法对抗第三人，即登记对抗要件主义；②不登记权利未设立，不能约束双方，更不能对抗第三人。登记生效要件主义，这里产生了物权法定适用问题，集体细分以下几个原则。

（一）区分原则

所谓区分原则，是指物权变动的原因行为与履行该行为所发生的物权变动的结果行为相区分，《民法典》第二百一十五条规定：当事人之间订立有关设立、变更、转让和消灭不动产物权的合同，除法律另有规定或者当事人另有约定外，自合同成立时生效；未办理物权登记的，不影响合同效力。

对于担保物权的效力模式，我国《民法典》采取公示要件主义和公示对抗要件主义并用的方式，即采取以公示要件主义为主，以公示对抗要件主义为辅的立法例。在抵押权问题上，对不动产采取以登记生效要件主义，对动产采取以登记对抗要件主义。在质权问题上采取公示生效要件主义，不管是动产质押，还是权利质押，采取的都是公示要件主义，只是动产质押采取的公示方式是交付，而权利质押采取了两种情况：有权利凭证的采取交付权利凭证作为公示的方式；没有权利凭证的采取登记的方式，如股票、股份质押，采取的是登记作为公示方法。《民法典》这种将担保合同的效力与担保物的效力相区分模式，改变了原《担保法》将债权的生效与担保物权的生效混为一谈的错乱局面，最大限度地体现了法律的公平、合理价值，对切实、充分地保护担保物权人的利益，具有十分重大的司法实用价值。

1. 不动产担保合同及其担保物权区分原则的司法适用

《民法典》第四百零二条规定，以正在建造的建筑物抵押的，应当办理抵押登记。抵押权自登记时设立，具体规定了不动产抵押物权的设立方式，即不动产抵押权的成立以登记为生效要件，不登记不产生抵押物权的效力，但不影响抵押合同的效力。在此，只要抵押合同合法有效，即使抵押权因未登记而绝对不生效，抵押权人没有获得抵押权，抵押权人可依该生效的抵押合同的约定，通过诉讼向抵押人主张继续履行合同，强制要求抵押人办理登记，以期实现抵押权益，或者向抵押人主张违约责任。《民法典》对担保物权变动及其原因行为的区分原则的确立，更加切实、充分地保护担保物权人的利益，同时更加充分体现了公平、合理的民事原则，其司法适用意义重大，这一点，在不动产担保物权人的保护上表现尤为突出。

2. 动产担保合同及其担保物权区分原则的司法适用

（1）关于抵押。《民法典》规定以正在建造的船舶、航空器抵押的，抵押权自抵押合同生效时设立；未经登记，不得对抗善意第三人。

根据区分原则，对此规定的关于动产抵押合同的效力与抵押权的效力关系，包含两层含义。其一，抵押权的效力均与抵押合同的效力相分离，抵押权的生效是以抵押合同的生效为前提，即只要动产抵押合同是有效的，抵押权自抵押合同生效时即成立，而不管抵押是否登记，只不过，已经登记的，得以对抗善意第三人；未经登记的，其抵押权的效力要受到一定的限制，也即要受到善意第三人对抗的限制的。其二，对于无效的动产抵押合同，动产抵押权因抵押合同的无效而自然不能成立，当然也就无所谓抵押权和登记与否的问题。

可见，动产抵押权不因登记与否而因抵押合同生效即告成立的模式，与不动产担保物权未经登记绝对不成立的模式是不同的。由此，如果抵押合同约定应当办理登记的，抵押权人可以此约定通过诉讼向抵押人主张继续履行，强制要求抵押人办理抵押登记，排除第三人的对抗，以期最大限度地降低自己的债权风险；如果抵押合同未约定应当办理登记的，抵押权人除不能对抗善意第三人外，仍得以成立生效的抵押权主张实现自己的抵押权益，或依约主张违约责任。相比于不动产担保物权，区分原则对动产抵押权人的保护适用留有相对自由选择的空间。

（2）关于质押。《民法典》第四百二十九条规定，质权自出质人交付质押财产时设立。将质押财产的交付作为质权的设立条件，不交付，质权不成立，但不交付不影响质押的合同效力。

由此，在质押合同签订后，出质人违约不交付财产时，质权人可以通过诉讼主张继续履行合同，强制要求出质人交付质物，以实现其质押权益，或追究出质人 的违约责任。可见，区分原则对质权人的保护适用得以新的突破，但对于质物的交付在司法适用上尚须注意：简易交付、指示交付和占有改定三种观念交付方式的特别法律规定，可否以此三种交付方式设立质押。

首先，在简易交付下，由于在质权设立前，质物已经为质权人占有，出质人无须现实交付，只要出质人和质权人双方达成质权设立的合意时，质权即设立。因此，此种交付适用于质押是不难理解的。

其次，在指示交付下，由于出质人不直接占有质押财产，质押财产仍在负有返还给出质人义务的第三人处，而出质人享有的是对该第三人的返还请求权，如果仅是出质人与质权人就针对第三人的返还请求权的转让达成合意，既不能完全达到公示质权的设立目的，也不能防止第三人仍有处分质押财产的可能。因此，笔者认为，以指示交付方式设立质权时，除出质人与质权人就指示交付达成协议外，还须书面通知第三人（质押财产的占有人），自通知到达质权人时视为交付，质权设立。这样，根据区分原则的保护适用规则，如果出质人与质权人签订质押合同后，出质人未履行通知的，此时质权虽未设定，但质押合同已经生效，质权人依此生效质押合同可通过诉讼强制要求出质人继续履行通知或交付质押财产，以达设定质权，从而实现质权权益，或追究出质人的违约责任。

最后，在占有改定下，笔者认为，不得以占有改定方式设立质押。法律排除了以买卖方式设立物权外的其他物权设立的方式，即占有改定仅适用于买卖（转让）这种方式设立物权，不适用于其他物权的设立，当然也排除了适用于质押等方式设立担保物权。对此，如找有关司法解释，出质人代质权人占有质物的，质押合同不生效；质权人将质物返还于出质人后，以其质权对抗第三人的，人民法院不予支持。虽然此条规定混淆了质押合同的效力与质权的效力，但也同样排除了以占有改定方式设立质押。

因此，如果规定或承认占有改定方式设立质权的话，不符合动产质权的留置功能；同时，有害于交易安全，不利于对质权人的保护，也有失公平。但需注意的是，实践中，如果当事人以占有改定方式约定质权时，质权人 因不可归责于质权人的事由而丧失对质物的占有（包括出质人未按质押合同的约定移交质押财产给质权人），根据区分原则的保护适用规则，此时动产质权虽未设定，但质押合同是有效的，质权人可向不当占有人请求停止侵害、恢复原状、返还质物，追究出质人的违约责任。

（3）关于留置。由于留置权除具有从属性、不可分性、价值性等担保物权共同特征外，还具有自身独有的特点：其以合法占有债务人的标的物为成立先决条件和其为法定担保物权及其具有留置和担保两重性的效力功能之特征。因此，在司法适用上需注意如下问题：①在观念交付中，不得以占有改定方式设立留置权。立法明确排除了以占有改定方式设立留置；②由于留置权设立的先决条件是债权人合法占有标的物，如果丧失占有，留置权归于消灭，但按照区分原则的保护适用规则，留置权人可基于对留置财产占有的约定而在规定的留置期间内提起占有返还之诉，以期实现留置权益，但不能基于留置权而请求标的物的返还。

（二）担保物权的善意取得制度

所谓善意取得，是指无处分权人将其占有的动产和不动产所有权转移给他人或为他人设定他物权，如果该他人在受让所有权或取得他物权时为善意，则其依法取得该动产和不动产的所有权或他物权，这是善意取得制度的一般含义。由此，担保物权的善意取得制度，是指无处分权人将其占有的动产和不动产所有权为他人设定他物权，如果该他人在取得他物权时为善意，则其依法取得该动产和不动产的他物权。

关于担保物权是否适用善意取得制度，依据《民法典》第三百一十一条规定，无处分权人将不动产或者动产转让给受让人的，所有权人有权追回；除法律另有规定外，符合下列情形的，受让人取得该不动产或者动产的所有权：①受让人受让该不动产或者动产时是善意；②以合理的价格转让；③转让的不动产或者动产依照法律规定应当登记的已经登记，不需要登记的已经交付给受让人。

受让人依据前款规定取得不动产或者动产的所有权的，原所有权人有权向无处分权人请求损害赔偿。

当事人善意取得其他物权的，参照适用前两款规定。

《民法典》原则性地确立了担保物权的善意取得制度，这也是一项新的突破性的规定，但这一规定较原则，不够具体、明确，现就动产和不动产担保物权的善意取得制度及以观念交付方式设立动产担保物权是否适用善意取得制度分别予以简要阐述。

（1）不动产担保物权的善意取得。

由于我国《民法典》规定不动产担保物权仅指以不动产的抵押方式设立的担保物权。同时，对于不动产担保物的设立方式采取公示要件主义，即以登记为公示生效要件，不登记不发生物权的效力。这样的规定，在一般情况下是很难发生善意取得的，但实践中，有可能发生第三人不明知(不知道或不应当知道)登记错误或存在异议登记时，才可能发生不动产抵押物权的善意取得;否则，明知登记错误或存在异议登记时，第三人仍设立抵押时，则为恶意，是不适用善意取得制度予以保护的。此是不难理解和掌握的，在此不做赘述。

（2）转让抵押物是否适用善意取得。

抵押期间，抵押人经抵押权人同意，是可以转让抵押财产的，否则转让行为无效（但受让人代为清偿债务消灭抵押权的除外），但这一转让的抵押财产只限定为已经登记的抵押物;未经登记的，适用善意取得制度。

登记公示条款构成要素一般包括：①登记意向；②登记文件的保管；③债务清偿后登记文件的返还及登记的插销；④费用承担。

注意：登记公示构成中登记机关一般要求按照其制式文本填写登记所需文本，与银行实际业务文本不一致，此种情况下，首先要使用登记机关的文本，如果该文本与实际文本不一致，银行和义务人应另行签署补充协议予以说明，一旦发生争议，以银行文本为准。

四、中止消除条款导引

中止消除条款是约定合同中止/解除事项及消除应对中止/解除阻因事项的条款，其目的有四个：①赋予当事人中止的权利;②合同中止状态下的处理；③如何消除中止阻因；④消除失败情况下如何处理，通常情况下会引起合同的解除。

合同中止根据起因分为三种中止：①对抗性中止，一方发生预期违约情况下，守约方中止履行合同义务；②第三人引发的中止，比如行政机关处罚，停业处理；③不可抗力中止，比如发生疫情中止合同履行。

消除条款指双方如何就消除中止阻因进行的约定，也包括中止状态下的合同减损措施，消除条款包括但不限于解除内容。

对于银行而言，约定中止条款的目的在于行使不安抗辩权，明确中止放款的义务，其条款主要依据银行内部管理要求和业务批复要求。

关于防止客户利用中止条款迟延支付款项，应在合同中约定：本合同项下客户的清偿是无条件的先行支付的，客户放弃任何中止履行的权利，客户认为履行将损害自身合法权益的，应在无条件履行清偿义务后通过提起诉讼方式解决争议。

五、解除终止条款导引

解除终止条款包含两个条款，一个是行为性质上的解除条款，一个是结果上的终止条款，合同因解除而终止，而终止的原因不仅因为解除，还包括其他的原因，比如清偿、混同等。因此分析解除终止条款的大体思路应为：解除行为的分类及流程，终止的结果、约定解除终止条款的实际目的，典型解除终止条款示范。

（一）解除行为的分类及程序要求

解除行为从主观意愿上分为主动解除行为、被动解除行为和自然解除行为。

1. 主动解除行为

主动解除行为包括主动通知解除、宣布提前到期和申请撤销、申请无效（申请变更不在解除之列）。

主动解除行为分为法定解除和约定解除，法定行为一般无须在合同中约定，但是主动解除行为需要履行必要的程序。比如解除需要履行通知程序，撤销需履行裁判程序。

对于宣布提前到期，从法律上没有规定，实践上认可，其实质为预期违约的处理，但是需要履行法定程序。

2. 被动解除行为

被动解除行为指合同违反法律被强制禁止的事件。

被动解除行为一般非当事人自愿，比如司法裁判抵押房屋买卖行为被撤销后，银行作为无独立请求权第三人参加诉讼。

在此情况下，为了维护银行的权益，一般会约定无效后果处理条款。

3. 自动解除行为

自动解除行为指基于合同履行完毕导致合同终止的行为，目前看包括混同、免除、清偿、提存、抵销等。

自动解除行为因为属于法律规定行为，一般不在合同中约定，但是基于特殊原因，银行需注意两个行为：一是扣款抵销行为，二是慎用提存行为。

（二）合同终止的结果

合同的终止分为中途终止和自然终止。

中途终止指发生非自动解除行为导致合同解除，导致合同权利义务终止，所谓的合同终止条款主要指中途终止条款。

终止条款一般约定发生何种情况下的终止，如何进行业务操作处理、不同的终止后果（比如赔偿、返还原状）及操作、计算标准。一般情况下，操作、计算标准会单列合同一部分，在赔偿中加以引用。

终止条款跟随的是清算条款，清算条款单独成立。

中止条款与终止条款的区别为：中止条款属于行为暂时停顿条款，不涉及合同效力，停顿完毕后行为可以回复执行。

（三）约定解除终止条款的实际作用

解除终止条款是个不受重视的条款，实际上，这个条款的作用表现在以下几个方面。

（1）及时行权，避免落入风险陷阱，维护银行权益。在客户信用不良情况下，可以抓紧时机，提前回收授信资产。

（2）止损，对于不利情形，比如不想继续承租房屋，可以通过合同解除房屋租赁。

（3）损失预测，尤其对于创新业务，要制定合同被解除情况下的各种预案，做到未雨绸缪，有备无患。

（四）解除终止条款示范

解除终止条款示范的分类参考两点：一是业务层面，主要是内容上的需要；二是法理上的考量。

从法理角度解除终止条款按照因果顺序分为：①解除的起因和性质；②解除行为的完成程序；③解除行为的溯及力；④解除行为的法律后果。

六、清理条款导引

清理条款是指约定合同终止后对未结事项进行处理的条款，其中典型的条款是清算条款。严格意义上讲，违约赔偿也属于清理条款。目前没有标准模式，但是基于和解除合同时关系很大，而且争议不影响清算，应列为专门条款进行研究。

清理条款包括人财物的交接返还，最重要的是财产的分配清算。

清算条款可以参照企业破产清算来制定，包括清算起始时间，清算人，清算程序等。

在资产计划等非银行机构融资业务中，清算条款十分重要，而且受监管的要求比较严格。我们需要制定各种典型业务的清理条款模板。清理条款主要是账务的结算和财物的返还。

清算条款的模式构成包括：清算的适用、清算人员组成、清算操作、债权债务账务处理、财务的返还、合同争议事项解决等。

第二章　文本辅助条款导引

第一节　背景条款导引

背景条款，指描述合同签署目的等背景情况的条款，因为该条款放在合同的前部，用“鉴于”来引导，也叫鉴于条款。

一、背景条款的法律作用

背景条款的法律作用有以下几个。

（1）用于解释合同的签约目的，按照合同判例实践，争议双方对合同条款的解释发生不同的理解时，法院将结合签署合同目的等因素来考虑，这里的合同目的是通过背景条款来判定的。

（2）用于与其他合同挂钩，描述合同与其他合同间的法律关系。如担保类合同，背景条款中有主合同签署情况和为主合同担保的描述。注意背景条款中其他合同要早于或等于本合同，特殊情况才可晚于本合同，如最高额担保合同。业务挂钩实际是将关联的业务合同做梳理提示，合同制作时要与关联业务合同文本相印证，避免文本之间相悖不符问题。

（3）用于加重对方责任，减轻自身责任。当一方当事人应约与邀请方签署合同，邀请方会做出一些承诺保障，并将这些承诺保障作为背景条款写入合同，一旦发生纠纷，甚至合同无效情况下，邀请方会因这些承诺保障承担赔偿责任。

二、背景条款的内容

背景条款基本由以下内容构成。

1. 已经发生的事实情况，主要包括已经发生的事件和签约情况

对事实情况的描述主要作用是调整梳理安排各种文本相互关系，比如资管计划类型的业务，资管计划本身不仅是单纯的业务操作，还是资管模式运行机制的安排，资管计划合同是一种先约定模式后操作实施的文本组合，所以资管计划项下延伸的业务协议都会以已经签署的资管计划合同作为背景条款内容，旨在表明签署的当下协议是以资管计划为基础，或者是为了资管计划合同的落实 / 延续而签署 / 履行。

银行业务中途发生变化，需要签署变更协议时，需要在变更协议鉴于条款部分将原来的业务情况（文本签署及履约情况）作描述，对原来的业务调整做对照，保证业务变更的顺延合法合理。

2. 一方或多方主体的资质情况

主体资质情况一般是由该主体以自我确认的方式来描述的，描述主体资质情况的目的在于一旦出现主体资质瑕疵问题，对方可以凭自认条款追究该主体赔偿责任。通常情况下，主体资质自我确认条款出现在单方声明承诺条款，出现在背景条款的原因是为了公平，体现签约主体谈判地位平等。

3. 陈述合同签署目的

背景部分主要是陈述合同签署目的，如果能够在背景部分将签约双方的合同目的陈述清楚，就能够充分认定违约赔偿范围，起到很好的风险控制效果。举例如下。

美国一早期案例，商人前往打马掌，并特别交代打马掌是为了骑马赶往另一城市签订合同。后行驶途中马掌脱落，马死人伤，商人因未能及时赶到而丧失签约机会。商人诉至法院请求赔偿马的价值、商人的医药费和预期利益损失即合同未能签署的利润损失，法院判决全部支持他的诉讼请求。

4. 前提设置

在某些业务进行过程中，为了消除某些不公平因素，签约一方或多方需额外做出一定的义务责任承担意思表示的承诺，相对方一旦权利受损，承诺方要承担赔偿责任，前提设置一般适用于银行利益的兜底保障情况。

三、背景条款经常出现的问题

背景条款经常出现的问题如下。

1. 背景条款内容冗长

如果交易本身属于正常交易，没有特别的背景，合同中一般不添加背景条款，即使添加，其内容也是简明扼要，不必介绍过多的项目背景，一般描述合同目的即可。

2. 背景条款添加了实质性合同内容

因为合同背景不涉及具体权利义务，所以背景条款应避免出现定义条款等实质性内容。

另外，不要将争议条款写入背景条款。根据一般的国际惯例，背景条款对合同双方没有约束力。但在中国的法律环境中，背景条款是否有约束力目前尚无定论。根据中国的《民法典》，在有关合同争议的解决过程中，中国法律没有明确规定的，可以引用国际惯例解释合同条款。根据这一原则，在诉讼或者仲裁过程中，法官或仲裁员如果认定在背景条款和前言是否有约束力这一点上应遵循国际惯例，那么就很有可能判定背景条款对双方没有约束力。因此最好还是把具体的权利义务条款放到合同正文中的条款而不是背景条款中，以消除不确定性，避免不必要的风险。

第二节　定义条款导引

定义条款是指界定合同中特定内容概念范围的条款，是合同构成的基础，定义条款如存在法律瑕疵将导致对合同理解不同，其引发的冲突和法律风险极具根本性。

一、定义条款的形式分类

定义条款从形式上分为提示条款和专门条款。

提示条款指在合同条款中针对特定内容进行概念性质的总结提示，一般用括号形式表达，内容一般写作：以下简称 ****，统称 ****。提示条款经常用于内容比较简单的合同。

专门条款指合同文本中专门制作的定义条款（一般放在合同的第一条），它分为款首和具体的定义名词。

因为银行的业务文本大多是制式文本，在实际业务使用时需要根据业务情况进行特别描述，为了统一特别描述与一般制式固定描述的关系，合同在制作中一般添加款首用语，款首用语一般描述为："本合同中，除非上下文另有解释或文义另有所指，下列词语具有以下含义"，款首描述的法律含义在于，尽管定义条款对某词语概念做了描述，如果该词语在合同中有了特别的描述，则从其特别描述。

二、定义词语的实用分类

定义词语从实用角度分析，包括三种类型。

（1）基础通用类的定义词语，此类定义词语通用于各种业务，比如对法律、不可抗力的定义。

（2）主题类的定义词语，此类定义通用于法理属性相同的词语，比如价款利率类的定义、对期限的定义、对权利义务责任的定义等。

（3）业务类的定义词语，此类定义用于业务性质的词语，包括制式定义词语和专属性定义词语。制式定义词语指在制式合同中或者具有普遍适用的合同中关于业务性质的定义词语；专属性定义词语则是针对特殊的业务，或者对常规业务进行调整所进行的定义词语。

将定义词语进行实用分类可以帮助我们确定词语适用业务范围，在操作上的作用有两个：一是帮助我们选择确定定义词语的范围，顺序是从基础类词语到主题类词语到制式词语到专属性词语进行选择；二是可以帮助我们就定义词语进行归类入档，建立词语库，方便我们在工作中查找选用。

三、定义词语的内容分类

定义词语作为概念的描述载体，其描述对象并不相同，其描述模式也不相同。结合业务所需，定义词语的分类包括以下几种。

（1）主体类词语，描述业务主体的词语，应当与法规保持一致。

（2）业务类词语。

业务类词语主要是对业务的定义，我们在对业务进行定义时要注意：首先要确保业务本身的合法，业务模式不得违背法律规定；其次业务条款基础其实是法律关系，注意法律关系不明确导致的重大缺陷与风险；最后要注意穿透问题，有些业务通过通道达到规避监管目的，按照司法实践，合同约定与实际业务不符的，以实际业务为准。

（3）标的类词语，即关于描述合同标的物的词语，在对以物权为标的物的描述过程中注意物权法方面的规定，根据物权法定原则，没有被物权法承认的物权不一定被认可，原则应与物权法律保持一致，同时注意物权与债权之间的区分。

（4）行为类词语，指描述业务具体标准操作行为的词语，比如提款、支付等。这种定义词语包含当事人、何种操作、何种结果、何种责任等。

（5）文件类词语，指对业务文本使用的附件文本所作的解释性词语。

（6）财产类词语，指用于描述合同资产类标的物的词语。

（7）时间类词语，比如合同期限、额度、到期日、工作日等。

此类定义一般引用借用官方描述，或者在官方描述基础上进一步明确，包括扩大描述、限制描述、特定描述等。

（8）报酬类词语，指用于描述等价交换价值体现财产收益类词语。

（9）成本费用类词语，指用于签署履行合同成本的词语，比喻利息、服务费等。

（10）法律责任类词语，指描述引发合同变更、履行法律后果的词语，如不可抗力、违约事件、重大危险事项。

四、定义条款制作要点

1. 定义词语要和法律规定一致

合同作为法律性文件，和法律规定保持一致是其内在的要求，操作技巧：在法律的概念里面更换主体，加上本协议和限制条件的描述。

在具体操作上要注意以下几点：①所谓的法律规定应做扩大解释，扩大到司法解释、监管规定，一切能被司法裁判认可的规范性文件；②对于业内专业术语，应进行法律梳理，准确把控其内涵，消除可能存在的法律歧义；③对于行业流行的术语或自创的词语，需要进行法律上的验证；④尽可能收集法律术语备用。

2. 定义词语要满足业务需要

银行在业务管理过程中会制定相应的内部管理办法和规程，这些往往包含了外部法律的规定，是外法内化的要求，定义词语尽量借鉴引用行内规定要求。

3. 与其他关联文本不冲突

在复杂的业务操作过程中，涉及的业务文本很多，要注意不同文本对同一定义内容的不同描述，或者对同一定义词语的使用，确保关联文本定义词语之间一致不冲突，有不一致的时候要做好解释说明。

4. 定义词语要经过修辞语法的检测

修辞语法不属于法律事项，但是文本条款必须符合修辞语法要求，尤其要符合逻辑三个定律，这在定义条款上十分明显。

五、定义条款制作过程中常见问题

在定义条款的写作过程当中经常会出现如下错误，应当注意加以纠正。

1. 定义的场合混淆

合同当中基于陈述需要，同一定义在不同阶段或场合，可能有不同的含义和适用范围，所以这类情况需要多加小心甄别，不能统一适用的要用其他定义概念描述。

2. 定义的限制条件过多

定义当中的限制条件最好尽量简化，避免条件之间的关系发生交叉、并列或互相排斥导致定义混乱。

3. 定义的前后顺序错误

将定义顺序与合同当中的出现顺序逐一比较，审查是否一致。

4. 标的物定义条款常见错误

标的物定义条款是合同当中最基本的条款，但也经常会出错，以下是常见问题：不动产作标的，经常在审查所有权证、抵押权、租赁权、优先购买权等权益上有所遗漏；动产为标的，除了在数量、质量、包装等常见问题上遗漏外，还会在审查动产的所有权凭证有所遗漏，例如对仓单或提单等审查不细致、不认真，遗漏重要条款等；在权利为标的的合同当中，经常出现遗漏权利登记证书和标的权利与描述不清等问题。

一般而言，标的条款越简洁越好，比较保险的方法是将标的权利证书作为附件列在合同后面，这样能够尽量避免歧义。

第三节　代理条款导引

一、代理条款的含义

代理条款指由合同当事人委托他人签署 / 行使合同权利、履行合同义务的条款，不包括由他人代为履行情形。

代理分为内部代理、外部代理、通道代理和法定代理。内部代理，也叫授权代理，代办授权签约也属于内部代理。外部代理，指委托他人代理，比如聘请律师代理诉讼。通道代理，代理人仅为名义行为人，实际行为人按照委托人指令行事，两者虽然形式上各自独立，但主体之间的关系实际是代理从属关系，典型业务就是股权代持，资管业务通道代理。法定代理，指依据法律规定针对未成年人的代理，或限制行为能力人的代理。

二、代理条款的功能作用

代理条款的作用可以归纳为以下几点。

（1）代替委托书。

（2）明确如下问题：是否识别代理的真实有效，代理行为是否被认可，相对人是否尽了识别义务而成为善意第三人。

（3）提高工作效力，最大问题是防范代理行为无效或欺诈。

（4）与授权管理相结合的有效代理管理对于内部犯罪有抑制作用。

三、代理条款的要素分解

代理条款在合同中一般表现为指派条款，即在合同中明确代理人的姓名、职务、身份证号、联系电话和代理事项。特殊情况下，由委托人出具专门的委托书来证明代理关系，委托书的要素包括委托人和受委托人的情况、委托事项、委托权限和委托时间。

关于外部代理，还需要签署专门的代理协议。

四、代理条款的法律风险

合同代理风险表现为以下几种。

（1）全权代理被禁止。

（2）被冒名代理。

（3）越权办理，主要为法定代表人的代理。

第四节 税费率条款导引

一、税费率条款的含义

税费率条款指约定业务过程中税收 / 费用发生、由谁承担、承担比率的条款。税收指国家征收的税款，每笔业务需要明确税务承担情况；费用主要指第三方收费，客户或银行收取的费用应纳入产品价格范围；比率，指税费的收取标准比率，有时具体为金额范围。需要细化的问题包括：业务会产生哪些税费、税费由谁承担、何时支付、如何支付、对方如何配合、银行能否直接扣费。

税费率直接影响银行业务各方的成本，容易引发冲突，比如银行收取的发票分为普通发票和增值税专用发票，银行要降低成本，需要客户开具增值税专用发票，但是照比普通发票，增值税发票会降低客户的利润收入。

税费可能涉及银行的合规经营问题，收费必须明示。另外，监管部门不允许银行转嫁经营成本，为此还做过专项整顿活动，因此银行要约定由客户承担费用时要规避监管要求风险。

金融市场对税费率很敏感，金融创新业务要注意与税费率结合起来，要和各种税费管理规定和具体管理环境结合起来，减少或合理避税是很重要的事项，有必要做专门研究。要掌握税费率，须对有关信息进行收集、归纳、整理，要点如下。

（1）税费名称，比如增值税、城市维护建设税、教育费附加，重点要收集齐全各种税费。

（2）基本描述，对税费的基本描述，重点在于适用情况，比如业务范围等。

（3）国家标准，税费是国家统一规定的，注意各种收费标准。

（4）价格影响，主要针对银行服务费用的影响，主要该税费是否包含在价格内。

（5）规避减免，看该税费减免规避的可能。

（6）开票时间，开票时间直接决定税费的计算，主要分析哪种方式更合适。

（7）承担人，税费的承担人，包括法定承担人和实际承担人，银行的税费能否合理转嫁等。

（8）描述区别，就是针对实际情况制定标准的描述模型，减少因描述不清产生的风险。

二、税费合理承担规则

在税费承担上，法令有规定的，依从规定约定，法律没有明确规定情况下要是由客户承担的，需要慎重处理。根据消费者保护权益原则以及禁止银行不合理收费原则，银行收费一定要有明确规定，不能以“无明文禁止即准许”的思路转嫁税费，增加客户融资成本。

三、税费率条款基本构成

税费率条款通常做法是在合同中笼统约定业务发生的税费各自承担，具体条款一般包括：税费承担基本原则、实现债权费用承担、税费扣划、税费争议等。

第五节　合同属性条款导引

合同属性条款是对合同自身性质的说明条款，其作用就是界定合同效力的范围，合同属性条款与附则条款的区别在于，附则条款主要约定合同的使用。合同属性有多种，具体分析如下。

一、合同可分割性 / 转让性

合同可分割性 / 转让性属性界定的是合同协议的流通性质，针对的是合同项下权利义务的分割及转让，其作用就是增加银行资产的流动性，如为了创新，银行一般要求赋予合同可分割 / 转让属性，如规避风险，则禁止合同分割 / 转让，未做约定的，则不能分割 / 转让，因为权利义务的分割及转让涉及权利人的同意问题。

二、合同相对性 / 排他性

合同之债属于债的一种类型，债具有相对性，故合同效力也具有相对性的特征。合同效力相对性具体体现在以下几方面。

（1）主体的相对性，即合同关系只能在特定的主体之间，只有合同当事人一方才能够向合同的另一方当事人基于合同提出请求或者提起诉讼。

（2）内容的相对性，即除法律、合同另有规定之外，只有合同当事人才能享有合同规定的权利，并承担合同规定的义务，当事人之外的任何第三人均不能主张合同上的权利，不负担合同上的义务。在双务合同中，内容的相对性还表现在一方的权利就是另一方的义务。既然合同权利与义务主要对合同当事人产生约束力，合同之债是一种对内效力，那么，合同内容就不具有公示效果，合同内容不能对抗第三人。例如发包人与承包人之间的承包合同约定“承包人在承包经营期间以发包人名义对外开展民事活动，但所负债务发包人概不负责”，即只能对发包人和承包人产生效力，发包人不能以此条款对抗债权人对其提出的债务履行请求。

（3）违约责任的相对性，即违约责任只能在合同关系的当事人之间发生，合同关系以外的人不负违约责任，合同当事人也不对其承担违约责任。违约责任相对性主要体现在三个方面：①违约当事人应对因自己方面的原因造成的违约后果承担违约责任，而不能将责任推卸给他人，例如因为债务履行辅助人的过错导致债务未履行，债务人仍然应该对债权人负违约责任；②在因第三人的行为造成债务不能履行的情况下，债务人仍然应该向债权人承担违约责任，当然，债务人在承担违约责任以后有权向第三人追偿；③债务人只能向债权人承担违约责任，而不向第三人承担违约责任，即使根据合同的规定向第三人履行。

（4）效力判断的相对性，即在认定某一合同有效、无效、可撤销或者效力待定时，应当基于该合同本身提供的事实做出判断，而不受其前后合同的影响。

三、勾连挂钩属性

勾连挂钩属性解决的是本合同与其他合同关系，其他法律规定，以及合同条款内部关系事项。

勾连挂钩还包括对其他法律中合同规范的适用。

合同是现代社会中的典型交易形态，是商品交换的基本形式。正因为合同在日常生活中居于如此重要的地位，所以不仅合同法律，而且其他法律也可能会对合同做出规定。

在实践中，要注意以下几个问题。

（1）“其他法律对合同另有规定的”既包括了对《民法典》内容的规定，也包括其他法律的规定。这里的“法律”既指《民法典》制定时已有的法律，也包括《民法典》制定后颁布的法律。但是，需要指出，这里的“法律”应理解为狭义上的法律，即由全国人民代表大会以及由全国人民代表大会常务委员会制定的法律。《民法典》是国家的基本法律，是由全国人民代表大会通过的。在法律体系中，其效力层次较行政法规高，因而行政法规不能违背《民法典》。

（2）依据《民法典》第四百六十四条规定，合同是民事主体之间设立、变更、终止民事法律关系的协议。婚姻、收养、监护等有关身份关系的协议，适用有关该身份关系的法律规定；没有规定的，可以根据其性质参照适用本编规定。

但在法律上，合同并不仅限于债权合同，它还包括行政合同，劳动法上的合同，婚姻法、收养法及继承法上的合同，法律规定的其他类合同。对于上述几类合同，因不属于合同法律的调整对象，因此，不能适用合同法律的规定，而应适用相关的法律。

四、合同效力属性

合同效力属性是指合同 / 条款优先适用的属性，其作用分三个方面。

（1）界定本合同与其他合同法律效力关系，或者强调特殊条款的独立性，比如担保合同的独立担保效力，在独立担保情况下，主合同无效，不会导致担保合同的无效。再比如，合同无效，不会导致清算条款的无效。

（2）溯及效力，本合同协议对以前已经签署的合同文本法律效力安排，一般而言，已经履行的从原合同约定，未履行的从新合同约定，还有一种情况就是转化，原合同的部分内容纳入新合同管理，比如银行在对客户发放贷款后，又要办理保函业务，这时银行需要签署综合授信合同，由于贷款已经早于综合授信合同发放，需要在综合授信合同约定，原贷款合同纳入新的综合授信合同履行。

（3）部分无效，主要约定合同部分无效与全部无效的关系。

范文：如果本合同的任何条款在任何方面成为不合法、无效或不可执行，本合同其他条款的合法性、有效性或可执行性不应以任何方式而受到影响或有所减损。

五、自动适用属性

自动适用指界定合同的适用范围。范文：除非特别声明，本合同自动适用 *** 项下业务而无须 **（客户）书面确认。

六、 格式条款属性

银行在办理业务过程中经常使用银行自己制式文本，制式文本具有格式条款属性，如果银行的制式文本被客户协商修改，则不再具备格式条款性质。

我国合同立法对格式条款的规制包括以下几个方面。

（1）关于采取格式条款订立合同的立法规制，《民法典》第四百九十六条规定：格式条款是当事人为了重复使用而预先拟定，并在订立合同时未与对方协商的条款。采用格式条款订立合同的，提供格式条款的一方应当遵循公平原则确定当事人之间的权利和义务，并采取合理的方式提示对方注意免除或者减轻其责任等与对方有重大利害关系的条款，按照对方的要求，对该条款予以说明。提供格式条款的一方未履行提示或者说明义务，致使对方没有注意或者理解与其有重大利害关系的条款的，对方可以主张该条款不成为合同的内容。

然而，何为“合理的方式”，《民法典》对此没有规定，按照有关司法解释：“提供格式条款的一方对格式条款中免除或者限制其责任的内容，在合同订立时采用足以引起对方注意的文字、符号、字体等特别标识，并按照对方的要求对该格式条款予以说明的，人民法院应当认定符合‘采取合理的方式’。提供格式条款一方对已尽合理提示及说明义务承担举证责任。”提供格式条款的一方当事人违反提示和说明义务，导致对方没有注意免除或者限制其责任的条款，按照司法解释规定，对方当事人有申请撤销该格式条款的权利，人民法院应当支持对方当事人的此种申请。

司法解释在提示和说明义务解释过程中，有一些问题没有解决，可能成为客户抗辩银行的理由。

①关于提请注意之义务履行的程度。提请注意必须达到合理的程度，或说充分的程度，至于合理或充分的承担判断，应以具体合同个案进行判断。

②关于提请注意的时间。提请注意只有完成于合同订立之时或者订立之前，免责条款才能成为合同的组成部分；如果在合同订立之后才提请相对人注意，免责条款就不能成为合同的组成部分。

③说明义务的发生前提及不履行说明义务的后果。法律规定说明义务的发生以“对方要求”为前提，如果对方没有提出要求，格式条款的提供者只有提请注意的义务，没有对“免除或者限制其责任的条款”的说明义务。从保护格式条款的接受方权益角度观察，这一规定显然不尽合理。从立法规制的横向比较来看，相比合同法律规定的附前提条件的说明义务，《保险法》则直接规定了保险人就免责条款的无条件说明义务，即无论投保人是否提出要求，保险人即格式条款提供者必须就免责条款向投保人即格式条款的接受方明确说明。在不履行说明义务的后果方面，合同法律对此未置可否，《保险法》则规定“未明确说明的，该条款不产生效力”。合同法律司法解释改变合同法的沉默态度，对不履行提示和说明义务的后果做出了规定，即提供格式条款的一方当事人违反提示和说明义务，导致对方没有注意免除或者限制其责任的条款，对方当事人有申请撤销该格式条款的权利。从对格式条款立法规制的科学性上看，保险法之规制显然比合同法律更加科学，更加细腻。

（2）对格式条款解释的规制，即对格式条款的理解发生争议的，应当按照通常理解予以解释。对格式条款有两种以上解释的，应当做出不利于提供格式条款一方的解释，即法谚所谓“用语有疑义时，就对使用者为不利益的解释”。

另外，银行要注意格式条款的无效问题，《民法典》规定，具有民法典第一编第六章第三节和本法第五百零六条规定的无效情形；提供格式条款一方免除其责任、加重对方责任、排除对方主要权利的，该条款无效。需要指出的是，某个或者某些格式条款的无效，不影响其他部分效力的，其他部分仍然有效。

在实践中，格式条款无效主要有以下几种表现形式：①直接免除或者限制责任的条款；②赋予银行以任意解除合同的权利的条款；③限制或者排除对方主要权利的条款，这里所说的“主要权利”应根据合同的性质本身予以确定；④与合同无关的事项限制或者排除对方权利的条款，如为了达到长期占有客户或者垄断市场的目的，在合同中规定对方只能与自己交易的条款；⑤要求对方放弃权利的条款，如商店中标示的“本店商品一经售出概不退换”的告示；⑥限制对方寻求法律救济手段的条款，如供应商在合同中规定排除以诉讼和仲裁的方式解决争议的条款，要求对方在遇到问题时只能通过与自己协商进行解决；⑦其他违背诚实信用原则的不公平条款。

七、合同的解释

所谓合同的解释，是指运用各种解释规则和方法，确定合同条款的真意，以探究当事人的效果意思，消弭纷争的作用。

合同（法律行为）之所以需要解释，最根本的原因在于语言文字的多义性。由此多义性，使合同所使用的文字、词句、条款可能有不同的含义，不经解释不能判明其真实意思。解释合同（法律行为）的目的，在于探求当事人在合同中所表示的真实意思。合同的解释有助于使合同内容得到补充和完善，使合同漏洞得到填补；合同解释使合同用语明确化、具体化，这有利于合同的履行，有利于合同争议的解决。

目前通说认为合同解释不是对事实的确定，而是运用解释规则，对合同文字、交易习惯、交易目的等事实进行法律判断，对当事人的意思表示合理明确的补充，因而合同解释是对意义的确定，是法律问题。

合同的条款应当是双方当事人意思表示一致达成的协议，但在实践中由于种种原因对某些条款的含义发生争议。对发生争议的条款应当本着什么原则进行解释才能符合当事人真实的意思表示，合同法律司法解释对这个问题专门做了说明。

合同的条款由语言文字构成。解释合同必须先由词句的含义入手。一些词句在不同的场合可能表达出不同的含义，所以应当探究当事人订立合同时的真实意思。

合同条款是合同整体的一部分，与其他条款有着密切的联系。因此，不仅要从词句的含义去解释，还要与合同中相关条款联系起来分析判断，而不是孤立地去看待某条款，才能较为准确地确定该条款的意思。

当事人签订合同都是为达到一定的目的，合同中的各条款都是为达到合同目的而制定的。合同目的包括整个合同的真实意图。因此，对条款的解释还应当从符合合同目的原则剖析。依合同目的原则解释要求，当条款表达意见含混不清或相互矛盾时，做出与合同目的协调一致的解释。

按照交易习惯确立合同条款的含义是国际贸易中普遍承认的原则，《联合国国际货物销售合同公约》和《国际商事合同通则》对此都有规定。交易习惯也称为交易惯例，它是人们在长期实践的基础上形成的，是在某一地区、某一行业在经济交往中普遍采用的做法，成为这一地区、这一行业的当事人所公认并遵守的规则。因此，依照交易习惯解释合同条款，是十分必要的。

诚实信用原则是合同法律的基本原则之一，诚实信用原则贯穿合同从订立到终止的整个过程。在解释合同条款时也应遵从诚实信用的原则。诚实信用原则要求实事求是地考虑各种因素，包括上述从有关条款、合同目的、交易习惯来认定争议条款或者发生歧义的词句的准确含义。并以公平的原则平衡当事人之间的利益冲突。

合同文本采用两种以上文字订立并约定具有同等效力的情况下，应当对文本使用的词句推定具有相同的含义。当各文本使用的词句在理解上不一致时，往往各条款都有该词句，此时按词句本身的含义或按相关的条款确定其含义已不可能，那么，应当按照订立合同的目的予以解释。

解读合同条款冲突解释规则有两个原则：黄金规则和反立约人规则。

黄金规则可以概括为：假如在一份商务合同中的文字，用详细的文法字眼分析，会导致一个公然违反商业常识的结论，则这个结论必然屈服于商业常识。黄金规则在我国合同法律上没有被明文确立下来，但是合同法律规定都体现了这一规则：当事人应当遵循公平原则确立各方的权利和义务，当事人行使权利、履行义务应当遵循诚实信用原则。

反立约人规则首先出现在我国的《保险法》中，后在合同法律上有所反映：“对格式条款的理解发生争议的，应当按照通常理解予以解释。对格式条款有两种以上解释的，应当做出不利于提供格式条款一方的解释。格式条款和非格式条款不一致的，应当采用非格式条款。”反立约人规则通俗的说就是：假如合同条款的解释可能有利于立约人，或者有利于反立约人时，则按照有利于反立约人的意思解释。这个规则主要针对英国迪普洛克大法官界定的定性化合同（附和合同）。对格式合同文本提供者进行适当约束，保护弱者。

现以美国某保险案例加以说明：某车主投保五座位车座险，保险合同明确约定了理赔人数为 5 人但是又约明“车上负荷不得重于车体”，后车主载 5 人行车过程中发生车祸，要求保险公司理赔，被保险公司以“超出 5 人”为由拒绝理赔。实际上，肇事车上的 6 人重量远远低于车体重量，所以法院采信了车主的解释，判保险公司败诉。

虽然我国法律体系属于大陆法系，但是随着国际化进程的发展，大陆法系、海洋法系国家的立法不断互相融合，对从事法律工作的同行来说适当借鉴国外法的先进理论，对提升自己法律运用水平有很好的促进作用。

第六节 文件提供条款导引

文件提供条款就是客户向银行提供与业务有关的文件目录及说明条款，其特点包括：①属于自证条款，是借款人或担保人向银行提供必要文件接受债权人审查的条款，具体文件以债权人需要为准；②这些文件提供监管是有要求的，监管要求的必须有；③需要满足银行内部风险管理要求；④文件提供人须明文保证文件是真实的，但银行对文件的真实性审查仍负有审查义务。

文件范围类型包括：①资格文件，比如营业执照；②内部审批文件；③同意担保文本正本；④其他文本。

第七节 第三人条款导引

一、第三人条款的含义及作用

第三人条款，就是针对第三人可能发生的行为做好事先的约定。第三人条款共有以下几种类型。

（1）业务关联性第三人，主要指与签约方有关联的第三人，比如股东，尤其是主要股东（影响很大），所以可以通过第三人做约束处理。

（2）侵权第三人，因第三人的行为造成损失的处理，也包括第三人犯罪（一般作为免责条款处理），制定条款目的在于注意共同防范第三人犯罪事项。

（3）查冻扣第三人，银行业务最重要的第三人条款就是提防第三人的查冻扣，这在资金监管业务合同中表现得尤为明显。

严格意义上讲，政府改制、石油物资调价等第三方行为也应纳入第三人条款，但是上述事项以情势变更条款处理为妥。

第三人代为履约应按合同终止条款把控。

二、第三人条款的作用及掌控要点

第三人条款主要是防范、解决第三人行为导致银行不利后果。第三人条款的制作要点就是根据不同的类型、危害对象，结合损害构成要素，制作缓释条款。

（1）关于业务关联第三人条款，把控的原则是：谁关联谁负责，如果客户的业务需要第三人配合支持同意，客户应承诺并出具第三人的书面文件。

（2）关于第三人侵权，应约定由谁负责解决，费用和前期损失谁先垫付。关于侵犯第三人事件，比如侵犯第三人知识产权、造成第三人的人身、财产、名义损失，须约定由谁承担后果、由谁负责、费用由谁承担。

（3）涉及第三方查封冻扣，应在资金监管业务中高度重视，此处不再赘述。

三、第三人条款示范

范文：抵押期间，如果因第三人的行为导致抵押物价值减少的，损害赔偿金应存入抵押权人指定的账户。对该损害赔偿金，抵押人同意抵押权人选择本协议 *** 条约定的方法进行处理，并协助办理有关手续。

第八节　附则条款导引

附则条款，指关于合同使用管理的条款，对合同内容本身没有实质影响，但是对合同本身的使用管理有着说明解释的作用，它可根据需要穿插在其他条款中。具体条款分析如下。

1. 附属条款

附属条款指合同对某方关联当事人（一般为附属性质关联方）的约束效力条款。

2. 修订变更条款

修订变更条款就是对合同文本的修订变更规则的约定，一般要求协商一致，有的将变更协议模板作为附件予以延伸说明。

范文：本合同需经双方协商一致且以书面形式才能进行变更修改。

3. 份数条款

份数条款指合同份数及持有情况的约定。

范文：本合同一式 * 份，各方各持一份 ** 登记机关 / 备案（如有）一份，各分具有相同法律效力。

4. 补充条款

补充条款，也叫特别条款，针对特殊情况所做特别约定，银行一般是按照内部审批结果要求填写，注意不要将审批文字直接复制粘贴，要适当转化。

在情况复杂情况下，补充条款一般延伸变为签署补充协议。

5. 声明提示条款

声明提示条款是根据监管要求和特别需要而制定的所做的特殊说明或提示，可能为专门的文字，也可能为特别的格式条款内容。

声明提示条款目的是免除银行疏于提醒义务，如格式条款项下的理解提示、理财文本项下的风险提示。

6. 合同的编号

合同的编号一般按照业务的性质由监控部门填写，具体内容见合同使用部分，从形式结构上，附则条款一般还安排合同的签署生效条款、附件条款，根据条款性质另行进行专项研究，此处不再赘述。

第九节 附件条款导引

附件条款是关于附件条款的制作描述，附件条款由主文挂钩条款和具体附件文本构成。

一、附件主文挂钩条款

附件主文挂钩条款一般在附则部分，阐述与附件的关系及具体附件清单。

二、具体附件文本构成

从实质性上讲，附件本身就是一个特殊的合同文本。附件文本是和具体业务有关联的，因为业务不同，内容要求也不同，银行在具体应用上要根据情况选择制定其附件文本。

从附件和总合同主文在形式关系上讲，附件分为以下几种类型。

（1）清单型附件，此类附件一般是对合同主文内容的补充，比如客户范围、价格表、押品清单等。其条款要素包括：①清单名称及编号；②清单内容，主要列明对象的名称及各种关键属性和序号；③与合同主文的关系；④附件生效条款，比照合同签署条款；⑤附件变更，为了简化合同变更而设，本附件可根据情况修改变更，以多个附件的，以签署日期排后的为准；⑥签章栏。

（2）参考类附件，就是签署合同的背景资料，比如抵押合同关联的主合同，计价依据，一般要注明：本附件为主合同签约背景参考资料，不具备法律约束力，如果附件是其他文件的附件，该无法律效力声明应在主文做提示说明。

（3）后续主文型附件，就是基于特殊原因不能在合同主文体现的合意而通过补充协议来实现的附件，一般称为补充协议，其目的是节省审批时间，加快业务操作流程。

补充协议的条款要素包括：①名称及编号；②签约主体；③与主体挂钩背景条款；④具体的补充内容条款（可能不只一条）；⑤原合同其他条款不变；⑥与合同主文关系条款；⑦补充协议的签署；⑧补充协议的附则；⑨签署。

注意：补充协议应当有其他关联方比如担保人的签署确认，但是从操作上讲，一般简化处理，就是在关联合同比如担保合同中涉及的原合同时加上补充协议的编号名称，避免失联脱保。

（4）证明型附件比如印鉴卡、权利证书、身份证复印件。

（5）操作指引型附件，操作指引属于特殊的商业条款，要素参考清单型附件，注意加上具体执行变更日期。

（6）申请型附件。

申请型附件是启动合同主文项下业务的文件，文件是空白的，要根据实际业务填写使用，不同的业务有不同的要求，申请型附件要素包括：①名称和编号；②申请对象；③与合同主文挂钩条款；④申请要素（与合同主文一致）；⑤附注说明 / 声明；⑥附注文件；⑦申请人及申请日期。

（7）确认型附件。

确认型附件的功能在于向非合同主体第三方求证确认某项事项，典型的就是应收账款质押确认书，也是空白待用文本，其要素包括：①名称和编号；②求证对象；③合同双方的业务背景；④合同义务方与第三方的交易等法律事实关系情况；⑤请求第三方配合支持的事项，含操作事项；⑥提醒第三方注意事项，一般包括以下几项，一是与义务方交易事实存在，二是同意按照权利方要求实施配合行为，三是不配合自愿承担不良后果；⑦关于配后支持后第三方与义务方的事项处理；⑧确认附件见文本发出方（合同主体各方）签章及日期；⑨回执部分，第三方同意配合的承诺、签章及日期。

（8）证明型附件。

证明型附件属于单方空白待用文本，可能是合同双方，也可能是第三方出具，如果是情况介绍类证明，不涉及法律关系，以需要者为标准。

需要说明的，如果是确认型附件的变形，要按照确认型附件要素变通转换后确定文本内容。

（9）告知型附件。

有些通知型附件是合同双方履行合同告知义务而使用的文本，该文本类似证明性附件，主要反映合同进展情况。告知型附件要素包括：①告知名称及编号；②被告知人；③告知依据；④告知具体事项；⑤告知事项有关资料附件；⑥告知人及日期；⑦被告知人接收回执。

（10）操作指令型附件。

指令型附件多用于银证等表外业务，属于空白待用文本，具体内容根据具体业务而不同，需要单独研究。需要注意的是，即使是附件文本，具体使用时应由法律人员核定后再用。

（11）业务细化型清单。

业务细化型清单就是对具体业务进行的约定，在附件转化为合同情况下，实际上应按新的合同文本来处理。

第三章　诉讼条款导引

诉讼条款是指和裁判密切联系的条款，诉讼条款的一个重要特征就是和将来可能发生的诉讼事项挂钩，我们拟建立银行业务诉讼课题目录，在研究诉讼条款时要注意诉讼课题目录的建设，这要和案由管理结合起来。

诉讼条款分为事实条款、权利条款、义务条款、违约条款、责任条款和争议解决条款。

我们所说的裁判，包括民事诉讼、行政诉讼、刑事诉讼、仲裁、行业调解等通过权威第三方解决争议的过程，行政处罚部分放在业务行政监管部分。

关于事实条款的总论，我们放在特殊业务文本中的证据事实文本，但是具体的争议事实将在具体权利义务责任条款中予以说明。

我们在研究诉讼条款时以银行授信业务为参照物，但是不排除其他资产业务和银行负债业务，因此还要考虑在银行为被告、第三人情况下如何维护权利，免除义务和责任的问题。

这里的诉讼条款研究是具有理论性基础性的内容研究，在研究具体业务的权利义务条款时，注意将权利义务内容作为业务课题的一个子课题来研究，同时要注意具体课题的具体业务表现，比如撤销权在授信业务和金融市场场业务、资管业务的表现及处理。

诉讼条款和博弈文本的区别在于，诉讼条款归属于合同签署业务，为博弈业务做准备，签署裁判文本不一定会发生博弈事件，但是发生博弈事件一定需要裁判文本支持。所谓的博弈，不仅是裁判，还包括行政申诉、复议等。

合同的权利义务关系裁判主张的成立，在合同的权利义务约定不清或者约定缺失情况下，合同权利义务解释 / 推定显得尤为重要。我们在合同中要对权利义务条款约定推定规则，即推定条款。

推定条款，包括禁止推定条款，就是禁止客户通过合同推定银行的权利自动减损，也包括对客户行为的推定。推定条款可以有利于银行主张行权，但是推定条款受诉讼法律严格限制。

推定条款是对隐含条款的解释限制，隐含条款是相对于明示条款的概念，是指当事人未经明示，但却被法院认为隐含在合同之中的条款。

隐含条款有三类。一是制定法已有规定的，不必写入合同的条款，这种规定多属于强制性、原则性规定。从公共利益出发，无论当事人是否愿意，都必须受其约束，例如相邻权。二是根据习惯形成的隐含条款。三是根据情理推定的条款。根据合同的内容，这些条款是不言而喻的。

隐含条款普遍存在于合同之中，可以说在任何一份合同中都存在隐含条款。如果不承认隐含条款，当事人必须将大家都认为是不言而喻的种种内容写入合同，合同将变得极为烦琐。我国合同法律没有明确规定关于隐含条款的条文，但实际上《民法典》肯定了隐含条款制度，如《民法典》第六百一十二条、第六百一十七条规定都提到此制度。

关于隐含条款的适用，在合同中加入一个隐含条款时，应当满足下面五个条件：①该条款必须是公平和合理的；②该条款是必需的，即只有具备了这个条款，才能赋予合同商业效率；③该条款必须是显而易见的，以致于是“根本不用说的”；④该条款必须能够清楚地表达出来；⑤该条款不得与合同的明示条款相矛盾。

事实上的隐含条款则未必都需要满足全部条件。例如，在合理性方面，事实上的隐含条款是根据整体解释推导而来的，明示条款如果存在不公平、不合理的内容，据其推导而来的隐含条款同样也可能会存在。只不过法官对不公平、不合理的内容持否定态度而已；隐含条款通常是必需的，但也有例外，例如在上述保险争议中，即使不能推导出该隐含条款，合同仍然成立，两种文义解释均有理由成立，法官不用隐含条款仍然可以根据法律原则判案；至于显而易见性，有的隐含条款隐藏极深，需要考察多个相关条款、运用严密的逻辑推理才能推导出来；此外，明示条款可能互相矛盾，隐含条款也可能与明示条款矛盾，只不过法官否定其效力而已。

注意，有些银行喜欢在服务性文本中注明：本行对本协议拥有最终解释权，实际上这种约定或者单独声明并不具备法律效力。

第一节　权利条款导引

一、权利条款总论

权利条款是指权益人为了自身权益针对将来可能发生的事件预设的权能，换句话说如果发生什么事情，权利人有权做什么。权利条款与操作条款的区别在于，操作条款是一定会发生的，操作条款的变化不一定会影响权利人权益。

权利条款从结构形式上可以分为单列权利条款及打包权利条款，单列权利条款指将具体的权利单独约定，打包权利条款是将各种权利放在一个条款中，银行业务属于资金融通业务，很少单独列明单独的条款。

从功能上分，权利条款分为权利属性条款和业务权利条款。

权利属性条款是对权利本身性质属性进行设定的条款，包括权利的定义解释、权利的强化、权利的转移等具体条款，该条款适用所有的权利，可以作为公共权利条款来单独制定，我们在文本辅助条款中进行了阐述。

业务权利条款，是为了保证实现合同签署目的而制定的条款，对于银行而言，就是保证资金及收益安全回笼。业务权利条款是根据具体业务而设定的，我们不便详尽具体业务权利条款进行分析，只能将不同的业务权利条款进行归纳总结，按照不同的类别，不断补充完善和使用。

为了便于掌握和使用业务权利条款，可从两个方面对其进行分类，做好分析。

第一个分类是从使用目的上将其分为维护条款和救济条款。维护条款是维护银行自身权利不受损害的条款，比如不安抗辩权、否定权等。救济条款包括行为纠正条款、撤销权，也包括损失赔偿条款，或叫违约措施条款（这类权利在责任条款中有描述），建议将每种权利对应的具体业务变现特征加以归纳提示，操作原理类似诉讼过程中的案由和具体诉讼请求关系原理。

第二个分类是从权利实现上将其分为主动权利和被动权利。

主动权利指银行不需要客户特别配合（仅授权同意即可）完全可行自我实现的权利，

比如扣划、查询、授信监管条款等。

被动权利指银行需要客户特别配合才能实现的权利，比如贷款用途监督权利。

从权利实现上区分权利，主要是为了方便条款设计。一般而言，主动权利条款直接描述银行的权利即可，如果该权利须事先取得客户的同意，则在权利条款之前加注客户授权 / 同意意思表示，标准模式为：客户授权 / 同意，银行有权……

分析制作文本过程中要注意被动权利的设计，确保银行权益能顺利实现。

建议将权利条款建立信息库，权利条款应按不同属性来划分，从实现目标、属性构成来分析，起草各自模式范文，标注具体条款的分解库编号以便后续的补充完善和查阅使用。但是如果权利源于具体业务，则属于专属权利，放在具体业务文本中作描述。

具体到权利条款的信息单元构成，我们认为权利条款的研究应把控两部分。

（一）权利条款构成

它的制作需要考虑几个方面：权利来自何种需要，如果是所有业务，则为共性权利；如果源于品种业务，则为种类权利；如果源于具体业务，则属于专属权利。共性权利源自法律法规、行业惯例、监管要求。

（二）权利条款检测

检测时要注意以下几个方面。

1. 条款的法理支撑

①合同起草目的是什么，或者实现自己权利，或者限制他方的权利，禁止他方不作为，或者为实现共同的目的。

②为实现这个目的，合同起草者该做哪些事情，或者要求他方做哪些事情。

③这些事情需要的前提条件是什么，具体内容事项如何陈述，程序如何安排，如何保障救济。

④法律底线、陷阱。具体要求是否有法律上的支持和法律上的禁止。是否考虑到具

体实施过程中的操作可行性和变动例外的应变。

2. 条款的操作检测

①条款的监管红线检测。

②条款的行内管理及营运操作检测。需要根据具体行内管理及营运操作来检测，一般以银行行内管理及营运要求为准。

③条款的修辞检测，主要是语法方面的错误。

3. 条款的风险识别提示（含操作提示）

条款的风险识别提示主要针对明文提示或发生的案例而总结的提示，该提示不断补充。

4. 权利义务约定

注意权利义务约定是否合理，有无遗漏，尤其应关注是否存在主要权利被对方排除，是否遗漏重要的关键权利，关注义务是否为彼此接受。可以根据交易双方情况有所侧重，但是忌讳“霸王条款”，否则另一方可能以该合同违背公平原则提出撤销合同的诉求，或者导致交易破产，合作关系中断。

5. 弃权限制解释，银行未主张权利不得视为对该权利的放弃

范文：贷款人没有行使或延迟行使其在本合同项下的任何权利或救济措施均不构成贷款人的弃权，贷款人对任何权利或救济措施的任何单独或部分的行使不应妨碍贷款人以后或另行行使任何其他权利或救济措施。本合同所规定的权利和救济措施是累积性的，且不应排除法律所规定的任何权利或救济措施。

二、权利维护条款导引

权利维护条款指约定用以维护银行权益的条款，该条款以银行享有的权利为核心，对保障银行权利进行合同约定，它和起诉诉讼请求有高度关联性。

目前掌握的权利维护条款包括：①征信查询权利；②授信监督权利；③抗辩中止权（银行先履行抗辩权与同时抗辩权）；④撤销权；⑤宣布加速到期；⑥追偿清偿权；⑦代位权；⑧优先受偿权。

三、权利强化条款导引

权利强化条款是针对银行权利宽展、延伸及限制客户权利宽展延伸等描述，种类不一，权利强化容易引起客户不适反弹，要根据业务情况需要填写。

比较典型的权利强化条款有以下几种。

（1）随时终止权利。

范文：就贷款人而言，本合同项下的安排为非排他性的安排，贷款人可随时终止本合同项下的安排而无须通知保证人，但保证人仍应对之前已发生的主合同项下的贷款按照本合同的条款和条件承担责任。

（2）非排他性权利，就是说可以与其他人签署同样合同。

（3）有权中止不安抗辩权。

（4）权利累加。

范文：银行在本合同项下的权利是累加性的，并不影响和排除银行根据法律和其他合同所可享有的任何其他权利。

四、自救权利条款导引

自救条款是指约定银行无须客户配合，可以自行处理达到维护自身权益的目的条款，权利救济条款根据不同情况来分析，只能不断总结积累。

目前的自救条款包括以下几种：①抵销、扣收、扣划条款；②自行转账；③抗辩拒绝；④自行转让权利；⑤直接实现；⑥特别授权。

特别授权范文：转让人在此同意并授权受让人从转让人在受让人（包括受让人分支机构）处开立的任何账户中扣除转让人在本协议项下任何应付未付的到期款项。为此目的，如该等账户中资金的币种与借出币种不一致，则转让人在此同意并授权受让人按照扣划当日人民银行公布的基准汇率扣划相当于到期应付未付款项的金额。

第二节　义务条款导引

一、义务条款总论

义务条款是指义务人为了配合权利人实现权利而约定的单方配合的行为约定。因为银行业务基本属于单务合同，义务条款仅指客户的义务条款，和权利条款一样，它是针对可能发生的违约情况而设定的。

义务条款是相对权利条款而制定的，银行在传统资金融授信业务中的义务很少，一般情况下银行的义务为及时提供资金，但是基于权利平衡及公平原则，也需要对银行的义务进行描述。在此情况下，以银行法定义务为准。针对创新业务，需要根据不同的业务模式进行具体约定。

除非特别说明，我们所讲的义务条款，指客户或交易对手的义务条款。参照权利条款的分类，客户义务条款包括以下几类。

（1）义务属性条款。

①义务定义解释性条款。

②义务的强化 / 不可免除条款。

③义务的转移条款。

（2）操作性义务条款。

操作性义务条款，是将重要的操作条款上升为义务条款，该操作的不当可能作为违约来处理。

（3）配合性义务条款。

配合性义务条款，是针对银行被动权利来约定的，和银行被动权利一起来实现。比如告知义务，事先征求意见条款。

（4）附条件性义务条款。

附条件性义务条款，是客户取得资金而先完成一定条件，典型的是先决条件条款，注意的是，先决条件不同于操作的先期准备，先期准备不足，不影响合同的履行。条件性义务条款一般用于银行抗辩被诉违约事件。

（5）承诺保证声明条款。

（6）交叉违约。

交叉违约是客户在对其他金融机构违约时视同对本银行业形成违约。交叉违约条款属于监管规定的条款，任何授信业务合同号都必须具备。

义务条款也应比照权利条款进行信息库管理。

二、客户自认条款导引

（一）客户自认条款的含义

客户自认条款源自诉讼过程中的自认规则，在该规则之下，如果客户作出某种意思表示，除非有证据证明该表示出于欺诈、胁迫或有证据被推翻，否则客户不得推翻自认的事项。

自认条款的签署原因主要有：①监管要求；②通过签署客户自认条款，为追究客户违约提供依据；③提醒客户签约履约应注意的事项。

自认条款针对的是诚实信用原则，针对客户将来可能发生的诉讼抗辩，客户的承诺保证虽然能减少客户的对抗性，但是有些情况下是不能免除银行的责任。银行的谨慎经营义务不因客户的自认而免除。

客户自认条款分为两种类型。第一种是陈述、保证，是在某一事件发生时就已经存在的事件进行肯定，这个事件包括签约，提出具体的业务申请。第二种是声明承诺是对将来可能发生的事项进行预先保证落实。

自认条款有公共内容和专属内容，专属内容和对应的业务种类及具体的业务操作要求有关联。专属性太强的内容，一般会另行签署专门协议或制定补充条款。

（二）陈述保证条款的内容构架

为确保贷款安全，银行往往要求客户的陈述与保证不仅在业务文本签订时是真实准确的，而且在整个业务存续期间都要保持真实准确，即所谓的“四季青保证”（Evergreen Warranties），客户如果违背“四季青保证”即视为违约，这样客户就承担了日后其财务状况或商务发生变化或法律发生改变的巨大风险。

陈述与保证条款的意义在于，将对银行业务（尤其是授信业务）决定的作出及业务协议的订立、履行具有重要意义或影响的事实明确列出，使银行能够更加迅速和充分地了解客户的相关情况并作出决定，从而提高效率，减少签约成本。

陈述与保证条款的作用体现在事前防范和事后救济两个方面。

就事前防范而言，由于陈述与保证本身就构成银行履行义务的先决条件，如果客户陈述失实，银行有权拒绝实际提供授信或服务。陈述、保证事项截止日期（不可能对将来未发生事项认定）一般是合同签署日或申请日。

就事后救济而言，业务文本往往将陈述与保证失实明确规定为违约事件之一，一旦发生这种情况，银行有权停止提供未尽授信服务事项，对已提供的授信宣告加速到期，并可要求客户赔偿损失。同时，一旦发现客户存在不实陈述，依据明确约定的协议条款主张违约也比援引合同法律的一般原则来得更为明晰和直接。实际上随着违约程度不同和后果不同，法院也不倾向轻易解除合同，违约程度与违约后果的对应关系还需要仔细分析。

“四季青保证”条款对于客户而言无疑是沉重的负担，客户为了防范此风险，求得银企双方利益平衡，一般采取区别对待的办法：鉴于债权在法律上的有效性之重要，客户可提供“四季青保证”，应由客户承担日后法律的改变使债权的有效性产生问题而带来的风险；对于商务状况的“四季青保证”则采取较为灵活的态度，双方有更多的谈判协商余地，因为与相对稳定的法律事项不同，财务状况是经常变化的。因此，“四季青保证”往往是银行客户双方讨价还价的一个焦点，客户尽力争取让银行采取更为宽松的方式，减少“四季青保证”的覆盖事项。当然，最终的结果取决于双方的谈判地位和谈判能力。

要注意陈述与保证的证据化，因为陈述与保证条款具有很强的诉讼实战需求，需要将有关陈述与保证的资料固化，所以一般约定客户提供资料复印件，注明复印件与原件相符，加盖客户印章确认，银行内部也有核对的流程安排，确保资料真实合法有效。

陈述与保证分为两大类，即针对相关法律事项的陈述与保证（法律性陈述与保证）和针对借款人财务和经营状况的陈述与保证（财务性陈述与保证）。

（1）法律性陈述与保证主要包括以下几方面。

①关于客户法律地位的陈述与保证，客户是依法注册成立的公司，并有经营相关业务的权限，主体资格未发生强制解散。

②内部授权同意，客户已取得订立业务文本的必要授权，签约文本获得准许。

③客户已取得履行合同义务所需的各种政府批准和许可（如外汇许可）。

④业务文本不违反外部法律内部文件规定，不违背客户当地法律法规，也不与客户的章程或已签订的其他合同相冲突。

⑤业务文本项下义务对客户具有法律约束力和可强制执行力。

⑥银行在无担保贷款中与其他无担保债权人享有平等位次的受偿权，在有担保贷款中对担保物享有优先受偿权；客户提供的信息备忘录（通常作为协议附件）没有重大不实、误导性陈述或遗漏，所做的预测有合理基础。

（2）财务性陈述与保证主要包括以下几方面。

①客户信誉良好（无违约），无诉讼，或者没有卷入任何可能导致其资产减少的重大诉讼，也没有面临此类诉讼的威胁。

②客户最近一次的财务账目统计是真实准确的，无其他未告知负债。

③自最近一次的财务账目统计以来，客户的财务状况没有发生重大不利变化。

④客户没有违反其他合同义务或不履行其他债务。

⑤财务指标符合要求。

⑥无担保债务。

陈述保证条款除了进行法律性、财务性分类外，还可以根据业务的需要分为基础性陈述保证和专属性的陈述保证，比如在抵押担保业务中针对担保物的陈述保证，这需要根据银行具体业务进行归纳梳理。

（三）声明承诺条款的内容

1. 声明承诺条款的特征

（1）声明承诺条款涉及客户对银行的授权，决定银行的诸多权限。

（2）声明承诺条款涉及客户非财务性违约事项，文本内容一般很少，缺乏操作性，应针对专门事项做专门的协议，以做好重点的把控。注意声明事项中的业务操作与合同违约的区分，通常情况下银行业务部门重视业务操作流程，要求客户进行业务操作上的承诺，但是承诺条款要具有法律后果性，业务部门的思维天马行空，自己认知的文本和实际不一样，文本不能反映自己的期望，法律的作用就是梳理思维，脚踏实地。

（3）声明承诺条款的作用之一就是确保银行可以随时解约，比如文本签署了，但是发现客户有不良记录，则银行可以不放款并解约。

2. 声明承诺条款的内容要素

声明承诺条款的内容要素有：①承诺有效的截止日期，一般债清承诺清，承诺截止到合同债务清偿完毕；②责任及保证；③具体的承诺事项，包括用途合法合规、提供财务报表、提供经营资料、投保、公司治理变更通知、支持贷后管理和资金监管、违约风险通知等。

银行要注意禁止行为承诺问题。禁止行为承诺是指客户未经银行书面同意，承诺不进行若干事项。其属于监管要求，对授信风险确认影响很大，但是客户经常提出异议，争议比较大，银行也没有配套的文本文件执行，禁止行为承诺不是一般的承诺，有必要进一步专门研究处理。

禁止行为承诺目前的情形包括：①资产处置；②股权变动；③注册资金减少；④企业性质变更；⑤逃债式企业改制；⑥增加融资；⑦虚假融资；⑧拒绝监管；⑨削弱阻碍银行权利。

值得注意的是，自认条款制定原因大部分是为了应付监管要求，银行对自认条款往往不重视，不分析，客户往往以商业秘密、不利于经营而提出修改。运用自认条款时需要注意的事项包括以下几种：条款制定的来源依据要充足；如果客户提出修改意见如何处理；客户违约采取何种应对措施，管理中出现问题如何补救。

对自认条款的把控关键，还是对具体的自认条款内容进行逐条分析。分析其法源、修改范围幅度和有关风险问题。

关于银行自认条款，建议不要做过多，如果需要自认，尽量围绕资格等方面内容进行自认。

三、附随义务条款导引

（一）附随义务条款的含义

在现代合同法理论上，强调债权目的的实现，履行过程中的义务已不限于约定的给付义务，为了实现债权目的，根据诚信原则和交易习惯，还要求债务人做出必要准备、不应作破坏债权期待的行为，在整个合同过程中尽必要的注意以保护相对人的人身、健康、财产等法益，这便是附随义务。

附随义务确立根据是诚实信用原则。诚实信用原则要求民事主体在从事民事活动时，应当诚实守信，以善意的方式履行其义务，不得滥用权利及规避法律或合同规定的义务。

合同的履行终止后，当事人依诚实信用的原则应当负有的附随义务也叫后合同义务，后合同义务的范围还应当根据交易习惯来确定，当事人依合同的性质和某行业、某领域进行交易的习惯来具体把握后合同义务的范围。

（二）附随义务条款的功能作用

附随义务一般与赔偿责任、举证责任、责任认定有关。与违反给付义务一样，违反附随义务给对方造成损失的，应当赔偿其损失。

（三）附随义务条款具体种类

附随义务条款包括通知、协助、保密、安全等条款。

1. 通知义务条款

一方当事人依照法律的规定或者合同的约定主张解除合同的，应当通知对方，合同自通知到达对方时解除。当事人主张抵销的，应当通知对方，通知到达对方时生效。标的物提存后，除债权人不明下落的，债务人应当及时通知债权人或者其继承人或监护人。附随条款中的通知注意是一种倾向，就是争取将诉讼送达列入通知范围。

合同权利义务终止后，一方当事人应当将有关情况及时通知另一方当事人。比如，债务人将标的物提存的，应当通知债权人标的物的提存地点和领取方式。

2. 协助义务条款

一方负有协助对方处理合同履行 / 善后事务的义务。当事人还应当履行相互协作和照顾的义务、忠实的义务等。协助义务不能对抗主要义务的履行，比如约定开票后付款，但是不开票不能成为不付款的理由。

合同的权利义务终止后，当事人应当协助对方处理与原合同有关的事务。比如，合同解除后，需要恢复原状的，对于恢复原状给予必要的协助；合同的权利义务终止后，对于需要保管的标的物协助保管。

3. 保密义务条款

保密指保守国家秘密、商业秘密和合同约定不得泄露的事项。国家秘密，指关系国家的安全和利益，依照法定程序确定，在一定时间内只限于一定范围的人员知悉的事项。国家秘密事关国家安全和利益，合同的权利义务终止后，合法接触。掌握、使用国家秘密的合同当事人，对于保密期内的国家秘密，无权向第三者泄露。泄露了国家秘密，要承担民事责任、行政责任甚至刑事责任。商业秘密，指不为公众所知悉，能为权利人带来经济利益，具有实用性，并经权利人采取保密措施的技术信息和经营信息。商业秘密一旦进入公共领域，就会失去其商业价值，损害合同当事人的经济利益和竞争优势。因此，合同的权利义务终止后，当事人负有保守商业秘密的义务。泄露了商业秘密要承担民事责任。除了国家秘密和商业秘密，当事人在合同中约定保密的特定事项，合同的权利义务终止后，当事人也不得泄露。

例如受雇人在雇佣合同履行及终止后，应当对雇佣人的商业秘密等情况负有保密义务。一般而言保密条款仅作提示，比较简约，通常保密业务有专门的协议。

4. 安全义务条款

安全义务一般没有明确约定，虽无法描述，但可以作提示，要求对方进入本方工作领域须有人带领。有何异常应及时通知，不得擅自处理等，以减少银行的责任。

（四）银行信贷业务专属的附随义务

为了保证贷款能够及时收回，保障金融安全，借款人在向贷款人发出要约即申请贷款时，有义务按照贷款方的要求提供与借款有关的业务活动和财务状况的真实情况，此义务即所谓的借款合同借款人的附随义务。

为了切实保障银行信贷资金的安全，保证贷款方对是否承诺发放贷款做出正确判断，《民法典》第六百六十九条规定：订立借款合同，借款人应当按照贷款人的要求提供与借款有关的业务活动和财务状况的真实情况。同时，《中华人民共和国商业银行法》规定，商业银行贷款，应当对借款人的借款用途、偿还能力、还款方式等情况进行严格审查。为了贯彻《中华人民共和国商业银行法》的这一规定，《贷款通则》要求借款人在申请贷款时，必须填写包括借款用途、偿还能力、还款方式等情况的“借款申请书”，并提供以下资料：①借款人及保证人基本情况；②财政部门或会计（审计）事务所核准的上年度财务报告，以及申请借款前一期的财务报告；③原有不合理占用的贷款的纠正情况；④抵押物、质押物清单和有处分权人的同意抵押、质押的证明及保证人拟同意保证的有关证明文件。

申请中长期贷款还必须提供以下材料：①项目可行性报告；②项目开工前期准备工作完成情况的报告；③在开户银行存入了规定比例资金的证明；④经有权单位批准下达的项目投资计划和开工通知书；⑤按规定项目竣工投产所需自筹流动资金落实情况及证明材料；⑥贷款人认为需要提供的其他有关资料。

如果借款人违反诚实信用原则，故意提供不实的财会报表，或没有如实提供所有开户行、账号及存款余额等资料，贷款人可以加收部分或全部贷款利息，或提前收回部分或全部贷款，停止支付借款人尚未使用的贷款。

（五）附随义务注意事项

附随义务当中通常遗漏的条款内容有两条。

一是知识产权条款内容。在现代交易当中，随着产品责任的日渐严格和产品高科技含量的不断增加，产品因知识产权问题引起的纠纷和第三人诉讼等问题日益增加，所以律师在起草合同当中应当注重知识产权条款的约定，对于知识产权的归属和侵权责任的分担等问题，应当在合同当中增加相应的条款予以明确。

二是通知条款内容。这个条款的作用是防止合同双方在交易过程当中因为地址变更等问题出现信息沟通障碍等问题，对区分各方责任有重要作用，尤其是采用英美法系的“送达主义”原则，采取传真、挂号信或特快专递形式来送达合同通知，方法简捷而明确，但国内合同对于这一条款的作用经常忽视。

第三节　责任条款导引

一、责任条款总论

责任是指违反法律规范，无正当理由不履行义务或因侵害他人合法权益所应承担的法律强制性后果。我国学者大都将民事责任界定为因违反合同或者不履行其他民事义务所应承担的民事法律后果。

合同的责任条款就是认定民事责任形成民事责任是指违反民事法律规范，无正当理由不履行民事义务或因侵害他人合法权益所应承担的法律责任。民事责任具有以下主要特征：①民事责任以民事义务为基础，是违反民事义务的法律后果；②民事责任以恢复被侵害人的权利为目的；③民事责任具有法律上的强制性；④民事责任是保护性民事法律关系的内容。

合同责任条款的意义在于督促合同各方严肃履行合同，如果发生违约 / 侵权，守约方可以根据责任条款追究违约方的民事责任，弥补自身造成的损失。民事责任条款也是裁判的重要依据，银行通过责任条款保证权利的实现或义务的免除。

从形式上讲，银行习惯或倾向采取一步到位的责任条款描述模式，只要客户发生违约事件，则推定客户根本违约，并约定客户根本违约情况下应承担的责任及银行追究责任措施。

银行的这种一步到位式操作优点有：①具有高度抽象概括性，可以全面覆盖责任事项；②简便易行，违约行为、违约责任具体内容可以根据业务情况进行调整，容易操作把控。

银行的这种一步到位式操作的缺点就是流于机械，没有细分民事责任的适用，特殊情况下裁判机关无法依据这些笼统的责任条款作出有利于银行的裁判。而且，一旦发生银行被诉被履行义务情况，这些条款不利于银行的免责。

简化版的责任条款虽然有利于银行业务合同事务的管理，但是从缓释法律风险角度出发，还是应该对责任条款的构成要素进行分析，归纳各种民事责任的利弊，约定或补充约定责任条款内容，及时采取履行过程中责任管控措施。

责任条款具体责任条款构成分为以下内容：①责任引发事件；②责任人及各责任方关系；③什么性质的民事责任？侵权还是违约？④责任承担属性，是财产责任还是非财产责任？⑤责任的范围，次序安排及计算；⑥如何实现责任。按照上述构成要素，分别探讨责任条款的构成要求。在进行责任分析时，注意对重要民事责任，以当事人为主线，以责任为顺序，明细各种责任的标准构成和写法、结构；针对违约适用条件用列举 + 概括方式进行阐述。

（一）责任的划分

根据不同的标准，民事责任有不同的划分。

（1）责任从违约主体划分为单方违约和双方违约、混合违约、交叉违约、因第三人违约。

（2）责任从来源分为法定责任和约定责任，有些责任是法定的、无法更改的，合同当事人对此类的责任，一般约定触发权利义务的事实，对于约定的责任，需要根据责任性质构成进行描述。

（3）责任从时间上划分为：①预期违约；②根本违约。

（4）根据民事责任的内容，民事责任可分为履行责任、返还责任和赔偿责任。

（5）责任从违约形态上分为：①根本违约，拒绝履行，注意不能履行视为违约；②部分违约，比如不完全履行、迟延履行、不适当履行；③其他违约行为。

我们建议，在客户违约但还可以继续履行合同情况下，银行应当与客户就物（包括担保物权）的占有变现达成一致。

（二）责任人及各责任方关系

责任人可以分为签约主体和其他责任方，其他责任方的责任身份以其承担的责任为依据确定。

其他责任方的责任可以细分为共同责任、连带保证担保责任、代为履行（清偿）责任、返还责任、补充责任、按份责任、连带责任、财产责任与非财产性质的协助、监管责任、共同清偿责任、补偿责任、无条件先行给付责任、垫付责任。

按份责任，是指责任人为多人时，各责任人按照一定的份额向债权人承担民事责任，各债务人之间无连带关系。

（1）连带责任，我国《民法典》第六百八十八条针对合同之债、侵权之债中连带债务做了基本规定：当事人在保证合同中约定保证人和债务人对债务承担连带责任的，为连带责任保证。连带责任保证的债务人不履行到期债务或者发生当事人约定的情形时，债权人可以请求债务人履行债务，也可以请求保证人在其保证范围内承担保证责任。

连带责任常见于银行保证担保业务，银行要求保证人对主债务承担连带清偿责任。连带责任的特点为：连带责任是对权利人的整体责任，各个责任人都有义务对权利人承担全部责任；权利人有权请求（起诉）全部责任人承担连带责任，或者其中任何一人承担责任；连带责任是法定责任，不因各责任人内部责任份额的约定而改变。连带责任具有法律规定的特点，合同方必须约定明确是否采取连带清偿责任。

（2）共同责任，指在合同之债、侵权之债等法律关系中各个责任人向权利人共同承担的民事责任。共同责任产生的基础有三种，一是各个责任人因为身份造成共同责任，比如婚姻法规定，夫妻共同债务对外应由夫妻双方共同偿还；合伙法规定，合伙人对合伙债务对外承担共同偿还责任；二是因为共同侵权导致承担共同责任；三就是根据合同的约定，比如银行就某一行业、区域不同企业组成的商业联盟提供金融服务时，通过合作协议约定所有参与企业对全部金融债务承担共同清偿责任。

（3）补充责任，是指在直接责任人不能满足权利人赔偿请求时，再由补充责任人承担权利人相应损失的一种责任形态。

补充责任根据补充责任人应承担补充责任的份额，可以分为无限补充责任和有限补充责任。补充责任的具体责任形式包括补充赔偿、补偿、补充履行、补充清偿债务或者承担其他法定约定补充性义务等形式。

补充责任的追究受到一定次序或程序限制，其一般规则是：主责任追究在先，补充责任追究在后，法律甚至会设置特别的责任追究程序如诉讼程序限制权利人的权利请求，如《民法典》第六百八十七条的规定。

补充责任在银行业务中适用的情况表现为：①以存单为表现形式的违法借贷，先由用资人承担偿还责任，不能偿还部分再由金融机构承担赔偿责任；②因监护人身份而承担补充责任；③会计师事务所在出具虚假验资证明的情况下，也只是在其证明资金的范围内承担赔偿责任；④除公民和法人之外的其他组织承担责任的，由其开办单位或组织成员承担补充责任；⑤因将企业等经营物承包给他人经营而对承包人的债务承担补充清偿责任；⑥因准许他人挂靠在本企业下经营而对他人因挂靠产生的债务承担补充清偿责任；⑦因担保而承担补充责任，如一般保证担保责任；⑧投资人实际投入资金与注册资金不符的，应该在投入资金不足的范围内对企业债务承担补充责任；⑨投资人抽逃注册资金的，在抽逃资金范围内对企业债务承担补充责任；⑩在企业被撤销、吊销或歇业后，投资人无偿接收企业财产的，由投资人在接收财产范围内对企业债务承担补充责任。

（4）补偿责任。民事补偿责任是指民事主体基于特定的事由或原因，依法应向受损害人或合同一方承担的以补偿财产义务为内容、带有弥补损害特性的特殊民事责任。

补充责任与补偿责任又存在诸多区别。①责任性质不同。补充责任大多属过错责任，而补偿责任则全部为非过错责任。补充责任为非终局责任，而补偿责任多为终局责任。②责任形式不同。补充责任的形式有赔偿、补偿和补充履行等多种方式，而补偿责任的形式却只有财产补偿的方式。③责任构成要件不同。补充责任的构成需要有一个与之相对应的主责任，补偿责任的构成则无此要求。④责任产生的原因不同。补充责任产生的原因是不同法律事实、不同法律关系之间存在牵连关系，而补偿责任产生的原因却非常复杂，如非过错致人损害、人道主义要求和平衡利益需要等。⑤法律依据存在差异。补充责任仅由民事法律调整，而有些补偿责任除民法外，其他法律部门如行政法等在特定情形下也对之进行调整，行政补偿责任即属此类。

合同中一般只能约定补偿责任条款而不能约定补充责任条款。

（5）无条件先行付款责任，指根据合同约定，附触发条件发生时，权利人无须举证，只要按照约定的程序和要求出示相关文件，义务人必须无条件立即先行履行支付款项义务。此类责任典型业务就是银行对外出具的各种保函，对于其他融资业务，银行也试图通过无条件先行付款条款的约定，防范不良信贷资产的产生。

无条件先行付款责任源自独立担保理论，但是，我国的担保法律及其司法解释不支持国内民事活动中采取独立担保，国内独立担保行为的功能最终是通过双方约定而不是法律规定来实现的，因此，签订此类条款不能单纯确定何种情况下义务方负有无条件先行付款条款，还要约定有关操作程序和文件模本，付款义务人的弃权声明等辅助性约定。

垫付责任，在义务人无法履行金钱给付的情况下，利害关系人先行垫付，后向义务人追偿。

（三）民事责任意义

实际上违约责任始终围绕着“合同约定义务”展开，可以说“合同约定义务”的是否适当履行则关系着实际违约责任的是否发生。当合同生效后，双方当事人之间就产生了合同的债权债务关系，即合同之债。合同之债包括两方面内容：一是合同债权；二是合同债务。债权作为一种财产权利，是当债务不适当履行合同约定义务时，法律赋予债权人的一种权利救济。合同债权作为权利的同时亦是种约定义务。而合同债务一般包括法定和约定两种，是按照债权人的请求履行的一定给付的义务。严格意义上的合同义务，包括主给付义务和从给付义务，有的还包括附随义务。主给付义务决定合同类型，是合同固有的、必要的，必须被履行。在双务合同中，主给付义务构成对等给付义务，在对方未履行对等给付义务前，可以拒绝履行。而从合同义务来看，若构成违约责任，即应缺少从合同义务的不履行合同目的就根本不能实现，债权人利益也不能获得最大满足。

对于违约责任的构成要件，二大法系历来存在分歧。大陆法系传统理论主张构成要件有三个方面，即违约行为、损害事实、违约行为与损害事实间的因果关系，违约人有过错。而英美法系中，通常只考虑违约行为一个要件。我国《民法典》确定了无过错责任的归责原则，可以看出在一定程度上吸收了英美法系的优点。合同法律确立无过错责任的归责原则，即适应了市场经济的发展，增强了当事人的责任感，也更符合公平原则要求。双方当事人通过自愿协商，确立合同义务，这种权利义务完全都是自己选择的，符合意思表示自愿、真实。当一方违反合同约定时，法律就应该让违约方承担责任和给予守约方以救济来惩罚，以显示法律的强制性，同时也利于双方当事人在合同订立中的调适谨慎、注意以避免因此带给自身的不利影响。

合同责任体系大陆法系以违约形态的划分为基点的“原因途径”，中国合同法律身上可以看到其影子，即以诚实信用原则为基础，粗略地规范了缔约过失责任、违约责任和后契约责任。由此可以看出，责任形态不完整，而且规定显得过于粗糙，很多细节问题没有明确的解决途径。

从法理上讲，民事责任包括缔约过失责任、预期违约责任、后契约责任和清偿责任。

（1）缔约过失责任，指在合同订立过程中，一方因故意或过失违背依其诚实信用原则所应尽的义务，使合同未成立、被撤销或无效而致另一方信赖利益（当事人信赖其与对方签订有效合同而产生的利益）的损失时应承担的民事责任。缔约过失责任具有法定性，它基于法律的直接规定而产生，不以当事人之间的约定产生，并且缔约过失责任的责任形式也是法律规定，即赔偿损失当事人不能任意选择。缔约责任是种“未尽到注意”所产生的责任。

缔约过失责任的产生和合同成立有密切联系，因为合同成立标志着缔约责任的开始。从本质上讲，合同成立属于意思表示范畴，只要达成合意就可以说明合同存在。它不像合同生效那样明显增加了法律干预成分，把当事人意志上升为法律强制意志。但也并不是说合同成立没一点拘束力。只要双方当事人达成合意就受拘束力，这种拘束力源于各方的意思表示，要约人作出要约，既给自己设定了权利，也设定了义务。同样，承诺人也受承诺的约束。总之，一旦形成合意，则合同成立，各方都受共同意志的拘束，履行自己同意接受的义务，如果不履行该义务，则承担缔约过失责任。

（2）预期违约责任。预期违约是首先在英美法条上确立的一种违约理论。它以合同约定的履行期限届满为界，将合同违约分为预期违约和实际违约（即违约责任）。其含义是指：在合同有效成立后至合同约定的履行期限到来之前，当事人一方向另一方明确表示其将不履行合同义务，或者当事人一方的自身行为或客观事实默示其将不能依约履行合同义务，或者当事人一方的自身行为或客观事实默示其将不能依约履行合同义务，因而产生的责任即为预期违约责任。依预期违约定义，其分为明示违约和默示违约。

预期违约制度为世界上一切国家的合同法律制度所认可，它的存在有其客观必然性。这一制度与当今社会法律所追求的公正、效率、效益、安全价值目标密切相关，具有追求经济效益的合同合理性。预期违约的构建基础亦是诚信原则下的义务。合同双方当事人签约后，即使合同中没有明文规定，合同中也显然包含下列条件，即一方当事人的履行是以另一方当事人能够履行、愿意履行、准备履行或已经履行为条件的。一旦一方当事人在合同生效后，履行期届满前发出明示违约或默示违约，这一条件便丧失。合同双方当事人互为履行的期待权，就被一方预期违约行为所侵害。虽然违约方这种预期违约行为引发的危险是未来的一种可能，但这种可能性颇大，如果在此阶段，法律不给予债权人以权利救济，而等到履行期满后再对这种违约行为进行制裁，将对债权人的权利保护是非常不利，也有失公正。同时，在此阶段采取预期违约制度，对违约方也是一种解脱。因为违约方之所以违约，也是从经济角度考虑的，如合同按期履行，履约成本也许比违约金还要高，甚至履约后无收益。因此，采取预期违约制度对合同当事人都是有利无害的，而且基于诚信原则，法律也应该支持这一理论的运用。

（3）后契约责任，在我国合同法律中，仅仅规定了后契约义务，并没有规定后契约责任。但不应当据此得出我国合同责任不包括后契约责任的结论。其理由是：第一，规定义务就意味着责任，不履行后契约义务，就必然发生后契约责任；第二，合同法律对违约责任的规定，应当理解为可以对违反后契约义务的行为适用违约责任的条文规定。将后契约责任作为中国合同责任的一个组成部分，是有充分理由的。

（4）清偿责任，指债务不履行时责任人须履行自己原负担的债务的责任，这是银行业务合同涉及的最基本责任，是客户履行授信业务合同最重要的责任，客户的其他责任均围绕此责任而发生，清偿责任一般产生于债务不履行，特别情况下也产生于侵权行为。

除了上述责任，银行可能承担的关联的责任还包括：侵权责任、加害给付责任、公平责任、无过错责任、返还不当得利责任、返还责任（是指以返还利益为内容的责任）、赔偿责任（是指以赔偿对方损害为内容的责任）以及责任竞合（在不同责任中择一适用）。

（四）责任承担属性

1. 财产责任还是非财产责任

根据民事责任的内容有无财产性，民事责任可分为财产责任与非财产责任。财产责任，是指直接以一定的财产为内容的责任，如返还财产、赔偿损失。非财产责任，是指不直接具有财产内容的民事责任，如消除影响、恢复名誉。

2. 责任承担方式

我国《民法典》第八章专门对违约责任做了规定，违约责任的承担方式主要有：继续履行、采取补救措施、损害赔偿、支付违约金。

继续履行涉及“强制履行”概念，在我国合同法律上，强制履行指的就是“直接强制”，但在民事诉讼法上，则是存在着直接强制、代替执行与间接强制的区分。

“强制履行”是一个自责任角度使用的概念，同一内容自权利的角度，则称为“履行请求权”（又称履行诉求权）。《民法典》中为了区别金钱债务（第五百七十九条）与非金钱债务（第五百八十条），分别规定了相应的履行请求权。

可采取补救措施：《民法典》规定的变更权和撤销权；不安抗辩权；实际履行；宣告合同无效；在根本违约和预期违约的情形下，当事人可以解除合同。

银行有权行使的权利可以分为：①纠正违约人的错误行为；②继续履行；③提出损害赔偿；④违约金；⑤解除终止合同；⑥变更合同；⑦追加担保或其他责任方。

（五）责任的范围、次序安排及计算

作为违约责任的损害赔偿的构成要件，包括：违约行为、损害、因果关系、无免责事由。

赔偿的范围的确定，《民法典》第五百八十四条规定当事人一方不履行合同义务或者履行合同义务不符合约定，造成对方损失的，损失赔偿额应当相当于因违约所造成的损失，包括合同履行后可以获得的利益；但是，不得超过违约一方订立合同时预见到或者应当预见到的因违约可能造成的损失。作为限定赔偿范围的手段（“法的因果关系”），中国法律没有采纳德国的“相当因果关系说”（尽管条文中有“相当于因违约所造成的损失”），而是采纳了在比较法上居于有利地位的“可预见性规则”。

中国法律的特别之处有以下几点。

（1）中国法律没有区分“通常损害”与“特别损害”，而是对所有的损害统一地适用可预见性规则。

（2）就适用可预见性的时点，中国法律明确规定了“订立合同时”，而非“债务不履行时”。

（3）就预见的主体，中国法律规定为“违反合同一方”，而不是双方“当事人”。损害赔偿注意赔偿额减额的要素过失相抵原则、减轻损害规则、损益相抵规则。赔偿额减额的要素包括以下几点。

1. 过失相抵

过失相抵是指仅发生一个损害，唯对于该损害的发生，被害人亦与有过失或者与有原因。双方违约与此不同，是指双务合同的两方当事人彼此违反了各自的义务，并可能相互造成损害，这样，就存在两个违约行为，并且由此发生两项损害。由此不难看出，两者是存有明显差异的。

《民法典》第五百九十二条规定了过失相抵原则：当事人都违反合同的，应当各自承担相应的责任。

当事人一方违约造成对方损失，对方对损失的发生有过错的，可以减少相应的损失赔偿额。

2. 减轻损害规则

减轻损害规则最初是在320多年前的英国普通法上创设的，称为mitigation。在大陆法系，对减损义务或是欠缺规定，或是纳入过失相抵。

减损规则与过失相抵是什么关系，是首先应当辨别的问题。对于可避免的损失，固然可以看作赔偿权利人的过失，从这个意义上也可以将减损规则看作一种过失相抵。但减损规则与过失相抵针对可避免之损失而言，其效果是存有差异的，两种规则发挥作用的内在机理也是不同的；减损规则的运作逻辑是“要么全有，要么全无”，而现代的过失相抵规则的运作逻辑，则按过错程度及原因来确定责任的大小范围并在当事人之间进行分摊，因此似乎不应简单地将二者等同。笔者以为，中国法律上减损规则与过失相抵规则的分界线应当以时间来划分，过失相抵分管的是损失发生的阶段，而减损规则分管的是损失扩大的阶段。

3. 损益相抵规则

中国现行法律没有专门规定损益相抵规则，但学理解释是普遍承认这一规则的，司法裁判中也是如此。

（六）追究责任途径、免责及辅助条款

民事责任的诉讼途径选择分为：确认之诉、变更之诉和给付之诉。银行通过诉讼实

现责任实现。

关于免责事由，《民法典》第一百八十条规定，因不可抗力不能履行民事义务的，不承担民事责任。法律另有规定的，依照其规定。不可抗力是不能预见、不能避免且不能克服的客观情况。

值得注意的是，在改为采用严格责任原则后，免责事由的范围大小就显得格外重要。当事人固然也可以作特别的约定，但仅就法律的规定来看，中国的严格责任其实比英美的严格责任还要严格，因为在英美法上，存在着合同落空原则，而合同落空的范围，则比不可抗力要广泛得多。

我们需要注意的是围绕责任条款形成的辅助条款，具体内容包括以下几点。

一是放弃抗辩条款，比如：客户声明任何情况下不会以下事件或情形、理由对抗甲方权利主张：①……②……

二是授权条款，客户特别授权银行可以采取如下行为，实现银行合同权利。

范文：无须向乙方提前发出任何通知，直接从保证金或监管银行（包括银行分支机构）处的任何其他账户中扣收乙方应予偿还的债务本金、利息、罚息及汇差损失等乙方在本协议项下对甲方的任何应付款项，该等账户中的未到期款项视为提前到期。账户币种与银行在本合同项下相关货币不同的，按扣款当天银行确定的汇率折算。

三是责任承担方式。

范文：乙方承担 *** 违约责任方式包括但不限于：支付定金、继续履行，采取补救措施，损害赔偿，支付违约金，修理、更换、重作、退货、减少价款或者报酬。

（1）定金支付约定。

（2）继续履行约定。

（3）采取修理、更换、重作、退货或其他补救措施约定。

（4）支付违约金约定。

（5）减少价款或者报酬定约定。

（6）损害赔偿约定（比如计算方式）。

（7）免弃权推定。

（七）责任条款的描述建议

违约一般按各方填写，缺少一方容易被认为显失公平，违约方还与违约责任的不同有关，比如代偿责任、连带责任，这些责任都在全力义务中有所描述，责任概念一般在定义条款中阐述。

违约条款可以按照违约内容顺序书写：主要合同义务，担保义务，操作性义务，附随义务，包括附随义务、先合同义务和后合同义务在内的义务群；特别条款义务、缔约上的过失责任 、合同无效责任。

违约行为描述模式如下。

（1）概括性，例如：甲方未履行本协议项下任何义务。

（2）声明性违约，例如：甲方在本协议项下做出的声明被证明是不真实的、不准确的，或是具有误导性的。

（3）承诺性违约，例如：转让人违反了在本协议中所作及与履行本协议相关联的承诺。

（4）资产减少型，例如：任何其他债权人取得甲方的全部或任何部分业务或资产的所有权，或针对甲方任何资产的裁决或判决被强制执行，从而实质性地影响甲方履行本协议项下义务的能力。

实际上，此类的违约法理源自预期违约，资产减少不是主动性违约行为，另外，出于对债权人的保护，有些概念比较模糊，比如实质性影响等内容含糊，这是一种技术上的处理，实际主张权利时，要对此有预先把握。

二、违约条款导引

违约条款也叫违约事件条款，作用是确定哪些事件构成违约，一般是和客户义务条款挂钩，但是有些义务不一定会构成违约。

从性质上，责任起源分为以下几种：①违约事件；②侵权事件；③违法事件；④合同无效、被撤销。

责任起源分类及举例如下。

1. 主义务未完成

例如：借款人未能按时足额支付本合同项下任何到期款项。

2. 信息资料虚假

例如：借款人在本合同项下所做出的任何声明或保证，或借款人根据本合同向贷款人提供的任何文件、资料或信息被证明在做出时在实质性方面是不正确的或不准确的。

3. 违反承诺保证

例如：借款人在本合同中所做的陈述与保证不真实或违反其在本合同项下的任何承诺。

4. 兜底违约

例如：借款人在本合同项下有任何其他违约行为。

5. 关联违约

其中需要关注的是交叉违约，交叉违约是银行监管部门为了便于共同制裁逃废债而发生的违约事件。

例 1：具体担保合同 / 文件（如有）项下发生任何违约事件。

例 2：借款人在与贷款人之间的其他合同或协议项下发生违约。

6. 资格违约，客户丧失履约资格

例 1：借款人发生解散、清算、破产、丧失偿债能力或类似情况。

例 2：借款人的财务状况已经存在或可能存在对其履行本合同项下义务有重大不利影响的变化。

7. 恶意履约

例如：借款人履行本合同项下的义务成为非法。

8. 行为违约

例如：借款人未按本合同约定进行贷款资金支付的；违反本合同约定，以化整为零方式规避贷款人受托支付。

9. 预期违约

例如：借款人发生任何预期违约事件 。

针对具体业务，如果有特殊要求，可以将其特殊要求转化为违约事件，比如回笼资金不到监管账户，也许金额不大，性质恶劣，所以要单独列明。

三、四偿条款导引

四偿条款指涉及赔偿、补偿、追偿、代偿事项的合同条款。四偿条款适用全部业务，受益人不一定限定于银行，研究四偿条款的目的在于在合同法律关系基础上对延伸的民事责任进行补充，尽量保全资产，维护银行合法权益。

（一）赔偿条款分析

赔偿指侵权方对受害方造成损害后如何进行经济救济条款，因为第三人造成损害的事项放在第三人条款中。

赔偿发生于合同侵权行为，与合同违约存在竞合的关系，合同侵权指合同签署履约不当给另一方造成损失情况下的民事责任承担方式，是民事侵权理论与合同原理的结合，从理论上讲有以下特点：①存在不当履行合同的过错；②有损失；③过错与损失之间有因果关系。

从条款内容结构上看，赔偿条款分为：①赔偿事件的构成；②赔偿的标准；③赔偿的支付。

从赔偿强制性而言，分为法定赔偿和协商赔偿，法定赔偿指法律规定的赔偿，此类赔偿可以不在合同中约定，协商赔偿就是针对法律没有规定的赔偿或者规定不清楚的，进行商定补充的赔偿。

从赔偿起因看，有合同瑕疵赔偿和民事侵权赔偿，合同瑕疵指合同存在无效、可撤销、重大误解等情形，这对创新业务非常重要，民事侵权主要包括行政事务中的侵权以及刑事犯罪对银行的侵权。

赔偿条款的制订目的在于，一旦出现非合同履行造成的对银行不利的情况，如何提前预防客户对银行的索赔及确保银行权益能后获得赔偿。

赔偿条款有两种形式，一种是概括式的，另一种是分列式的。分列式作用于非成熟业务，发现有赔偿风险的情况。比如担保无效情况下，银行可以要求担保人赔偿，虽然担保法律规定了赔偿比例，但从法理上可以突破该规定进行约定，比如银行业务是基于某个客户承诺保障而进行的，如果该保障未实现而让银行受损，银行可以索赔。模式一般为：发生如下一种或几种情况，银行可以向客户按照 ** 标准索赔，客户应在收到索赔通知后无条件先行赔付。

（二）补偿条款分析

补偿指基于公平自愿原则银行与客户达成的经济补偿条款，一般适用非授信业务。特殊情况下，法律对补偿进行了规定，法院出于公平原则也会判令当事人适当补偿。

补偿是一种自由裁量的事项，银行的补偿经常是用于通过经济手段缓释消除一定的麻烦事项，所以经常签署补偿协议。

补偿协议的基本要求包括以下几点。

（1）对背景事项做简单介绍，一般要强调两点，一是银行无过错，二是银行愿意出于人道而进行补偿。

（2）对补偿款项金额确定及支付方式，一般是现金支付，在协议中明确已经给付。

（3）双方已无其他纠纷，客户声明放弃针对银行的一切权利。

（4）保密协议，未经银行同意，客户不得以任何方式对外披露。

（5）违约责任，一旦客户违反保密协议或另行争议，应返还补偿金并按 20% 支付违约金。

（三）代偿条款解析

代偿条款，就是约定由第三人代为清偿的条款，这是一种预设条款，就是债权人允许由其他人代为清偿合同项下金钱给付义务，在零售银行业务中，债务人经常因为资金链断裂、跑路失联、丧失行为能力、死亡导致债务无法履行，预设代偿条款，目的是确保银行授信正常状态。代偿条款的基本构成包括：①债务人同意代偿；②是否、如何代偿由代偿人与银行自行商定；③一旦发生代偿，债务人自愿向代偿人支付代偿本金及利息（含标准），此承诺无期限限制；④代偿人是否放弃对债务人的追偿由债务人与代偿人另行协商，与银行无关。

代偿也包括指定人代偿，指定代偿分为无责任代偿和有责任代偿，前者指指定代偿人未履行代偿，无须担责；后者则须承担赔偿责任，有责任代偿一般适用金融创新业务，作为缓释措施来实施的，一般是通过签署代偿协议来实现。

指定代偿一般要有指定代偿人作为主体签署文本。

（四）追偿条款

追偿指权利受损方向法律责任人或实际受益人请求补偿的条款，典型案例就是担保人的追偿。

作为银行而言，银行的追偿一般发生在费税垫付事项上，一般会强调，一旦发生追偿，客户无条件先行给付。

第四节　争议条款导引

争议条款指解决合同履行中纠纷的规则条款，一般而言，选择有利于银行的规则。其具体构成要素包括以下几点。

一、适用规则

适用规则条款指适用何种法律规范，一般为中国法律，涉外合同选择国际通则或国际惯例。

值得注意的是，银行监管规定（或其他行政监管规定）/行业指引虽然不是法律法规，但是依照合同法律规定，在约定不明的情况下，可以依据行业惯例司法审判，尤其在司法裁判沿用金融监管政策（为了金融安全）情况下，适用规则扩大到监管要求成为必然和必须。如何将监管要求纳入合同的条款需要进一步研究。

在涉外纠纷中，当事人没有选择适用规范的，适用与合同有最密切联系的国家的法律，这被称为“最密切联系原则”。该原则是一个灵活的、富于弹性的开放性冲突原则。在我国涉外合同的法律适用中，最密切联系原则是意思自治原则的补充原则。通常情况下，银行贷款或者担保合同，适用贷款银行或担保银行所在地的法律，保险合同适用保险人营业所所在地的法律。

二、解决方式选择

解决方式目前有和解与调解、诉讼和仲裁三种方式，地点通常会选银行所在地人民法院。注意要写有管辖权的人民法院，所在地与注册地不同处理，对于资管合同涉及多个合同的，诉讼管辖法院应保持一致。主体变更情况注意管辖法院的处理。

三、解决争议条款的独立性

一般而言，合同争议的解决方法有协商、调解、仲裁、诉讼等，合同当事人可以选择相应的解决方式作为合同的条款，这就分别形成了合同中的以协商或者调解方式解决争议的条款、仲裁条款和选择受诉法院的条款等。合同无效、被撤销或者终止的，不影响合同中独立存在的有关解决争议方法的条款的效力。这里所说的“独立存在”是指解决争议条款作为合同条款的组成部分，其不会因为合同发生争议、变更、解除、终止或者无效而失去效力，因此得以实施。

需要注意的是，不要将解决争议的条款仅理解为仲裁条款，除此之外，它还包括上述解决争议的条款。另外，在实践中，也应该承认合同中约定的选择检验、鉴定机构条款的独立性并与解决争议的条款联系起来。

第三部分

银行业务简析

第一章　基础业务篇

第一节　贷款业务简析

贷款业务按照不同标准有诸多分类：按照期限方式不同分为流动贷款业务、固定贷款业务；按照担保方式不同分为信用贷款业务、保证担保贷款业务、抵押担保贷款业务、质押担保贷款业务；按照条线方式不同分为批发银行贷款业务、零售贷款业务、金融市场贷款业务；按照贷款主体方式不同，分为银行贷款业务、非金融机构贷款业务（比如委托贷款业务、民间借贷）。

贷款业务属于银行最基础的资产业务，现以银行的贷款业务为基础进行贷款业务简析，因为本书主要以银行贷款业务为蓝本进行分析，有关业务分析在此不再重复，需要说明的有以下几点。

（1）银行诸多授信业务（包括综合授信业务）的合同文本是以流动贷款业务文本为蓝本进行调整修改使用的，一定要把控好流动资金贷款授信业务的业务文本研究。

（2）银行贷款业务实际上是一种单务性质的业务，一旦银行发放贷款，后期由客户履行单方还款义务以及围绕还款义务履行还贷附属义务。

（3）贷款业务属于单向业务，其业务构成以业务操作为主线，操作流程包括贷款授信申请、批复同意、签约、条件满足、申请提款、支付及受托支付、贷后管理、按计划还本付息、扣收、逾期处理、挪用处理。

（4）银行贷款业务严格受监管要求限制，无论是合同文本制作还是业务的操作履行，必须贯彻执行监管要求。

（5）个人住房贷款业务作为特殊的贷款业务，具有还贷周期长，计息方式特殊的特点。

第二节　账户业务简析

账户业务是指客户在银行开户、销户、限户、账户维护和账户登录使用等业务，账户是银行业务的基础，没有账户无法进行银行业务操作。

账户业务本质上属于赠予业务，业务标的是账户，账户的性质应为无形资产，账户具有唯一性、可识别性、可使用性。

账户业务分为对公账户和对私账户业务，两者的区别在于提供的开户主体认证资料、账号的载体和编号不同。对私账户一般为卡/折/单，对公账户为开户证明和存款证实书。

账户按照不同标准有诸多分类：比如按照币种账户分为人民币账户和外币账户；按照级别个人账户分为Ⅰ，Ⅱ，Ⅲ类账户（个人）；按照功能对公账户包括基本结算账户、一般账户、专属账户；按照开户方式账户分为柜台开户、自主机具开户和电子开户；按照用途账户分为托管账户、监管账户和共管账户。

账户业务属于监管性很强的业务，一般由银行营运部门把控，因此在处理账户业务前一定先征求银行营运部门的意见。

在实践过程中，银行要注意把控账户业务以下几个风险点。

（1）确保客户身份真实有效，尤其注意预留印鉴真实性的把控，核对印鉴等真实性是监管要求额法定义务。考虑有些企业印章是私刻的，银行需要让客户出具预留印章真实性确认书，实行面签，由企业的法定代表人亲自签字确认。

（2）在某些特殊情况下，客户不得销户，比如发生托管/监管业务未结束，账户被冻结等情况。

（3）注意账户被限制使用特殊情况下的账户处理，比如账户处于非正常状态，账户被冻结、账户长期不用被久悬，账户信息不完善被限制使用，账户被监管、托管、账户被质押。

银行主动对账户实施限户的要有充足依据，要及时通知客户（被刑事冻结除外），明确限制的范围。

（4）银行对账户维护要事先告知，账户维护原因包括执行监管要求和自身升级维护。

（5）涉及网络银行账户，要求客户在正式场所或页面进行确认，需要通过核定操作环境（设备）和密码 / 验证码认证方式，确定操作为客户本人操作。

（6）客户账户类型与业务相符，比如账户监管不能开立一般账户。

银行在办理账户业务的权利包括以下几点。

（1）客户在银行开立的单位银行结算账户在一年内未发生任何收付活动的（银行利息除外），银行可以向客户发出办理撤销账户手续的通知。自银行发出通知之日起 30 日后，客户仍未办理撤销手续的，银行视同客户自愿撤销账户，按撤销账户处理，未划转款项不计付利息和对账。

（2）客户未能将错误贷记入账户的款项归还银行，银行可不经事先通知将上述错误金额借记入账户。

（3）银行仅对客户提交的凭证、资料等进行表面审核，表面符合要求的，银行据以做出的行为不承担任何责任。

银行在办理账户业务的义务包括以下几点。

（1）银行应严格按照账户管理规定，为客户办理资金收、付业务，不无故压票、无理退票。如客户签发空头支票、签章与预留银行印鉴不符的支票或其他不符合规定的凭证，银行有权予以退票或拒绝执行该支付指令，无须承担任何责任。

（2）账户信息保密。

①银行应为客户的银行结算账户信息保密，不得向任何第三方提供客户账户的信息，但是国家法律、法规规定、监管部门要求和协议另有约定的除外。

②客户同意银行根据法律法规的规定收集、存储和使用关于客户、任何与客户的交易、客户款项和账户的其他细节的信息，并且授权银行依法合规情况披露上述信息。

银行在办理账户业务过程中的客户义务包括：客户保证严格遵守和执行账户管理规定和银行制度；接受并积极配合银行对结算账户的监督和管理。在本单位的经营范围内办理资金收付等结算业务，不得出租、出借账户，不得签发空头、远期支票，不得利用账户进行套现、洗钱等非法活动，客户违反以上义务造成的损失自行承担，并承担由此给银行造成损失的赔偿责任。

银行、客户的共同义务责任包括：银行应按照账户管理规定对客户的银行账户进行管理，对客户的开户资料进行年度审验；客户有义务接受银行对本单位开户资料的审核和年度审验并提供协助。由于客户未能按照规定提交账户年检资料的，银行有权停止对该账户的资金收付，并向客户发出办理撤销账户手续的通知。自银行发出通知之日起 30 日后，客户仍未办理撤销手续的，银行视同客户自愿撤销账户，按撤销账户处理，未划转款项不计付利息和对账，由此产生的后果由客户承担。

银行在办理账户业务过程中的免责包括两点。

（1）客户开户时应在银行预留单位公章或财务专用章，以及法定代表人或单位负责人或授权代理人签章样本（以下简称“预留印鉴”），作为办理结算业务的依据。预留印鉴应清晰、完整且字体易于识别，由于预留印鉴不清晰、不完整及其他原因造成识别困难，从而形成的损失由客户自行承担。客户如遗失、变更预留印鉴，应按照账户管理规定及时办理有关手续，否则由此造成或扩大的损失，由客户自行承担。

（2）银行不对非因其过错导致的通知的任何延迟、未达、错误或遗漏负责，包括在信息传送中或通过电子支付、电汇、邮寄、快递或其他方式进行的通信中发生的电脑、电话、邮寄或其他服务的中断或错误。

银行在办理账户业务过程中应当取得特别授权，除非客户在银行认可的书面文件中明确作出特别禁止，否则客户在此授权任何人凭客户预留印鉴代表客户进行相关业务操作行为。

第三节　存款业务简析

存款业务属于银行专属业务，存款业务按照主体分类分为对公存款和个人存款；按照期限分为活期存款、定期存款和零存整取存款；按照结算方式分为现金存款和转账存款；按照形成方式分为通知存款和协定存款；按照币种分为本币存款和外币存款。

存款业务是银行传统的、基础性的负债业务，是银行授信资金的主要来源业务。我国的储蓄原则包括存款自愿、取款自由、存款有息、为储户保密。

存款业务是货币保管业务，客户不转移存款的所有权。存款业务的核心内容可以概括为：存款自愿，取款自由，为储户保密，谁的钱入谁的账。

存款业务由于是银行负债业务，确保存款安全是银行的法定义务，对于基于特殊需要而定的存款，银行需要审慎处理安全问题，对潜在的风险做好提示，并做好免责的约定。

第四节 结算业务简析

一、业务概念

结算业务也称“清算”，是指一定经济行为所引起的货币关系的计算和结清，即社会经济生活中的交易各方因商品买卖、劳务供应等产生的债权债务通过某种方式进行清偿。结算分为两种，即现金结算和转账结算。

现金结算是指直接用现金进行支付结算，结清彼此之间的债权债务关系，这种结算方式成本耗费大而且不安全。

转账结算是指通过或转账进行清偿的，这种通过银行中转记账的货币收付行为，又称为银行结算，银行结算是指通过银行账户的资金转移所实现收付的行为，即银行接受客户委托代收代付，从付款单位存款账户划出款项，转入收款单位存款账户，以此完成经济之间债权债务的清算或资金的调拨。

转账结算方式有利于商品流通和资金周转，能够避免现金结算中大量现金运送的风险，而且成本耗费低，同时，银行可以通过办理转账结算及时从各项货币收付行为中，了解到资金的运动和市场动态情况，有利于调节货币供应量和加强对货币流通的管理，因此在现代经济活动中，现金结算已退居次要地位，约有 90% 的货币收付行为是通过银行转账结算来完成的。

结算原则：恪守信用，履行付款原则；谁的钱进谁的账，银行不垫款原则。

结算业务属于银行存贷结中的基础业务之一，和金融科技最为密切，结算业务操作是衡量银行经营业务能力的标准之一。

二、业务组成

银行结算业务按照方式分为如下几种。

一是汇款业务，由付款人主动发起，同城汇款叫同城交换，外地汇款叫汇兑。汇兑是汇款人委托银行将款项汇给外地收款人的结算方式，汇兑分为信汇和电汇两种。

二是收款业务，由收款人主动发起，一种是委托收款，是收款人委托银行向付款人收取款项的一种结算。另一种是托收承付是销货单位根据经济合同发货后，委托银行向购货单位收取货款，购货单位验单或验货后，向银行承付货款的一种结算方式。

三是票据结算，由付款方向收款方提供结算票据，收款方将票据存入银行通过清算受托款项，票据分为支票、银行承兑汇票、本票，也包括商业承兑汇票、信用证等。

票据结算业务是指以商业汇票（含银行承兑汇票、商业承兑汇票）、本票、支票为媒介，进行的支付结算业务，票据结算业务有《中华人民共和国票据法》及监管规定做规范，很少出现失控问题，把控票据结算业务的重点在于结合实际发生的案例，做好风险提示，风险防范工作，在合同文本中做好相应的银行免责条款。

保函支付也可以看作结算的一种方式。

四是信用卡结算，付款方通过信用卡结算付款，信用卡是申请人将款项交存银行，在银行开立存款账户，由银行凭以发行的一种赋予信用的证书。

个人的结算业务一般为汇款转账。

三、结算业务法律解读

结算业务的核心是银行提供一种的无形服务，而不是具体的资产实物，结算业务的特点是准确，除了结算三原则之外，还要遵守安全、正当服务、禁止非法行为等。

结算业务主要侧重操作上的执行，涉及法律上的权利义务比较少，其操作行为多有明确的监管规定，还受银行结算系统的限制，结算业务的操作需要银行营运部门核实确认。

银行监管规定在法律上通常被视为行业惯例，法律一般尊重银行监管规定。因此银行不能认为只要营运能操作，业务就合规，实际上银行的操作需要通过监管层面上的梳理验证。

四、特殊的结算业务

代理支付公司付款业务是特殊的结算业务。

银行的权利与义务包括：系统支持义务、安全支付义务、差错调整义务、对账义务、拒绝付款的权利。

支付公司权利义务包括系统对接义务、保管义务、账户使用合法合规义务、用途合法义务、足额义务，收取费用权利。

第五节　票据融资业务简析

一、业务概念

《中国银行业票据业务规范》中描述的票据业务是指以商业汇票为媒介，与信用投放、资金融通以及支付结算等方面相关的金融服务行为，包括商业汇票承兑、贴现、转贴现、再贴现、回购、到期托收业务等。

票据融资业务是指排除票据支付结算之外的票据业务。票据融资基础业务为承兑、贴现和回购，延伸业务包括票据质押、票据理财、票据收益权、票据转让买卖，由于票据是一种优质金融资产，为金融创新打下了基础。

二、银行承兑业务

银行承兑业务是一种将资金支付转化为出具银行承兑汇票的授信业务，遵循有借有还的原则，客户确保交易背景真实，到期支付票款。

与银行承兑性质近似的是商业承兑汇票加保业务，它是银行针对客户出具的商业承兑汇票提供保证担保的业务，是一种票据担保行为。

电子商业汇票服务是银行对客户开具电子银行承兑汇票的业务，除了通过电子系统作用外，和银行承兑业务没有实质区别。客户有权依照本协议的约定，使用电子商业汇票业务服务，并保证遵守电子商业汇票制度、协议和银行电子商业汇票业务、企业网上银行、账户管理、承兑、贴现及票据质押等方面的相关制度规定；客户应对其电子签名的真实性负责，客户应妥善保管电子签名制作数据，严防泄密。因保管不善造成损失的，由客户承担责任。

三、票据贴现业务

票据贴现是客户将持有的票据转让给银行，由银行支付款项的业务。银行将贴现得来的票据贴献给其他银行，为转贴现；贴现给央行，为再贴现。

银行对贴现的票据不享有追索权，但可依据相关法律法规的规定以及合同的约定行使对客户的追索权：①客户申请贴现的汇票是伪造的；②客户申请贴现的电子银行承兑汇票电子签名不真实；③汇票项下的基础交易是非法的或对交易各方不具有约束力；④由于任何商业上的争议或被指控为欺诈，适用的法律、法规或法院判决限制或禁止汇票项下的付款人或承兑人支付或汇划汇票项下的款项。

商业汇票委托代理贴现业务是客户委托中间商（代理人）向银行办理贴现的业务，主体分为委托人（客户）、代理人（中间商）和贴现银行，一旦票据出现异常情形贴现银行可以向客户和中间商行使追索权。

票据的各种贴现业务构成票据流通市场的主要活动，其把控点是票据的真实有效和出现瑕疵情况的处理。

第六节 保函业务简析

一、业务概念

保函（Letter of Guarantee, L/G）又称保证书，是指银行、保险公司、担保公司或个人应申请人的请求，向第三方开立的一种书面信用担保凭证。保证在申请人未能按双方协议履行起责任或义务时，由担保人代其履行一定金额、一定期限范围内的某种支付责任或经济赔偿责任。保函即为保证书，为了方便，一般公司及银行都印有一定格式的保证书。其作用包括凭保函交付货物、凭保函签发清洁提单、凭保函倒签预借提单等。

银行保函包括履约保函、预付款保函、投标保函、维修保函、预留金保函、税款保付反担保函、海关风险保证金保函等。

银行可提供的保函分为融资性保函和非融资性保函两大类。

（1）融资性保函包括：融资保函、融资租赁保函、透支保函、延期付款保函等。

（2）非融资性保函包括：投标保函、履约保函、预付款保函、进口付款保函、经营租赁保函等。

二、保函业务法律把控要点

保函法律性质把控点为：①是独立于委托人与担保人之间的反担保或委托人与受益人之间的合同或投标条件之外的；②是依据其规定的条件生效的，由担保人以保函中规定的任何单据为基础作出决定的；③保函是不可撤销的。

保函申请开立人的权责：①在担保人按照保函规定向受益人付款后，立即偿还担保人垫付的款项；②负担保函项下一切费用及利息；③担保人如果认为需要时，应预支部分或全部押金。

担保人是保函的开立人，这里指银行。担保人的权责：①在收到申请人申请后，依申请人的指示开立保函给受益人；②保函一经开出就有责任按照保函承诺条件，合理审慎地审核提交的包括索赔书在内的所有单据，向受益人付款；③在申请人不能立即偿还担保行已付款情况下，有权处置押金、抵押品、担保品。如果处置后仍不足抵偿，则担保行有权向申请人追索不足部分。

受益人，是有权按保函的规定出具索款通知或连同其他单据，向担保人索取款项的人。受益人的权利是：按照保函规定，在保函效期内提交相符的索款声明，或连同有关单据，向担保人索款，并取得付款。

值得注意的是，保函有从属性保函和独立性保函之分。

（1）保函业务不是传统的担保业务，目前国内没有监管要求而只有司法解释，银行的业务管理有时与司法解释不匹配，注意实际业务存在法律瑕疵。

（2）有的保函文本是由受益人提供且要求不得修改，银行要注意这些文本的法律风险。

（3）有些内保外贷业务不能仅仅依靠保函业务进行把控。

第七节　信用证融资业务简析

一、业务概念

信用证业务包括以信用证为工具载体的结算业务和以开具信用证为基础的信用证融资业务，信用证为国际贸易结算工具，信用证类似国内票据性质 / 功能，但是票据结算不适用国际业务。

这里主要分析信用证融资业务。因为信用证结算离不开银行，信用证业务主要发生于国内进口商、进口银行、国外出口商、出口银行之间。

信用证的基础业务就是基于商品进口而对国内进口商开立的进口信用证业务，因为国外出口商是卖货方不需要通过信用证办理融资。

进口信用证是指开证行根据进口商的申请向受益人（国外出口商）开具的，保证在一定期限内，凭议付行 / 寄单行寄来的符合信用证规定的全套单据，按照信用证条款对外付款的书面承诺。信用证是比较完善的国际贸易结算方式，银行信用的介入为出口商安全收款、进口商凭合格的单据提货提供了保障。

在国外出口商提交信用证后，如果国内进口商没有资金支付信用证项下款项，则可以申请进口银行（开证行）垫付，叫作进口押汇，如果进口银行没有规模或者价格不便宜，可以由其他行垫付，叫作进口信用证代付。

出口信用证融资是基于进口信用证结算服务而衍生的融资业务，作为出口银行，为出口商提供信用证服务，出口商所在地银行收到开证行开来的信用证后，为出口商提供的包括来证通知、接单、审单、寄单、索汇等一系列服务。

出口信用证业务的内容包括：审核出口来证和信用证修改的真实性，并通知国内出口商；转让及异地转证；审核出口商交来的货运单据和寄单；在客户提出需求时办理议付、押汇、贴现等贸易融资；人民币远期售汇；查询、催收、追短付款、追收利息、补寄单据；考核进口商信用。

如果出口商需要资金，出口银行在信用证结算基础上为出口商提供短期融资服务，其中包括：信用证出口押汇、出口信用证保兑 、出口信用证打包贷款、福费廷业务。

信用证下的出口押汇是指押汇行根据受益人的申请，审核其提交的由国外信誉度良好的银行所开立的信用证下的全套单据，并以相符单证作为质押，按照所汇金额减去预计估算须支付押汇利息和需扣收押汇费用后，将押汇款项先行垫付给受益人，然后向开证行寄单索汇。同时银行仍拥有因遭受开证行拒付、少付及延付而保留向受益人追索权利的一种融资方式。

出口信用证保兑是指银行在开证行之外独立地对受益人出口方承担第一性付款责任。出口信用证保兑属于“单后融资”，即期、远期均可“买断”，资金用途没有限制，融资期较短，叙保兑业务的银行有限制，无追索权。

出口信用证打包贷款是出口地银行对信用证受益人提供的一种短期融资，是基于银行可接受的信用证发放的，用于信用证项下货物采购、生产和装运的专项贷款。还款来源为信用证项下出口收汇。 打包贷款是一种装船前短期融资，使出口商在自有资金不足的情况下仍然可以办理采购、备料、加工，顺利开展贸易。

福费廷业务是一项与出口贸易密切相关的新型贸易融资业务产品，是指银行或其他金融机构无追索权地从出口商那里买断由于出口商品或劳务而产生的应收账款。包买商为出口商承做的福费廷业务，大多需要进口商的银行做担保。

进口保付业务是指在进口代收结算方式下，银行应客户申请，担保其将履行在进口代收项下的付款责任。进口代收保付业务分为加签型进口代收保付和担保型进口代收保付两类。

加签型进口代收保付指在进口代收结算方式下，银行应客户申请，在客户已承兑的汇票上加签，同时向出口托收行发出保付电文，从而构成对上述汇票付款的保证责任。

担保型进口代收保付指在进口代收结算方式下，银行应客户申请，以电文形式担保客户将履行付款责任，如客户在还款日不能按时付款或不能全额付款，则由银行履行付款义务。

国内信用证模式借鉴采用了国际信用证模式。

二、信用证实用性

（1）改善谈判地位——开立信用证相当于为出口商提供了商业信用以外的有条件付款承诺，增强了信用，可据此争取到比较合理的货物价格。

（2）货物有所保证——变商业信用为银行信用，银行的介入可以使贸易本身更有保证，通过单据和条款，有效控制货权、装期以及货物质量。

（3）减少资金占压——对于使用授信开证的进口商来讲，在开证后到付款前可减少自有资金的占用。

三、信用证融资业务法律把控

（1）信用证适用于国际信用证使用规则，该规则不断修订。

（2）信用证和票据同样具有无因性等特征。

（3）信用证和关联的项下货物有关联，银行可以通过信用证控制、处置进出口货物。

四、进口信用证融资业务各方主要权利义务（以进口信用证为例）

银行主要权利包括主动审核自主办理权利、信息披露权利；客户主要义务包括修改补偿义务、放弃付款抗辩义务、承担单证不符的不利后果。

五、信用证代付业务

信用证代付就是指在信用证付款的日期之前如果进口商有需要融资的，并且在开证的银行的资金紧缺或者是资金的成本比较高的情况下，由开证的银行联系其他外资银行或者是海外的银行代为付款，到了融资的期限时再偿还信用证的所用款项和融资的利息。

因为信用证代付与进口押汇相似，所以许多人区分不出这两个概念。从融资的角度上来说，信用证的代收和进口的押汇是有一些相似的，它们都是开证的银行向进口商提供一个短期的融资的方式。不同点在于资金的来源，代付的资金是源于代付银行的，而押汇的资金是由开证银行直接向进口商提供的。

由资金的来源可以看出信用证的代付不会占用开证银行资金，并且还能够有效地缓解开证银行资金方面上的问题。

出口代付是指在客户以赊销（汇款）、托收及出口信用证等为基础结算方式的出口项下，根据客户的申请，以银行名义指示代付行先行向客户支付出口项下的应收款，在约定的到期日客户将代付本息及费用归还银行，再由银行向代付行归还代付本息的金融服务。

人民币同业代付业务是指银行对于其在贸易融资等业务项下的应付款项，委托客户作为代付行向银行指定的收款人代理支付相应的人民币款项，并根据业务合同的约定按期足额归还客户代付款项本息及相关费用的业务。

从客户代理银行对外付款之日起即构成双方的债权、债务关系，客户为该代付项下对银行的债权人，银行承担对客户依约偿还代付款项本息及支付相关费用的义务。

六、进口押汇业务

进出口双方签订买卖合同之后，进口方请求进口地某个银行（一般为自己的往来银行）向出口方开立保证付款文件，大多数为信用证。之后，开证行将此文件寄送给出口商。出口商见证后，将货物发送给进口商。商业银行为进口商开立信用保证文件的这一过程，称为进口押汇。

因为进口商通过信用保证文件的开立，可以延长付款期限，不必在出口商发货之前支付货款，即使在出口商发货后，也要等到单据到达自己手中才履行付款义务。这样，进口商减少了资金占用的时间。同时，出口商愿意接受这种延长付款期限，是以开证行保证到期付款为条件的。因此，进口押汇是开证行为进口商提供的一种资金融通。

进口押汇是开证行给予进口商（开证客户）的一项短期融资便利，即企业（开证客户）在银行给予减免保证金的情况下，委托银行开出信用证，在单证相符须对外承担付款责任时，由于企业临时资金短缺，无法向银行缴足全额付款资金，经向银行申请并获得批准后，由银行在对您的企业保留追索权和货权质押的前提下代为垫付款项给国外银行或出口商，并在规定期限内由企业偿还银行押汇贷款及利息的融资业务。

进口押汇业务项下银行权利包括持有单据权利、作为所有者的权利等，进口押汇业务项下客户义务包括不得以自主支付方式使用押汇资金、相同的币种偿还、保全货物及赔偿损失等。

第八节　供应链融资业务简析

一、业务概念

供应链是围绕核心企业，通过对信息流、物流、资金流的控制，从采购原材料开始，制成中间产品以及最终产品，最后由销售网络把产品送到消费者手中，并将供应商、制造商、分销商、零售商，直到最终用户连成一个整体的功能网链结构。它不仅是一条连接供应商到用户的物流链、信息链、资金链，而且是一条增值链，物料在供应链上因加工、包装、运输等过程而增加其价值，给相关企业带来收益。

供应链融资是把供应链上的核心企业及其相关的上下游配套企业作为一个整体，根据供应链中企业的交易关系和行业特点制定基于货权及现金流控制的整体金融解决方案的一种融资模式。

供应链融资分为国际供应链融资、国内供应链融资、省内供应链融资、市内供应链融资。

供应链融资就是在供应链中找出一个大的核心企业，以核心企业为出发点，为供应链上的节点企业提供金融支持：一方面，将资金有效注入处于相对弱势的上、下游配套中小企业，解决配套企业融资难和供应链失衡的问题；另一方面，将银行或金融机构信用融入上、下游配套企业的购销行为，增强其商业信用，促进配套企业与核心企业建立起长期战略协同关系，从而提升整个供应链的竞争能力。

二、业务组成 / 分类构成

供应链融资与“物流银行”“融通仓”相似，围绕“1”家核心企业，通过现货质押和未来货权质押的结合，打通了从原材料采购，中间及制成品，到最后经由销售网络把产品送到消费者手中这一供应链链条，将供应商、制造商、分销商、零售商、直到最终用户连成一个整体，全方位地为链条上的“*n*”个企业提供融资服务，通过相关企业的职能分工与合作，实现整个供应链的不断增值。

供应链融资服务不同于传统的银行融资产品，其创新点是抓住大型优质企业稳定的供应链，围绕供应链上下游经营规范、资信良好、有稳定销售渠道和回款资金来源的企业进行产品设计，以大型核心企业为中心，选择资质良好的上下游企业作为商业银行的融资对象，这种业务既突破了商业银行传统的评级授信要求，也无须另行提供抵押质押担保，切实解决了中小企业融资难的问题。

三、核定基础业务的原因

对于银行或金融机构而言，供应链整体信用要比产业链上单个企业信用要强，银行或金融机构提供的利率与贷款成数是随着生产阶段而变动，并随着授信风险而调整的。例如，订单阶段，因不确定性较高，其利率较高，贷款成数相应较低，但随着生产流程的进行，授信风险随之降低，利率调降，贷款成数调升。因此，风险与收益相互配合，完全符合银行或金融机构的风险控管与照顾客户的融资需求。并且，由于供应链管理与金融的结合，产生许多跨行业的服务产品，相应地也就产生了对许多新金融工具的需求，如中国信用证、网上支付等，为银行或金融机构增加中间业务收入提供了很多商机。

四、供应链融资业务法律解读

（1）供应链融资实际通过对有实力核心企业的责任捆绑，对产业链相关的资金流、物流的有效控制，针对链条上供应商、经销商及终端用户等不同企业的融资需求，银行提供的以货物销售回款自偿为风险控制基础的组合融资服务。通过提供链式融资，推动整个产业链商品交易的连续、有序进行。

在“供应链”融资模式下，处在供应链的企业一旦获得银行的支持，资金这一“脐血”注入配套企业，也就等于进入供应链，从而可以激活整个“链条”运转，使该供应链的市场竞争能力得以提升。借助银行信用支持，为核心企业配套中小企业赢得更多与大企业合作的商机，实际就是借助大企业的良好商业信誉和强大的履约能力给中小企业融资。

（2）链式融资为组合关联授信，着重分析产业链内各企业主体执行合同的履约能力，围绕产业链原材料采购、加工、生产、销售的产业链条，全过程分析供应商、制造商、经销商、零售商、最终用户等不同主体融资需求，全方位融资融信，深入挖掘产业链的价值潜力，并有效控制银行信用风险。

（3）供应链融资业务要求银行必须对企业所在行业运营规律进行深入了解和透彻分析，把“以企业为中心”的营销理念贯穿于业务全过程，把营销工作做专、做深、做精、做细，与各企业主体（核心企业、供应商、经销商、保险公司、物流监管企业等）进行契约组合，提供量体裁衣式一揽子综合金融服务方案。

（4）在核心企业责任捆绑项下，从核心企业入手分析整个产业链，着眼于合理运用银行产品，将银行信用有效注入上下游配套企业，满足其融资需求，适度放大其经营能力，推动整个产业链商品交易的有序进行，以核心企业为依托，以核心企业真实履约为保障，控制产业链关联风险，以强势企业的强大商业运作能力控制整个产业链的融资风险。

（5）供应链融资并非单一的融资产品，而是各类产品的组合序列，银行根据产业链各节点的资金需求特性嵌入相应的融资融信产品组合，包括票据及其衍生产品、贷款融资及其关联产品、结算、托管、现金管理等非融资产品，形成产品集群效应。

（6）供应链融资重点关注贸易背景的真实性、交易的连续性、交易对手的履约能力、业务的封闭运作与贷款的自偿性。它将贷款风险控制前移至企业的生产、存储及其交易环节，以产业链整体或局部风险控制强化单一企业的风险个案防范。

供应链融资对重点行业的整体解决方案，着眼于整个产业链对银行的价值，力图从整个产业链寻找对银行的价值回报，而绝非每个企业的个体回报。供应链融资紧盯企业所依托的经营现金流，银行的融资嵌入企业的经营现金流。

五、供应链融资业务场景分解／动作分解

先理顺供应链上相关企业的信息流、资金流和物流；银行和金融机构根据稳定、可监管的应收、应付账款信息及现金流，将银行或金融机构的资金流与企业的物流、信息流进行信息整合；由银行或金融机构向企业提供融资、结算服务等一体化的综合业务服务。物流、资金流和信息流的统一管理与协调，使参与者，包括供应链环节的各个企业以及银行或金融机构分得属于自己的“奶酪”，从而进一步提高供应链管理效率。同时仓储物流公司通过对物资的直接控制可帮助金融机构减少信用风险。

供应链融资的模式步骤如下。

（1）确定供应链圈的运作模式，包括哪些主体（供应商、制造商、分销商、零售商、最终用户）和商业关系模式，尤其注意商品链式流动和资金的逆向回流。

（2）确定核心企业，一般情况下供应链的核心企业通常为制造商。

（3）确定需要资金的主体。

（4）确定通过哪种法律责任将核心企业捆绑到履约主体，注意传统担保与责任捆绑的关系。

（5）供应链融资并非单一的融资产品，而是各类产品的组合序列，银行根据产业链各节点的资金需求特性嵌入相应的融资融信产品组合，包括票据及其衍生产品、贷款融资及其关联产品、结算、托管、现金管理等非融资产品，形成产品集群效应。

注意其他授信与各企业主体（核心企业、供应商、经销商、保险公司、物流监管企业等）的关联，进行契约组合，提供量体裁衣式一揽子综合金融服务方案。

核心企业责任捆绑包括：①差额补足，差额补款；②反向保理，由核心企业为其供应商（债权人）申请保理；③连带责任保证担保；④回购；⑤调剂销售；⑥承诺付款。

传统担保包括：①以物流监管为核心的货押业务；②以资金监管的现金流业务。

第九节　资金池业务简析

资金池业务指客户集团根据自身经营和管理需要，在成员企业之间开展的资金余缺调剂和归集业务，具体包括集团账户信息查询、资金归集、资金下拨、支付控制和委托贷款等系列服务的业务。实际应为现金管理业务、交叉账户管理业务、间接产生了云账本等虚拟账户服务以及互联网网络科技银行业务。

资金池业务包括集团客户现金池服务、跨境双向人民币资金池服务和资金池融资服务。

资金池业务是多种银行业务的综合，受具体业务的约束，涉及的法律关系复杂，容易出现法律迭代的风险。

有些银行通过资金池的概念，多方筹资入池，滚动对外融资（资管业务尤为典型），但是该模式已经被严格限制。

第十节　委托贷款业务简析

一、业务概念

委托贷款，是指委托人提供资金，由商业银行（受托人）根据委托人确定的借款人、用途、金额、币种、期限、利率等代为发放、协助监督使用、协助收回的贷款，不包括现金管理项下委托贷款和住房公积金项下委托贷款。

委托贷款属于现金业务，不纳入银行授信，但是很多资管业务通过委托贷款方式发放贷款。从趋势上讲，银行轻授信管理成为常态，银行更多将通过提供助贷实现盈利，所以这里作为重点来研究。

二、委托贷款业务法律把控

委托贷款的特点就是银行并非贷款主体，有关贷款风险/收益由委托人承担，另外，由于有些违规融资通过委托贷款来进行，监管部门实际倾向限制委托贷款的发展，所以要时刻注意监管要求的变化。

三、委托贷款业务法律解读

商业银行作为受托人，按照权责利匹配原则提供服务，不得代委托人确定借款人，不得参与贷款决策，不得提供各种形式担保；委托人应自行确定委托贷款的借款人，对借款人的资质、贷款项目等进行审查，并承担委托贷款的信用风险。

商业银行不得接受受托管理的他人资金、银行的授信资金、具有特定用途的各类专项基金、其他债务性资金和无法证明来源的资金等发放委托贷款。

委托资金用途应符合法律法规、国家宏观调控和产业政策，资金不得用于生产、经营或投资国家禁止的领域和用途，不得从事债券、期货、金融衍生品、资产管理产品等投资，不得作为注册资本金、注册验资，不得用于股本权益性投资或增资扩股等。

商业银行将委托贷款业务与自营业务严格区分，加强风险隔离和业务管理。商业银行应建立、完善委托贷款管理信息系统，确保该项业务信息的完整、连续、准确和可追溯性。

商业银行违规办理委托贷款业务的，由银监会或其派出机构责令限期改正。逾期未改正，或者其行为严重危及商业银行的稳健运行、损害客户合法权益的，银保监会或其派出机构将对违规办理委托贷款业务的商业银行依法采取相应监管措施或实施处罚。

第十一节　消费授信业务简析

一、业务概念

消费授信起始于消费贷款，后延伸至信用卡消费，主要是针对个人、无担保，属于消费拉动经济的重要金融产品。

消费授信重点在于消费授信主攻消费企业的共赢关系，经常与供应链金融产品中消费端挂钩，所以消费授信主要关注供应商的法律关系。

消费授信虽然没有担保，但是其成本较高，会收取一定的费用（信用卡中关于收费事项），属于增益业务，所以增益点是其法律重点。

受网贷公司业务竞争影响，银行开始走网络贷款业务。

另外，消费授信的发展业务合作，其合作模式包括以下三种。

第一种模式是开发商合作模式，开发商提供阶段性保证担保，银行注意脱保的可能性。

第二种模式是消费导流模式，银行通过和中介机构合作，进行消费贷款拓展，多用于网络营销。

第三种模式是 P2P 合作，银行为网络贷款公司（比如 360 借条）提供支持，一般属于网络贷款业务。

二、消费授信业务的法律把控

消费授信（贷款）本身与贷款业务在法律上没有太大的区别，作为典型的消费贷款，住房贷款的特点就是贷款周期长，最长为20年，结息方式包括等额本息和等额本金计算计息。

网上信贷业务需要把控所有数据可证实性，发生诉讼时可以提供经法院认可的验证文件做证据。一般情况，此类证明由系统供应商提供。

P2P合作业务目前是有争议的模式，因为网贷公司存在砍头息、暴力催收贷款、客户信息保护不力问题，所以国家限制网贷，同时要求银行在办理网贷过程中要保持自身独立性，有些工作不能外包，银行在与P2P公司合作时要注意有关风险的把控。

第十二节　同业存款业务简析

一、业务概述

同业存款是指金融机构（包括银行金融机构和非银行金融机构）的存款业务，同业存款是指针对商业银行、信用社以及财务公司、信托公司等非银行金融机构开办的存款业务，属于对公存款种类，一般情况都会对其进行利率浮动，浮动比例应与银行协商。

同业存款可能涉及资管业务、附加存款质押业务、非债投业务和变形的同业存放业务，对创新（影子银行）业务有影响，所以须从存款业务单独区分开来进行研究。

同业存款根据存款主体细分为如下几种：①商业银行存款，指其他商业银行存放在本行的存款；②证券公司存款，指证券公司存放在本行的存款；③保险公司存款，指保险公司存放在本行的存款；④期货结算存款，指用作期货交易所和期货经纪公司期货交易结算款项而在本行的存款；⑤其他非银行金融机构存款，指如城市信用社、农村信用社、财务公司、信托投资公司、金融租赁公司等存放本行的资金。

二、同业存款业务法律把控

同业存款业务遵循一般存款原则，同时注意把控以下几点：①可以约定不得提前支取；②同业存款出具存款证实书；③有些存款会形成受益权产品，需要符合监管要求。

第十三节　同业融投资业务简析

一、业务概述

同业融资是指银行向同业借入资金的业务，包括同业拆借（线上）和同业借款（线下），属于不同于存款的负债业务，或者可以理解为金融机构之间的授信业务，从某种意义上讲，银团贷款属于同业增信业务。因为部分同业借款为资管业务的选项业务，所以将同业融资纳入基础业务。

二、同业投资业务

银行同业投资业务是指以金融同业客户为服务合作对象，以同业资金融通为核心的各项业务，是商业银行近年来兴起并蓬勃发展的一项新业务。

同业投资业务包括：代理同业资金清算、同业存放、债券投资、同业拆借、外汇买卖、金融机构间货币经纪和交业务、买入返售和卖出回购、衍生产品交易、代客资金交易和同业资产买卖回购、票据转贴现和再贴现等业务。

近年来，一些股份制商业银行同业业务发展迅速，同业业务量、收入、利润等在商业银行各项业务的占比和贡献明显提高。

银行投资分为非标投资和标准资产投资。

金融机构间交易是指交易商通过经纪商或交易商之间直接进行的各种交易，其主要包括：境内外外汇市场交易、境内外货币市场交易、境内外债券市场交易、境内外衍生产品市场交易，以及经有关监管部门批准的其他业务。

在利差收入不断降低的情况下，银行将有限开放投资市场，同业投资未来是银行重要的盈利渠道。

三、同业融资业务法律把控要点

同业借款起源于线下拆借，遵照有借有还原则，分为银行内部之间借款和银行与其他非银行金融机构的拆借，考虑银行之间信用良好，等同于线上拆借，不在此研究范围，银行与非银行机构的借款，比如租赁公司等，参照流动资金借款处理。

银团贷款指多家金融机构（包括银行和非银行金融机构）向一个客户发放贷款，在法律上对客户统一，对内按比例共享权利，共担风险责任，实践中有结构性银团贷的做法，银团内部通过转让增强流动性，类似业务是联合授信业务。

银团贷款参贷银行对客户的法律关系同贷款，银团贷款的法律重点在于如何协调参贷银行之间的关系，包括程序上的操作和实质上风险的把控。银行协会有标准的文本协议供参考，但是该文本对协调实质问题没有细致描述，这在实际操作中要加以注意。

银团贷款变种业务是多家银行对多家客户的混合授信业务，但是该模式的合法性存在疑问。

同业投资业务重点要把控非标准投资业务，注意监管的要求。

第十四节　债券业务简析

一、业务概述

银行的债券业务分为自营债券投资业务和他营债券业务。

自营债券投资业务是银行在满足日常经营活动的流动性管理目标的基础上，根据对投资性资产的目标持有比例和结构要求，通过建立多元化的债券投资组合来提高自营债券投资的投资收益率和降低收益波动性。自营债券投资业务分为持有至到期账户和待出售账户管理。自营债券投资业务属于投资业务，投资对象一般要求为标准化证券，由统一的行业市场和规则，不属于本次探讨范围。

他营债券业务指银行为企业客户发行债券而提供的各种服务，包括发行、承销、代销、专项账户监管等业务。

二、他营债券业务法律把控

他营债券业务属于委托性质的中间业务，银行接受委托，按照监管要求进行产品经营管理。

三、债权代理业务

债权代理指银行协助客户对债权代理发行处理业务，标准债权为债券。债券发行账户管理业务中，一般由发行人负责发行债券，银行通过账户监管进行管理。

银行办理债权代理业务时，需要注意代理法律风险及违反监管要求的风险，注意对投资者的连带赔偿责任和代理不当的赔偿责任。

第十五节　非标投资业务简析

一、业务概述

银行的投资业务是指以自己的资金进行投资的金融市场业务，投资资产对象分为标准化债权资产和非标准化债权资产。标准化债权资产包括国债等，一般通过正式渠道市场完成交易，遵守固定的交易规则，涉及的法律纠纷比较少。

非标准化债权资产是指未在银行间市场及证券交易所市场交易的债权性资产（也叫非标资产），包括但不限于信贷资产、信托贷款、委托债权、承兑汇票、信用证、应收账款、各类受（收）益权、带回购条款的股权性融资等。

非标投资是银行参与影子银行（表外业务）的重要渠道，所以作为基础业务来分析。非标投资业务的核心是业务对象（产品）的特殊性，即不同非标产品。

对于银行而言，出于对规避信贷规模管制、降低资本消耗和备监管压力的考虑，银行也积极借助信托、券商、保险公司、基金子公司等通道投资非标，常见的非标业务形式包括买入返售票据、信托受益权转让、同业代付、保险协议存款等。近几年，同业业务及理财业务监管政策频繁出台，加强了对银行非标业务的约束，非标资产的规避功能逐渐下降。

在当前的政策背景下，预计非标资产将通过以下方式进行表内外转移非标资产将通过以下方式进行表内外转移：①应收款项类投资；②基金子公司 / 信托 / 资管通道业务；③银行不良资产基金模式；④转为资产证券化产品。其中资产证券化是非标准化债权向标准化债权转变的主要合规手段，可以改善资产负债结构，提高资金周转效率，也是银行通过“非标转标”实现非标出表的主要渠道。

二、非标投资业务法律风险把控

非标投资业务的特点就是业务标的物不确定，在法律上有争议，因此银行需要明确概念和法律关系性质。

第十六节　金融衍生产品业务简析

一、业务概述

金融衍生产品是一种金融合约，其价值取决于一种或多种基础资产或指数，合约的基本种类包括远期、期货、掉期（互换）和期权。衍生产品还包括具有远期、期货、掉期（互换）和期权中的一种或多种特征的结构化金融工具。银行业金融机构通常通过合理利用衍生产品工具对冲自身资产负债风险客户的金融资产风险。

金融机构衍生产品交易业务可分为以下两大类。

一是金融机构为规避自有资产、负债的风险或为获利进行衍生产品交易。金融机构从事此类业务时被视为衍生产品的最终用户。

二是金融机构向客户（包括金融机构）提供衍生产品交易服务。金融机构从事此类业务时被视为衍生产品的交易商，其中能够对其他交易商和客户提供衍生产品报价和交易服务的交易商被视为衍生产品的造市商。

银行的金融衍生品业务基本是为客户的货币资产价值锁定（保值）服务的，有些银行通过设计触发条件很高的金融衍生品为客户提高融资成本。

二、金融衍生产品业务法律把控

金融衍生产品能发挥投机的功能，但是在我国，该业务主要是为了保值，在进行此类业务时一定要把控监管要求，对于延伸的理财产品一定要注意监管要求。

金融衍生产品交易是具有博彩性质的交易，一旦受损，客户会投诉，引发争议。在对外业务中，银行要强将金融机构衍生产品销售和后续服务。

第十七节　结构性业务简析

一、业务概述

结构性业务主要指结构性授信业务，是指银行将授信份额进行优先级和劣后级的区别，由后者优先保障前者的收益，此类业务多发生在非典型业务，比如影子银行业务。

比如在银团贷款中，发起行确定自身优劣后，保障其他行的权益，借此吸揽资金，完成项目。比如在明股实债中，其他股份为劣后，保障银行的投资。

结构性业务也可能发生于存款之中。

二、结构性业务法律把控

结构性业务属于法律认可的业务，但是没有标准，需要根据监管要求和实践进行总结。

第十八节 电子银行业务简析

一、业务概述

电子银行业务是指商业银行等银行业金融机构利用面向社会公众开放的通信通道或开放型公众网络，以及银行为特定自助服务设施或客户建立的专用网络，向客户提供的银行服务。

电子银行业务包括利用计算机和互联网开展的银行业务（以下简称网上银行业务）、利用电话等声讯设备和电信网络开展的银行业务（以下简称电话银行业务）、利用移动电话和无线网络开展的银行业务（以下简称手机银行业务），以及其他利用电子服务设备和网络，由客户通过自助服务方式完成金融交易的银行业务。

电子银行业务包括信息科技业务、基础业务和拓展业务。

信息科技业务指电子银行业务的数据交换与转移，是指金融机构根据业务发展和管理的需要，利用电子银行平台与外部组织或机构相互交换电子银行业务信息和数据，或者将有关电子银行业务数据转移至外部组织或机构的活动。电子银行业务外包是指金融机构将电子银行部分系统的开发、建设，电子银行业务的部分服务与技术支持，电子银行系统的维护等专业化程度较高的业务工作，委托给外部专业机构承担的活动。

基础业务是指借助网络开展的传统业务，分为电子开户、存款、贷款和结算。

拓展业务是指基于网络科技开发的业务，举例如下。

（1）渠道场景业务，比如手机银行、电脑银行，使用时一般需要下载必要的环境软件。

（2）电子结算，包括网银支付和第三方支付。网银支付是由银行直接支付，如刷卡。

（3）网银服务或银企直联，如电票业务，安装电票业务系统后可直接操作。

（4）云账本服务。

（5）电子银行的跨境业务活动，是指开办电子银行业务的金融机构利用境内的电子银行系统，向境外居民或企业提供的电子银行服务活动。

（6）银行非金融机构备付金合作协议。

二、业务场景分解 / 动作分解

电子银行开户和一般的银行开户原理相通，应有电子开户的协议和开户的证明，如银行卡、开户的账号等。

电子银行操作首先要登录页面（银行专属页面或授权页面），业务的选择确定，操作指令集确认，操作回执或记录。操作使用各种媒介银行业务时最重要的是操作确认，一旦发生诉讼，能被提供且被法院认可。注意增加短信提醒等告知操作功能。

监管反馈是将监管要求通过电子操作得益实现，如身份确认、安全操作等。

供应商关系是银行与各种网银外包商的关系，一是其供应满足业务需要，二是满足安全、可测试验证等要求，其中典型的业务是银联供应商业务。

技术拓展业务有批量代发、短信提醒、云账本电票业务等，给予技术拓展的业务，这里需要厘清业务客户机创新与法律关系的问题，不能因为技术创新而忽视法律风险。

结算类业务主要反映在第三支付和 POS 业务上。

电子票据化业务的核心思想就是将实物票据电子化，电子的票据可以如同实物票据一样进行转让、贴现、质押、托收等行为。传统票据业务中的各项票据业务的流程均没有改变，只是每一个环节的都加载了电子化处理手段，使业务操作的手段和对象发生了根本的改变。

三、电子银行业务法律把控要点

信息科技业务属于物质基础搭建业务，都有外包业务和行业标准，主要有网络安全、适用性、注意纠错差错能力、负荷行业额标准。

电子银行基础业务属于传统业务在金融科技技术上的二次业务，注意将科技网络特点与创通业务相结合，落实监管要求，尤其是信用卡业务的管理，注意对公银行和个人网络银行的区别和客户 / 交易识别性风险问题。

电子银行业务的拓展业务要注意监管部门对人民币数字化的要求。

四、注意银行线上化业务

银行线上化业务服务是指客户利用银行企业网银系统提交具体的开立信用证业务申请，银行企业网银系统自动受理客户提交的具有其电子签名的业务申请文件并为客户按照原协议约定办理相关业务的银行服务。

客户在办理线上化业务中须自担风险，银行有权禁止违法行为。

第十九节 信用卡业务简析

一、业务概述

信用卡分为贷记卡和准贷记卡，贷记卡是指银行发行的、并给予持卡人一定信用额度、持卡人可在信用额度内先消费后还款的信用卡；准贷记卡是指银行发行的，持卡人按要求交存一定金额的备用金，当备用金账户余额不足支付时，可在规定的信用额度内透支的准贷记卡。通常所说的信用卡一般单指贷记卡。

信用卡的操作分为申请、发卡、开卡、授权、使用、销卡、不良处理。

信用卡的主要特点有：①信用卡是当今发展最快的一项金融业务，是一种可在一定范围内替代传统现金流通的电子货币；②信用卡同时具有支付和信贷两种功能。持卡人可用其购买商品或享受服务，还可通过使用信用卡从发卡机构获得一定的贷款；③信用卡是集金融业务与电脑技术于一体的高科技产物；④信用卡能减少现金货币的使用；⑤信用卡能提供结算服务，方便购物消费，增强安全感；⑥信用卡能简化收款手续，节约社会劳动力；⑦信用卡能促进商品销售，刺激社会需求。

信用卡是银行传统业务与科技结合的业务，是网络银行的起源，其功能具有代表性，所以将其列为基础业务。

二、信用卡业务法律把控

（1）信用卡属于电子银行业务，遵照电子银行监管规定进行管理。

（2）信用卡属于贷记卡，可以透支，存在借贷业务，且其借贷业务有自身的特点。

第二十节　房屋租赁业务简析

一、业务概述

房屋租赁业务包括银行办公场所租赁、改造装修及物业管理业务。房屋租赁使用是银行经营的物质基础，所以作为基础业务来研究。

二、房屋租赁业务法律把控

房屋租赁业务重点要把控合同解约事项，包括出租方如何不随意解约以及银行能单方解约。注意房屋抵押对租赁的不良影响，租赁房屋对消防等要求的处理，注意后期维护维修问题的处理。

改造装修业务注意要取得出租方的同意，注意建筑施工的特殊要求，比如农民工保障等。

物业管理要注意与小区整体物业合同的关系处理问题。

第二十一节　理财业务简析

一、业务概述

银行理财业务包括理财产品开发设计和销售两部分，其重点是理财销售（业务范围）和个人理财业务（理财对象）。

商业银行理财产品（以下简称理财产品）销售是指商业银行将本行开发设计的理财产品向个人客户和机构客户（以下统称客户）宣传推介、销售、办理申购、赎回等行为。其涉及宣传销售文本管理、理财产品风险评级、客户风险承受能力评估、理财产品销售管理、销售人员管理、销售内控等事项。

个人理财业务，是指商业银行为个人客户提供的财务分析、财务规划、投资顾问、资产管理等专业化服务活动，重点是个人理财产品销售业务。

对公理财业务，是指商业银行为企业客户提供的财务分析、财务规划、投资顾问、资产管理等专业化服务活动。

理财业务延伸的业务包括代为理财销售（理财代销）和网络理财销售、理财质押和理财收益权业务。

二、理财业务法律把控

理财业务有严格的监管要求，银行要注意误销售的法律风险。

第二十二节　外汇业务简析

一、业务概述

外汇业务通俗讲就是以外汇（外币，主要是美元欧元日元）为标的国际市场业务，受外管局影响很大。

外汇业务主要范围包括：①外汇开户；②结售汇，客户取得外汇后强制结算出售给国家指定银行，使用外汇时再从外汇银行购买外汇（这是外汇国家控制的特点）；③结算业务，外汇结算包括信用证等结算和跨境人民币结算业务，后者是指指定银行代理客户用人民币与境外企业结算，前提是境外企业认同人民币结算；④国际汇款代理业务；⑤离岸银行业务，指银行吸收非居民的资金，服务于非居民的金融活动。离岸银行业务经营币种仅限于可自由兑换货币；⑥外保内贷业务，指境内机构接受境外金融机构、非金融机构、境外自然人担保获得银行贷款或保函和贸易融资等项下授信额度；⑦外汇转贷业务是指金融机构承办的外国政府贷款、政府混合贷款、国际金融组织贷款、国外出口信贷、贴息贷款、财政部认可的其他国外优惠贷款以及上述配套贷款；⑧人民币与外汇衍生产品业务，包括人民币外汇远期、掉期和期权。远期业务指远期合约到期时，银行应比照即期结售汇管理规定为客户办理交割，交割方式为全额结算，不允许办理差额结算；期权业务是指银行可以基于普通欧式期权基础，为客户办理买入或卖出期权业务，以及包含两个或多个期权的期权组合业务，期权费币种为人民币。银行可以为客户的期权合约办理反向平仓、全额或差额结算，反向平仓和差额结算的货币为人民币；⑨实需交易是指客户办理衍生产品业务具有对冲外汇风险敞口的真实需求背景，并且作为交易基础所持有的外汇资产负债、预期未来的外汇收支按照外汇管理规定可以办理即期结售汇业务。

二、重要的外汇业务

1. 外汇远期合约

外汇远期合约是进行套期保值的最基本的金融衍生工具之一。其优点在于：当金融体系不完备、运行效率低下时，它是成本最低的套期保值方式。主要特点是交易相对简单，不需要保证金，涉及资金流动次数少，公司决策方式简明等。

2. 套期保值

套期保值是指企业为规避外汇风险、利率风险、商品价格风险、股票价格风险、信用风险等，指定一项或一项以上套期工具，使套期工具的公允价值或现金流量变动，预期抵销被套期项目全部或部分公允价值或现金流量变动风险的一种交易活动。为了在货币折算或兑换过程中保障收益锁定成本，通过外汇衍生交易规避汇率变动风险。

3. 外汇掉期业务

外汇掉期业务包括近端结汇 / 远端购汇、近端购汇 / 远端结汇。

外汇掉期业务中因客户远端无法履约而形成的银行外汇敞口，应纳入结售汇综合头寸统一管理。结售汇综合头寸是指银行持有的，因银行办理对客和自身结售汇业务、参与银行间外汇市场交易等人民币与外汇间交易而形成的外汇头寸。

4. 货币掉期业务

货币掉期业务是远期结售汇、人民币与外汇期货、人民币与外汇掉期、人民币与外汇期权等业务及其组合。货币掉期业务特点如下。

货币掉期业务的本金交换包括合约生效日和到期日两次均实际交换本金、两次均不实际交换本金、仅一次交换本金等形式。

货币掉期业务中客户在合约生效日和到期日两次均实际交换本金所涉及的结汇或购汇，遵照外汇掉期业务的管理规定。对于一次交换本金所涉及的结汇或购汇，遵照实需交易原则，银行由此形成的外汇敞口应纳入结售汇综合头寸统一管理。

货币掉期业务的利率由银行与客户按照商业原则协商确定，但应符合中国人民银行的利率管理规定。

货币掉期业务中银行从客户获得的外币利息应纳入本行外汇利润统一管理，不得单独结汇。

三、外汇业务法律把控

外汇业务可以分为外汇币种业务和外汇专属业务。

外汇币种业务是指基于外币币种因素发生的业务，国外银行管理和国内业务相同，只是因为经营的货币为外币，所以需要增加负荷外汇管理的要求。外汇管理是个综合课题，需要由银行营运部门和贸易金融业务主管部门进行业务性把控。

外汇专属业务是指几部外汇开发的业务此类业务均有业务操作规范，银行要针对外汇风险引发的冲突做好法律防范。

外汇业务重点业务包括人民币跨境，关系到人民币国际化进程。外汇衍生品涉及金融投资投机，属于创新的重点领域，注意关注市场需求、业务的成本和收益分析、经济价值、银行的获利点等事项对法律上的需求。

第二十三节　增信杠杆业务简析

一、业务概述

增信杠杆业务一般为传统授信业务的创新，它是银行通过特殊方式增加客户的资金支持，包括资格增信业务和杠杆业务。贷款增信业务是通过设定新的融资条件允许特殊客户获得授信资格，比如通过增加父母为借款人的家庭贷业务，使不具备条件的借款人借助父母的资质获得贷款授信资格。圈商贷是把客户纳入一个整体圈商，提高自身获贷能力。供应链业务也是一种资格增信的业务。

杠杆业务指加表外杠杆业务，也叫信用交易业务，比如场外配资业务，典型的是股票质押式回购业务。杠杆业务一般为影子银行业务，受银行监管影响很大。

二、对增信杠杆业务的把控

增信杠杆业务能帮助银行拓展业务，提高盈利水平，同样此类业务缺乏充分的法律依据，通常借用业务概念与业务的法律本质有实质区别，也是银行法律业务风险的高发区。

银行法务人员应当不断积累有关案例，结合司法实践和监管管理要求，深入分析，规避风险。

第二章　资管业务导引

第一节 业务概述

资管业务是银行通过资产管理（计划）提供融资的业务，最典型的资管业务是银证业务，在银证业务模式下，银行通过理财吸纳资金，通过资管将理财资金出池，通过信托、私募等机构将资金融资给企业使用（底层资产），在企业不能返还理财资金时，银行通过提供授信清偿理财资金。

资管业务有以下特点。

（1）资管业务是一种表外业务，《中国人民银行关于印发商业银行表外业务风险管理指引的通知》规定，表外业务是指商业银行所从事的，按照现行的会计准则不记入资产负债表内，不形成现实资产负债，但能改变损益的业务。具体包括担保类、承诺类和金融衍生交易类三种业务类型。资管业务同样不记入资产负债表内。

（2）资管业务是按照授信业务管理的模式，根据穿透规则，银行需要对底层资产进行管理，按照新的要求，也要对底层资产进行损失计提，甚至有的资管业务内要求纳入表内业务管理。当然也有资管业务是按照金融市场业务（金融机构同业）业务进行管理的。

（3）资管业务是影子银行业务的重要构成，影子银行不纳入或者不直接纳入银行监管的社会融资系统，对金融机构有补充作用，也能起巨大的破坏作用，银行安全监管的重点就是对影子银行的监管，因为影子银行有突破监管规则的天然属性。

资管业务实质是银行对表外资金进行资产管理的业务，因为通常是和证券公司合作，一般也叫银证业务，一般模式是银行通过资管业务将资金池资金出池，通过通道业务流转到名义投资人，名义投资人再以各种方式进行投资，为借款人提供融资需求。

第二节　资管业务的主体构成

资管业务的构成具有很大的身份属性，资管业务依靠业务机构，资管机构的业务范围又有监管的规定和限制，具体的业务操作也处于不断的调控中。

分析资管业务的基础，主要是确定不同资管机构及其各自的业务范围（基本业务），总结由不同资管机构基础业务组合而成的典型资管业务组合。关于具体操作的细节要求，应根据资产组合业务项来确定。

一、证券公司

证券公司开展定向资产管理业务有以下特点。

券商资管产品对其他资产管理产品的投资是通过设计不同资产管理产品之间相互投资来实现的，多数是为了绕过监管规定或内部会计核算要求，以达到规避诸如投资范围、资本计提、损失计提、监管比例等规定的目的。比如可以通过集合信托计划对接券商定向资管的方式来间接实现拆分转让，以规避券商定向资管的委托人不得拆分转让收益权的规定。或者规避限售期，比如定增 1 年或 3 年不得转让的要求，也可以通过设立受益权的方式间接转让。券商定向产品可投资的范围非常广泛，包括券商资管产品、基金资管产品、信托产品等。

集合计划募集的资金投资方向的规定中明确包括金融监管部门批准或备案发行的金融产品，如证券投资基金、证券公司专项资产管理计划、商业银行理财计划、集合资金信托计划等。

对于上述规定未列明的投资品种，如券商集合计划、券商定向产品、基金一对多产品、基金一对一产品等，由于其在发行之前或之后须在金融监管部门备案，因此也属于可投资的品种范围。这就为券商集合资管进行嵌套提供了极大便利。

证券公司典型业务包括以下三类。

（1）嵌套定向资管和单一信托。

（2）嵌套券商集合资管本身。

（3）银证合作。

二、基金管理公司

《基金管理公司特定客户资产管理业务试点办法》第九条只明确了“资产支持证券”基金资管产品的投资范围，未列明的其他资产管理产品，如券商定向产品、券商集合计划、基金资管产品以及信托产品，且其私募性质，不在基金母公司专户投资范围之列。

三、信托公司

信托公司可采取投资、出售、存放同业、买入返售、租赁、贷款等方式管理信托计划，信托资金可投资于其他类型资产管理产品，如券商资管产品、基金资管产品和信托产品本身（如 TOT）。

四、保险公司

保险公司自有资金（不是保险资管产品）可以投资商业银行理财产品、信贷资产支持证券、信托公司集合资金信托计划、证券公司专项资产管理计划、基础设施投资计划、不动产投资计划、项目资产支持计划和其他保险资产管理产品等金融产品，不得投资单一信托。

因此，保险公司自有资金可投资的资产管理产品限于信托公司集合资金信托计划和证券公司专项资产管理计划；其他资产管理产品（包括券商定向产品、券商集合计划、基金资管产品），由于现行法律未明确规定可以投资，保险资管计划比较谨慎。

五、银行

从银保监会法规体系看，并没有禁止银行理财投资其他资管产品。

六、私募投资基金

期货资管计划投资其他资管产品，“私募产品”之间的互投是没有障碍的。但对于非证监系统的资管产品，只能看是否落在“证券投资基金、集合资产管理计划、央行票据、短期融资券、资产支持证券等”的范围内来判断。

七、份额转让市场

（一）单一委托人的资产管理产品的转让

《深交所指引》和《上交所指引》均不适用于券商定向产品的转让。对于基金一对一产品通过证券交易所挂牌转让，《深交所指引》明确持否定态度，但《上交所指引》未明确将其排除。

专项资管流动性，基金子公司和券商资管中流动性最好的应该是专项 ABS，其具备相对完善的转让市场和内部隔离要求和外部评级等，虽然实际操作中市场转让仍然不理想，但从估值和流动性角度来看略优于其他资管。

券商和基金子公司管理的 ABS 可在证券交易所、全国中小企业股份转让系统、机构间私募产品报价与服务系统及证券公司柜台市场进行挂牌、转让。资产支持证券仅限于在合格投资者范围内转让。转让后，持有资产支持证券的合格投资者合计不得超过 200 人。资产支持证券初始挂牌交易单位所对应的发行面值或等值份额应不少于 100 万元人民币（即不得拆分转让）。

（二）银行理财和信托的转让

银保监会也一直在推动银行理财计划和信托计划份额转让平台建设，增加产品流动性。银保监会为推动银行非标转标，准备引入新的理财直接投资工具（理财直接融资工具是指由商业银行作为发起管理人设立，直接以单一企业的债权融资为资金投向，在指定的登记托管结算机构统一托管、在合格的投资者之间公开交易、在中国银保监会指定网站进行公开信息披露的标准化投资资产），但从其 2013 年开始引入的理财直投计划执行效果来看，转让市场的建立并非法规制度建立这么简单，如何活跃转让市场，增强流动性，对标的资产为信贷或项目融资而言，估值方式尤为重要，而不是简单用摊余成本来估值。

（三）信托受益权的转让

银保监会非银部 2014 年初就曾启动信托产品登记系统二期升级暨信托非现场系统整合工作，发展信托二级市场转让，全国信托登记转让中心落户上海自贸区的呼声一直很高。

在缺乏统一转让平台的情况下，目前投资者要想转让信托产品，只能向自己投资的信托公司提交转让需求（如果信托公司提供这样的转让服务）。还有一种方式就是在产权交易所、金融资产交易所等场所挂牌交易转让，如上海信托登记中心、北京金融资产交易所、天津金融资产交易所等。除交易量非常小外，在第三方平台完成信托受益权登记转让尚没有法律依据。投资者通过第三方交易平台转让后，仍然需要线下进行面对面谈判，并到信托公司完成受益权变更登记。

第三节 资管业务基本模式

证券资产管理业务，即资产管理业务，指证券公司接受投资者委托，作为受托投资管理人，依据法律、法规及委托人的投资意愿，与委托人签订资产管理合同，把委托人委托的资产在证券市场上从事股票、债券等金融工具的组合投资，以实现委托财产收益最优化的行为。为多个客户办理集合资产管理业务，将客户资产交由取得基金托管业务资格的资产托管机构托管，通过专门账户为客户提供资产管理服务。针对多个或单个客户的特殊要求和基础资产的具体情况，设定特定投资目标，通过专门账户为客户提供资产管理服务。主要是企业资产证券化业务，是进行其他业务类型的一个通道和平台，如高速公路、水力发电、租赁资产等创新型产品。

银行资管业务不仅包括证券资产管理，还包括其他机构的资产管理，资管的资金源于理财，银行理财分为银行基础类理财和银行综合类理财，考虑到银行基础类理财的用途和银行综合类理财关于同业标准用途都有严格的规定和市场规范，此处不再阐述。下面将重点研究银行出表资管业务。

银行出表资管业务特点是表外系统为客户融资，从功能上分为筹资、出池、通道、具体融资和收回退出、保障（分为公司治理保障、操作保障、资金监管保障和担保保障）等几个环节。

从机构上讲，出表资管业务在银行、证券、信托、基金等几个机构或其分支机构（项目计划）组合。所以资管业务就是银行表外资金通过不同金融机构设立的不同产品流向用款人及流回的过程。资管产品有不同的具体种类，资管产品组合对接也不同。

在这里需要研究资管产品种类合同的文本和对接 / 组合条款。为了节省时间，我们仅将银行涉及的资管产品进行分析，作为基础业务研究。

所以我们的研究思路主要有以下几点。

（1）以银行接触的自管产品为核心，研究其文本的要点，顺序是资管机构 + 产品。

（2）列举银行资管业务的典型模式。

（3）针对典型模式、分析业务注意点和文本制作关键点。

银行常见的拓展资管业务的模式 / 产品种类包括：①两层嵌套模式；②多层嵌套模式；③理财 + 财产权信托 + 资管；④单一项目对接多只资管产品；⑤资金池业务；⑥资管产品质押；⑦资产证券化（单 SPV 结构）；⑧资产证券化（双 SPV 结构）；⑨银登挂牌结构化信托结构；⑩滚动发行实现刚兑。

银行的资管业务梳理可以从以下几个方面考虑。

（1）从理财资金的走向，分为企业融资用和其他金融市场用。

（2）银行可以参与其他资管业务的辅助业务，如托管。

（3）银行可以做其他中间业务，如股票质押等。

第四节　银行资管业务的基础业务

银行资管业务的基础业务分为以下几部分。

1. 筹资业务

筹资业务包括：①理财筹资，对私客户理财、对公客户理财、银行同业理财、资管机构理财；②代销筹资；③受托管理；④同业存款；⑤众筹项目。

2. 资金出池

资金出池是指银行将持有的非银行资金从资金池转出，主要有以下三类。

（1）券商资管，通过证券公司出池，产品为定向资产管理计划、专向资产管理计划、集合计划、分级集合资管计划。

（2）通过信托公司财产权信托。

（3）通过信托公司信托计划，此类银行与信托合作产品被叫停。

3. 通道嵌套

基于监管禁止多层嵌套，嵌套通道仅为参考，包括：①资管业务；②信托业务；③基金业务；④私募业务。

4. 资金投递

资金投递是指资金通过资产计划 / 嵌套通道到达名义资金发放方。

（1）通过信托业务送达资金到信托公司，产品为信托计划（产品）、单一资金信托计划、集合资金信托计划。

（2）通过基金业务送达资金到基金公司，产品为“资产支持证券”、基金一对多产品、基金一对一产品。

（3）通过私募业务送达资金到私募公司，产品为期货资管计划、非证监系统的资管产品。

（4）通过结构化融资送达资金到银行机构，产品为结构性委托贷款。

一般情况下，券商不能作为底层资产实际放款人。

5. 融资使用

（1）由信托公司通过信托业务发放资金，具体产品包括：①信托贷款；②永续贷；③信托计划资管产品；④买入返售；⑤租赁 / 出售；⑥资管产品质押。

（2）由基金公司 / 通过私募业务发放资金，具体产品包括：①委托贷款；②单 SPV 结构资产支持证券；③双 SPV 结构资产证券化。

（3）由私募公司通过私募合伙发放资金，具体产品包括：①名股实债（入股融资）；②名股实债（入伙融资）；③真实股权型信托计划产品；④股权投资集合资金信托计划；⑤债权投资；⑥投贷联动。

（4）由信托公司通过信托业务发放资金，具体产品包括：①信托贷款；②永续贷；③信托计划资管产品；④买入返售；⑤租赁 / 出售；⑥资管产品质押。

（5）由银行通过资金池发放资金。

6. 资产腾挪转让

（1）债权转让，包括：资产管理产品的转让、银行理财和信托的转让、财产权信托。

（2）受益权腾挪，包括：①信托受益权的转让；②银登挂牌结构化信托结构；③特定收益权转让；④其他受益权转让。

7. 公司治理

根据穿透原则，银行对出质池资金的安全进行穿透管理，因此银行要以适当的身份、适当的方式对过道单位进行经营上的参与。

第五节　资管业务法律把控

资管业务属于表外资金出池业务，司法实践认可通道业务，但是监管部门要求贯彻实质大于形式，穿透管理原则。

一般情况下银行还通过集合计划实现资金池资金的出池。

银行在办理资管业务时一般按照资管管理进行操作，实际上资管业务是一种表外投资顾问中间业务，银行实际按照授信业务操作，管理和处置上存在模式不相容的问题，目前没有规范的管理模式，需要不断进行研究和补充。

从法律上讲，我们要着重研究，一旦出现资金风险，将由谁主张何种权利，可以采取何种的保障担保措施。

第三章　创新业务导引

第一节 创新业务原理分析

按照《商业银行金融创新指引》的规定，金融创新包括银行内部管理的创新和对外产品的创新，这里所讲的创新业务，主要是金融产品创新。即：银行通过引入新技术、采用新方法、开辟新市场、构建新组织，为客户提供服务产品和服务方式的创造与更新。

我们所研究的创新业务，一般排除银行监管已经明确具体操作规程的业务，这些业务虽然不同于基础业务，但是在业内具有标准名称和具体操作要求，以及成熟的运行机制，所以我们称之为标准业务，而不是创新业务。另外，创新业务不一定必须表现为产品，可能表现为某种业务的某种操作技术手段更新。

研究创新业务分类，主要是从创新手段角度来看的，同时考虑其获利目的，研究创新业务，除了要从理论上研究外，还要搜集各种创新业务实践案例，通过案例分析，总结创新业务种类的共同点，寻找其规律，进行法律关系分析，确定必备文本 / 条款。

最好将创新业务案例做成信息数据库，不断跟踪完善，直到其成为传统 / 标准业务。在归纳入库过程中需要注意两点：一是创新案例注意应从业务种类上进行安排，毕竟创新是业务的创新，从实用角度看，归类业务便于整体把控；二是研究创新业务，可以从监管处罚角度来分析，有些创新触犯了红线，比如监管套利、资金空转等，此类“创新”，应作为反面教材纳入信息库。

银行的金融创新，可以通过如下维度来确定。

促进业务创新的动力来自业务的拓展需要，业务拓展途径一般包括拓展客户、拓展业务产品、拓展渠道，拓展利润。业务拓展途径不是单纯意义上的对应关系，而是混合的迭代关系，有时拓展客户的同时拓展业务，有时通过拓展新业务而拓展新客户。通常情况下，创新来自银行自身业务需要（即使客户有需要，银行也是在认为满足客户需要有利可图的情况下才进行创新），银行在自身需要与市场现状中寻找结合点，一般表现为：拓展或维护客户，尽可能低成本大量吸纳资金、高利息提供周转利用资金、提高中间增值服务费用，当市场出现能满足银行经营目标情况时，银行开始创新，首先会划定该情况适用基础类别业务，其次进行创新案例搜索，选择类似的创新行为进行分析，通过嫁接、借鉴等方式形成新的创新行为，再次进行业务推演和风险推演，最后形成操作指导文件。

业务的创新需要把控 3 个原则：第一，不能违法违规；第二，所有创新不能违背业务的基本逻辑；第三，不能为了应用科技而创新。金融机构在进行金融创新时，必须了解监管部门、政策管理部门的相关法律和规定，了解哪些业务可以开展，哪些是明确禁止的，不排除有些方面暂时没有合理政策指导，不能在没有找到合理政策指导的情况下盲目推出产品。

第二节　创新业务的法律把控

从法律上讲，创新业务的特点是主体、客体、标的物和行为模式的创新及相互混合创新，创新行为本身具有不特定性，无法建立一个完善的创新行为理论模型，只能从现有的创新业务寻找归纳创新行为的特点，寻找最基本的创新行为及其法律特征。

创新业务建立于基础业务上的创新，就是对基础业务基本要素的变更。基本要素是：主体、客体行为目的 、操作模式、价款、税费、时间、地点、方式、权利义务、责任等要素构成。

银行业务创新和创新目的需求有很大的关系，但是从法律上讲，创新目的和需求属于商业条款，不是法律部门所关心的，我们关心的是，如何就创新业务进行法律上的把控。

如前所述，创新业务本身没有完整的体系（有些创新业务甚至是失败的后来被监管部门禁止，法律不认可），我们可采取案例归纳法和系统推导法相结合的办法进行研究。

系统推导法逻辑是将创新业务按照创新需求进行归类，同类的具体业务在归类中说明，有时某些创新业务是跨类别的，只着重归类，但是在具体内容上并不省略，在重合归类部分做提示即可。

为什么说某些创新业务是跨类别的呢？因为有些创新目的是打通银行各类业务和产品，有些目的是打通银行服务与客户内部运营、管理的通道，有些目的是打通银行服务与新商业模式的通道。

值得注意的是，金融市场业务多发生于金融同业之间和传统业务中，对于非标业务，基本被资管业务所包括，资管业务本身就具有探底性质，换句话，资管业务作为出表业务，本身就是另类的创新业务，其创新研究不可能以银行传统业务为衡量标准，正是如此，我们才把资管业务单独表述分析。

创新业务特别需要把控创新业务文本，它是办理创新业务过程中使用的文本，是和创新业务分不开的，同时是在基础业务文本基础上进行修改，因此研究创新业务文本首先要研究创新业务的发展规律，指导不同创新业务的创新点、盈利点、风险点，保护客户关键点，并通过文本加以反映。

第三节　创新业务信息库的建设要素

在了解了业务创新原理后，分析创新业务时应按如下内容展开，这些是建立创新业务信息库的基本要素。

①创新业务的概述。

②创新业务的历史来源趋势 / 目的效果。

③创新业务的具体表现。

④创新业务的基础关联业务及创新（异同点）。

⑤创新业务的法律突出点。

⑥创新业务的风险点。

⑦创新业务的文本要求。

统一创新业务要素分析点，能使我们快速掌握创新业务的基本法律模式和法律风险分析点。

第四节　创新业务功效分类

创新源自利益，创新的利益导向来对创新业务进行归类，按照类别收集创新业务，并进行汇总研究，更容易发现创新业务的特点，我们暂时不对各种类型的创新业务进行深入研究，是因为目前搜集的信息不够全面，也希望有兴趣的朋友提供素材，便于我们深入研究。

一、客户类创新

1. 让利型客户拓展业务

通过对客户的让利吸揽客户，比如存贷通业务，贷款客户通过一定存款可以降低贷款利率。

2. 增利型客户拓展业务

通过帮助对某些资金的特殊运用，帮助客户提高资金收益，比如外汇宝业务。银行将外汇保证金投资理财，让客户保证金获得额外收入（此类业务因违规被叫停，详情见《关于银行业金融机构开办外汇保证金交易有关问题的通知》）。

3. 场景化金融创新

针对特殊客户特殊需求进行的针对性金融创新，不仅是为了争取或维护客户，还有其他创新效能。

二、吸揽资金（流动性创新）

1. 刚性兑付型客户拓展

对于某些理财增值业务，银行在事实上实施刚性兑付，保证自己的吸储竞争力。

2. 提高揽存成本

通过直接或者间接方式提高成本，提高吸存能力，比如有奖储蓄、阳光存款，此类创新多被叫停。

3. 以贷揽存

以贷揽存是将存款与贷款挂钩，此类创新多被叫停。

4. 理财增值

三、授信业务创新

1. 增信型创新授信盈利

银行通过某种形式增加对客户的授信，目前发现的创新种类包括以下几种。

（1）担保公司担保。

（2）联保。

（3）联贷，通过与优质客户捆绑对多家客户放贷。

（4）增加还贷人 比如接力贷、家庭贷。

（5）保底承诺。

（6）保险公司投保。

2. 资产腾挪型授信

资产腾挪使授信资产快速变现，提高资金的利用周转。资产腾挪创新具体包括资产受益权转让、信贷资产证券化、信贷资产转让。

3. 资源共享 / 资源节约

多家银行享用客户或某授信项目，创新来自银团贷款。具体包括以下几种。

（1）联合授信。

（2）融贷通业务 AB 银行前后续贷。

（3）保灵通业务。

（4）借 B 还 A。

4. 产品创新

（1）挖掘资源，将现有资源功能挖掘，具体表现为：供应链融资、资金池融资、受益权融资。

（2）产品变形，比如反向保理，在收款方不具备授信条件下，由付款方取得授信。

四、结算创新

结算系统创新是根据不同的需求制定不同的结算服务系统，主要包括资金托管账户管理创新和自由贸易账户创新。如银行的云账本，就是借鉴了支付宝的虚拟账户创新理念。

五、增值增利

增值增利的具体产品包括以下几种。

（1）投贷联动。

（2）永续债。

（3）政策红利，多发生在普惠金融服务领域。银行的此类创新受益，不在于客户，而在于从监管部门获得优惠政策。

六、科技创新

科技创新，指依托科技发展而进行的创新，本身没有明确的效能指向，但是对效能指向有增幅效果，所以单独成为一个创新种类。

要注意科技创新和互联网金融是有区别的，科技金融强调“科技是一种手段”，互联网金融强调“科技决定金融”，尽管有一定区别，但两者也有联系，科技创新的核心就是互联网技术和银行金融业务有效结合。

科技创新典型的业务包括网络借贷业务和众筹产品业务。

目前来看，创新业务最大的法律风险就是对创新业务的法律概念把控不准，弱化法律保障。

第五节　两种特殊的创新业务

一、明股实债业务

（一）明股实债业务概述

明股实债业务是指银行表外授信业务中，银行以入股的形式为目标公司提供融资的业务，在此业务下，银行使用的不是信贷资金而是管理资金（资管资金或其他非银行授信资金），名义上是投资入股，实际上以目标公司到期回购股份 / 其他股东到期受让 / 减资 / 或其他方式收回资金。

明股实债业务和名伙实债是银行典型的表外业务，不占用银行的资金和贷款额度，但受授信风险管理的控制。

（二）明股实债业务法律把控

（1）关于增资份额问题，银行入股融资本身需要对目标公司进行资产清算，折算份额比例，实践中以注册资本为单位直接折算持股比例。

（2）分期入股问题，出于财务成本考虑，需要分批次提供资金，需要对资金需求与入股做好匹配。

（3）关于资金监管，银行需要制定资金监管措施时刻把控资金的流动使用。

（4）需要制定适当的回款方式，制定回款的担保方式。

（5）明股实债业务法律上属于股权事项，与授信管理不同，银行需要将授信管理转化为股权管理，并以股东的身份采取维持自身权益的措施。目前来看，股东管理的模式还不成熟，或者而说没有行业标准。

（6）入股属于投资，不能约定保障本息的收回。

（三）明伙实债业务

明伙实债业务类似于明股实债业务，区别在于明伙实债中银行投资的目标企业是合伙企业，银行持有的是合伙份额，其管理受合伙企业有关规定的限制。

二、受益权业务

（一）受益权的产生

受益权，也叫资产受益权，它源自信托受益权，信托受益权的概念来自《中华人民共和国信托法》，关于信托受益权的描述体现在该法第十五条、第四十三至四十九条、第五十一条的规定，银行在经营中衍生使用了资产受益权概念。司法实践（具体司法案例可参考陕西省高级法院审理的成都银行股份有限公司西安分行诉中体产业集团股份有限公司借款合同纠纷案件）对资产受益权予以认可，银行围绕资产受益权拓展了诸多业务种类。

（二）受益权的法律概念和特性

参照信托受益权，我们可以尝试总结受益权的概念：受益权是管理、处分某种资产而产生的收益，最终变现的纯金钱获取权利。

从以上规定可以看出受益权包括以下特征。

（1）它是一种纯金钱获取的财产权。

（2）它产生于资产（物权或债权），是该资产收益、处分的综合结果。

（3）受益权的分配受合同约定而不是法律约定。

（4）它与资产管理权相分离，受益权不涉及对资产的管理。

（三）受益权的法律争议

1. 受益权与收益权的区分

物权的四项基本权能包括占有、使用、收益、处分。

受益权是财产收益、处分的全部收入，包括资产本身变现款项和各种孳息款项，收益权一般仅指收益而产生的财产收入，两者不相同。比如股权的受益权，包括股权的转让款项和分红。股权的收益一般仅指分红。

在管理人和受益人为同一人情况下，受益权和收益权两者容易混淆，银行业金融机构信贷资产收益权转让业务中的收益权概念与受益权相同。

在办理受益权业务过程中一定要将受益权的概念在文本中描述清楚。两者虽然都不能转移管理权，受益权的管理权限受限要比收益权大。有必要厘清其概念。

2. 受益权的司法保护

受益权产生于物权，表现为债权。如何进行受益权的实现及流转时隔问题？目前情况下，司法实践将受益权作为应收账款处理，进行登记，所以受益权的业务操作需要参照应收账款业务进行。

3. 受益人与受托人（管理人）的关系

一般而言，受益权为单方金钱收取权益，管理人不受受益人的影响，仅受委托人的影响。如有纠纷，为委托人与受益人之间的事情，受益人仅能通过委托人影响受托人。

结合我国实际情况，保护受益人（中小投资者）是政治任务，尤其银行为受益人情况下，受益人需要享有一定的监督权，这个监督权将预设在委托人和受托人的委托管理合同中。

4. 资产所有者与受益人的关系混合

如果资产所有者将资产的受益权转让，资产所有者本身混合了委托人和管理人的身份，其受益权的转让约定将十分复杂。

受益权属于纯金钱收入，其权利不涉及管理，是股权份额投资的载体，只需注意形式区隔就可以了，受益权可以作为投资类产品载体。

（四）受益权的应用种类

受益权从期限上分为物权受益权和债权受益权，债权受益权分为远期受益权和近期受益权，受益权从应用角度可分为以下几种。

（1）各种资产的受益权。信托受益权是基础典型的受益权，另外还包括：应收账款收益权、票据收益权、未来应收租金受益权、国内信用证收益权、理财产品受益权（保本理财收益权）、代销产品受益权、定向资管受益权、OTC 产品受益权、承诺函权益、福费廷资产转记、股票受益权、挂钩收益注册合约产品。

（2）各种受益权转让。

（3）各种受益权质押。

（4）各种受益权理财。

（5）各种受益权回购。

（6）特殊的组合：受益权理财质押、受益权理财转让。未来受益权续作保证金质押。

（五）常见的受益权产品 / 业务模式

（1）挂钩收益注册合约产品。

挂钩收益注册合约产品是指将财产收益权采取“挂钩收益注册合约产品”交易模式，经金融资产登记结算公司办理产品注册后，向天津金融资产交易所申请以私募形式非公开挂牌转让产品，类似银证理财业务，银行提供财产收益的而基础产品（授信所需），金交所生成合约产品，我行直销该合约产品。

（2）信托受益权转让。

信托受益权转让属于标准业务，客户通过信托公司，对某个具体建设项目形成信托受益权利，客户把该受益权转让给银行关联的资产 / 证券公司，其中履行申请及查询等标准程序，分为衍生模式以及 T+D 等模式。

（3）定向资管受益权转让。

（4）理财受益权转让。

（5）代销产品受益权转让。

（6）保本理财受益权质押。

（7）信托受益权质押。

（8）未来应收租金受益权理财。

（9）受益权回购。

（10）受益权理财质押。

（11）受益权理财转让。

（12）受益权续作保证金质押。

（13）未来受益权续作保证金质押。

（六）受益权业务法律把控

（1）受益权业务属于社会自发的业务，在没有明确法律概念的情况下，做好明确的约定非常重要。

（2）受益权业务是影子银行的特殊产品，受监管要求很高，注意把控监管的窗口指导，谨慎处理红线问题。

第四章　担保保障业务导引

第一节 担保保障业务总论

担保业务在银行业务中为从属业务，没有主业务，就没有担保保障业务。担保保障主要是为保障银行债权的到期履行而设置的，银行为被担保债务的债权人（银行对外担保的行为为保函，纳入银行主业务中），担保方式符合《民法典》规定的，我们称之为担保业务，担保方式与《民法典》规定不一致的，通常称之为非典型担保业务（这里称之为保障业务），保障业务是在担保业务基础上的创新开展，有的保障行为具有法律效力，有的保障行为不具备法律效力或者其法律效力待定。

担保保障业务的从属性决定了担保保障业务文本属于单方义务法律性文件，担保保障业务文本形式上表现为担保保障条款、单方义务性承诺书和双方担保合同，担保保障业务文本的核心内容就是担保保障的设置和实现。

担保保障业务的框架主要包括：①主要担保条款分析，主要担保条款是担保保障业务的基础条款；②保证担保条款分析，保证担保是常用的担保方式，对其分析能增加业务的适用性；③保障业务文本分析，担保保障基本是保证担保的变形；④物权担保条款分析。

一、主要担保条款分析

担保条款最核心的内容包括对哪个主合同的什么债务承担何种担保责任，因此，担保合同的主要条款应当包括：①担保挂钩条款；②担保责任条款；③担保范围条款。

除了常规业务担保，还有几种特殊担保业务需要分析，其中包括最高额担保、主债务限定的担保等。

（一）担保挂钩条款

担保挂钩条款指担保合同与主债务合同之间关联的条款，目的是防止担保对象不确定，引发担保人抗辩。

1. 担保挂钩条款的种类

担保挂钩条款既包括主合同挂钩担保合同的条款（主挂钩条款），也包括担保合同挂钩主合同的条款（从挂钩条款）。

主挂钩条款其实没有约定必要。之所以约定担保条款，一是为了明确先决条件的，二是提醒在对合同管理时需要将担保合同一并管理。主合同的担保条款不属于担保挂钩条款。

挂钩主合同条款是担保合同必备条款，挂钩的主合同要有编号和名称。

2. 主合同担保挂钩条款

范文：申请人在本合同项下的全部债务应由本合同附件 2 中列明的文件担保。

（二）担保责任条款

担保责任对担保合同十分重要，担保方式的不同，担保责任实现不同。从条款结构而言，担保责任条款通常情况下为违约事件 + 违约处理。

（三）担保范围条款

担保范围条款指界定被担保主债务范围的条款。一般而言，被担保主债务范围应依据法律规定逐一列明，如果没有列出，可能不被法院支持。

担保范围受两个因素影响，一个是被担保主债务的范围，二是担保人情况。要注意，有时银行为了保证自身的权益不对担保范围的确定进行约定，但是这种不明确约定的操作，容易导致担保债务因不确定而发生脱保事件。

（四）担保独立性条款

按《民法典》担保法律的规定，主合同无效，担保合同无效，除非双方另有约定。为了规避主合同无效导致担保合同无效的后果，担保合同一般约定担保独立条款。

二、几种特殊担保业务

1. 最高额担保

最高额担保，是指担保人与债权人协议，在最高债权额限度内，对一定期间内连续发生的债权作担保。

最高额担保属于担保法律上法定担保方式，但是由于最高额担保在实际操作中与标准担保有区别，银行容易忽略这一点，故此作为一种特别担保来研究。最高额担保可以理解成是对授信余额的担保。

2. 限定主债务的担保

限定主债务的担保主要是对主债的本金进行限定，典型的业务就是敞口额度担保。

敞口额度来源于敞口概念，所谓敞口，一般指风险敞口。风险敞口（risk exposure），指未加保护的风险。为了减少和控制风险，债权人或银行会采取措施进行风险抵销，这称为“冲销”风险。冲销后仍未能抵减的风险，即暴露在风险中，则称为“风险敞口”或“风险暴露”。风险敞口最初产生于银行在自营外汇买卖业务中的敞口头寸，后被银行风险控制系统使用。

敞口额度就是风险敞口的金额。从银行授信角度来看，敞口额度是企业实际可用于支付的信贷资金额度。银行账面贷款或承兑额度等于敞口额度与保证金额度之和。企业的综合授信敞口等于综合授信总额减去用于风险“冲销”的保证金后的余额。

敞口额度在法律中没有明确的规定，主要见于银行业管理规定，最多属于行业惯例性质。对敞口额度做好定义是关键，敞口额度简单来说就是未被优质担保覆盖的额度，优质担保一般为保证金，也可以为存单、国债等优质出质物担保。关键问题是足额覆盖。为了避免歧义，敞口额度可以明确具体数额，敞口额度是可以改变的。

作为保证合同文本的双方，任何一方的内部管理制度解释不可能适用于对方，故此，双方应当在合同中对敞口额度予以解释约定，以便共同遵守。

敞口担保的条款逻辑构成如下。

（1）敞口额度，指债权人与债务人在主合同中约定的授信额度项下未被保证金存款或银行定期存单或国债权利质押担保的授信金额。

（2）敞口额度债务指在担保合同中涉及的债务均描述为敞口额度债务，比如清偿其在主合同项下产生的敞口额度债务，一般情况下，担保合同都有被担保债务的描述并经常使用被担保债务概念，所以注意在被担保债务定义中明确敞口额度债务。

3. 限额担保

限额担保指对被担保主债务的担保进行额度限制的担保，实际就是对担保范围的限制。限额担保一般由担保人提出，要求银行在担保合同中注明：担保人在担保协议项下所承担的担保责任以币种（人民币）金额 ***** 为限。

限额担保最典型的是银行出具的保函，有些限额担保协议没有具明具体担保金额而是确定一个主债务额度比例，这在法律性质上是相同的。

4. 阶段性担保

阶段性担保指特殊情况下的有条件担保，条件消失则担保自动终止，典型的业务就是开发商提供的阶段性担保，一旦抵押房屋办理他相权登记，开发商的担保责任自动终止。

5. 混合担保

在实际业务实践中，存在多主单从担保现象，一个担保人为不同的主合同提供担保，主合同的债权人可能为一人，也可能为多人。这种情况为混合担保，混合担保多为增信措施，我们认为此类担保存在诸多法律风险，建议慎重使用。

第二节　保证担保条款导引

保证，是指保证人和债权人约定，当债务人不履行债务时，保证人按照约定履行债务或者承担责任的行为。保证担保属于信誉担保，无须物权抵押，成本低，运用广，变形多，同时也是保障业务的延伸起始业务，所以，在这里我们将保证担保进行单独分析。

一、保证担保定义

保证担保是债的担保方式的一种，是指保证人和债权人约定，当债务人不履行债务时，保证人按照约定履行债务或者承担责任的行为。

二、一般保证和共同保证

担保法律上规定保证担保分为一般保证担保和连带责任保证担保，通常情况下，银行选择连带责任保证担保，特殊情况下，为了缓释措施，银行也会接受保证人的要求，接受一般保证担保，此时需就连带责任保证担保的合同修改，具体的修改是将连带责任保证担保的意思表示修改成一般保证担保，将担保的独立性删除。

三、独立物保条款

物保指物权担保，人保指人的保证担保。两种担保在并行情况下，除非有约定，法律认定物保优先，保证担保在物保之外的范围内提供担保。制定独立物保条款就是克服对保证人追偿的法律限制。

四、多人保证

在银行业务实践过程中，经常出现多人担保情况，比如公司借款下，由股东按其投资比例份额提供担保，多人担保对外承担共同连带责任担保，对内按份（按比例）承担担保责任。

多人保证协议签署的注意事项如下。

（1）具体担保人可以有多个，担保人主体要明确为1个，避免成为分被担保情况。如果保证人进行序号分列，比如保证人1、保证人2、保证人3，同时也要注明：保证人1、保证人2、保证人3统称为保证人，共同为债权人提供保证担保。

（2）在对主债务担保上要明确共同担保性质。

（3）明确担保人之间的担保比例，注意如果只明确对被担保债务的担保比例，可能被理解分比例担保，保证人彼此不连带。按份额和按比例的区别是，对于按比例担保一定要在合同中作明确约定。

（4）按股东股权比例担保的，注意股东比例可能发生变化情况，要固化这种比例（担保比例提高的可以放宽，绝对不能减少）。

（5）有些保证人要求各自承担部分保证担保责任，与其他保证人无关，此类为分比例担保，属于分份（分比例）担保，保证人应与债权人分别签署保证协议，如果按多人担保方式签署协议容易引发混淆。

按份（分比例）保证担保是由保证人对债务分份（分比例）提供保证担保，实质是限额担保的一种。

第三节 物权担保条款导引

物权担保是以物为担保物，为主债务提供担保的业务，《民法典》对物权担保都有相应的规定。物权担保是个综合性课题，担保物涉及银行业务行为法律解构，担保物的界定涉及文本核心条款标的物的描述，关于担保物的管理涉及风控业务，担保物的处置变现涉及清收保全业务。

物权担保主要包括抵押担保和质押担保。抵押担保包括不动产抵押和动产抵押，质押包括动产质押和权利质押。

这里重点围绕物权担保的特殊性进行分析，总体上讲，物权担保适用担保的一般原则和保证担保的一些规则，物权担保的特殊性在于担保物的控制，主要把控以下几点。

（1）担保物的设定。担保物要合法有效，文本描述要清楚。在创新业务下，权利质押的出质物呈现多样化、复杂化的特点，其有效性存在很大的争议。

物权担保还需要完成一定审批同意程序。

（2）物权担保要有公示性，完成必要的公示登记手续，比如进行抵押登记、质押登记以及质押核保等。

（3）物权的变现。一般而言，因为出质物把控在银行手中，银行可以自行变现回款，清偿债务；对于抵押物而言，银行不能自行处置抵押物，只能与抵押人协商处理抵押物，协商不成，只能通过诉讼方式处置抵押物变现。

有关物权担保的条款，各家银行都有各自的操作规定，因为操作条款源于银行业务操作流程，不适合制定比较统一规范的条款。

在物权担保业务及文本把控上，我们倾向这样一种思路：根据已经发生或者推断极有可能发生的物权业务风险，进行专门分析，解构风险产生原因以及拟采取的预防、缓释措施，再根据这些措施制定相应的参考文本。

一、抵押担保业务

抵押担保情况下抵押物并不转移抵押物的占有使用，客户自管抵押物，抵押合同条款的构成主要分为以下几部分。

1. 明确物品的保管人及交接、基本职责

物品交接属于物权风险转移点，银行有交接程序和核对规程。

范文：被担保债务被完全清偿前，抵押人有义务妥善保管抵押物，保持抵押物完好无损，负责缴纳有关抵押物的各项税款和费用，并合法、适当地在抵押物的完整和良好状况下占有、使用、管理和经营抵押物。

2. 保管的操作要求

抵押期间，抵押人有义务妥善保管抵押物，保持抵押物完好无损，负责缴纳有关抵押物的各项税款和费用，并合法、适当地在抵押物的完整和良好状况下占有、使用、管理或经营抵押物。

3. 保管费用承担

范文：由银行或客户进行保管时无保管费。

4. 物品检查

范文：抵押权人有权随时对抵押物情况进行检查。抵押人随时接受、积极配合抵押权人对抵押物状况的检查。

5. 物品受损处理

范文：如抵押物发生毁损，抵押人应迅速将情况通知抵押权人，并尽其最大努力及时采取必要措施防止损失的扩大，并应抵押权人的要求提供额外的担保。在抵押权受到或可能受到来自第三方侵害时，抵押人有义务采取有效措施以避免侵害。

6. 物品改变处理

范文：未经抵押权人书面同意，抵押人不得对抵押物做出任何实质性或结构上的改变，属于正常的维修和修理的除外。根据本条规定而在抵押物上增添或更换的任何零配件或附属装置将自动成为 * 协议项下抵押物的一部分。

7. 投保 / 保险

物品保险如果不是抵押物，不能强求投保，所以保险条款一般为选择条款。

二、动产质押担保业务

就动产质押而言，其条款构成比照动产抵押而言，主要包括：①明确物品的保管人及交接、基本职责；②质押物的封存检验；③出质动产的毁损风险承担。

银行保管条款主要适用于动产质押业务。动产质押的特点就是将出质动产交付质押权人，因此，不存在检查条款和受损条款。从风险角度，银行基本不进行保管，对动产进行质押担保时往往通过第三人保管的方式来时对质押物的监控，即所谓的第三人代保管。

他人代保管情况多发生于动产质押情形，由于银行不便进行物品的管理，在动产质押时，往往由专业公司进行管理，通常情况下，是由三方签署动产质押监管协议，而不是在两方动产质押协议中指定他人代保管条款。

三、权利质押担保业务

银行对客户财产的保管也用于出质权利质押业务，权利质押文本中注意进行关于“出质权利的交付、登记和保管”的约定。

但是文本条款在直接沿用《民法典》等法律规定情况下，比较粗糙，需要进一步细化保管，比如，需要将核押的手续文件作为重要凭证来保管。在这种情况下，应制定专用的合同，而不适合进行条款制作，专用的合同一般为“出质权利凭证代保管合同”，由银行代他人（比如信托等非银行金融机构代保管的，比照此业务进行），但须增加第三方。

第四节 保障业务文本导引

保障业务属于非典型担保业务，是创新业务的重点，有些创新业务就是建立在非典型担保上，当然，有些非典型担保有时不是一种担保行为，而是一种缓释行为。

由于性质为非典型担保性，其法律效力通过案例和司法解释来确定，我们需要尽可能收集保障业务案例，逐类进行法理分析，业务需求分析，业务管控分析和文本的设计使用。

目前发现的与银行授信有关保障业务有以下 15 种。

1. 非典型担保函

担保函包括共同担保函、继续担保确认函，也就是俗称的“保证书”，是银行、担保公司或个人应申请人的请求，向受益人开立的一种书面担保凭证 / 意愿，保证在申请人未能按照双方协议履行义务时，由担保方代其履行偿还责任。

如果担保函构成保证担保要件，实际是担保法律上的担保，本书所说的非典型担保函，是指担保函出具人在不适合出具担保的情况下，出具的一种担保意愿，其效力是有争议的。

2. 承诺支持函

承诺支持函，包括承诺函流动性支持函、付款承诺函、划账承诺函，一般指财政部门为银行的融资提供的还款保障，第一个是担保承诺函，在实践中被判定无效的；第二个是流动性支持函，一般由授信客户的上级企业单位出具的承诺，在授信客户无法清偿债务时由上级企业安排资金予以支持，第三个是付款承诺函，一般是授信客户的应付账款人相银行承诺的付款文本，一般和应收账款转让 / 质押通知书混同，划账承诺函是授信客户特殊资金付款方（比如财政补偿）承诺将款项划付银行指定账户。

授信客户 / 担保人自身的承诺函属于一种义务条款。

3. 差额补足

差额补足又称为差额支付，包括差额补足、差额支付、差额代偿、差额保函，一般在交易中作为一项保障措施予以使用。差额补足是指为了保障银行和授信客户之间的权利义务关系，当授信客户未按约定履行义务时，由第三人按照约定履行差额补足义务的行为。差额补足主要分为对债务的差额补足、对分红的差额补足以及对资金归集的差额补足。

4. 补偿代偿

补偿代偿指银行授信客户发生侵权 / 违约事件时，由第三方代为补偿代偿银行的损失 / 债务。

5. 回购

债权回购，包括股权回购 、合伙份额回购、受益权回购、不良资产回购、回购担保，是指债权交易的双方在进行债权交易的同时，以契约方式约定在将来某一日以约定的价格（本金和按约定回购利率计算的利息），由债权的“卖方”（正回购方）向“买方”（逆回购方）再次购回该笔债权的交易行为。从交易发起人的角度出发，凡是抵押出债权，借入资金的交易就称为进行债权正回购；凡是主动借出资金，获取债权质押的交易就称为进行逆回所谓 " 股权回购 "，是指有限公司购回本公司股东所享有股权的行为。

股权收益权转让及回购已成为近年来非常流行的一种信托融资方式。融资方有利用自有股权进行融资的需求，即将对应股权的收益权作为标的转让给信托公司，从而恢复股权的原始形态，双方约定该股权收益权转让及回购协议具有强制执行效力的同时，若

A 公司未能按照约定履行回购和付款义务，到期后融资方再以融资数额加上融资利息作为回购价款回购股权收益权，融资方不愿意或者不能将其名下的股权直接过户到信托公司名下，则 C 公司可以凭借强制执行公证书直接向法院申请对 A 公司财产的强制执行，转让价款实际就是融资数额，但由于各种原因（多见于限制流通或者规避税费目的），融资方通过“获得转让价款支付回购价款”的方式变相实现了“借款还款”的过程。

6. 安慰函

安慰函（Letter of Comfort），通常是指政府、政府所属职能部门或企业控股母公司因借款方的融资需求，应借款方或者资金提供方的要求，向资金提供方出具的表示支持并愿意为借款方的还款提供适当帮助，以使资金提供方免受损失的书面文件。

现实中，安慰函的内容千差万别，措辞大多采用“尽力”“督促”“促使”等较为模糊的表述，权利义务界定不清晰，对于其是否构成担保法律意义上的保证担保，发函人及资金提供方往往各执一词。从以往案例来看，不同的法院对安慰函法律性质的认定仍然存在不一致的观点，甚至对同一份文件，不同层级的法院认定也不一致。最近的裁判规则为安慰函无效。

7. 共贷共还

共贷共还是指在银行授信过程中为了增信而增加共同借款人或者共同还款人，借款人或者共同还款人出具共同借款 / 共同还款承诺书，一般而言，共还人应有利害关系。

8. 超支自担保证

超支自担保证是指银行对授信客户在某项目建设中出具保证文件，确保超过预算部分授信客户自行承担，严格讲超支自担仅为银行监管要求，不具备法律责任。

9. 收入返还偿债

收入返还偿债指银行授信客户在银行设立专门资金回笼账户，用回笼资金账户资金清偿债务，回笼账户资金不具备质押担保性质。

10. 预先转让

预先转让指在资管业务中，银行的债权 / 份额 / 受益权预先签约转让给第三人，由第三人支付价款作为收回资金的保障。

11. 赔偿

赔偿指银行针对可能无效的交易行为由第三方 / 客户出具赔偿承诺。

12. 限额使用

限额使用指客户回笼资金账户内进行限额，额度内用于清收授信，额度外资金客户可使用。

13. 质押性存款

质押性存款指存款人在存入银行款项时同时赋予该存款有质押性质，此类方式经常用于同业指定贷款，其合法性有争议，目前已经被监管部门禁止。

14. 保障具体措施

（1）预收付，在客户账户被查冻扣情况下，银行财务先用预收款方式收取客户资金到内部账户，再用来清偿客户授信债务。

（2）抵销扣划条款。

（3）无条件先行支付 指在担保、代偿、赔偿、支付回购 / 转让款项时付款方所做的类似银行保函性质的即付承诺。

15. 其他参考保障措施

（1）让与担保是指债务人或者第三人为担保债务人的债务，将担保标的物的所有权等权利转移于债权人，于债务清偿后，担保标的物应返还债务人或者第三人，于债务不履行时，担保人就该标的物优先受偿的担保物权。在让与担保中，提供担保物的一方当事人为设定人，接受让与担保权利的债权人为担保权人，设定让与担保的财产为担保物。

此类业务不属于严格意义上的保障，银行也不使用，但是在表外业务中，或者不良资产控制中可运用该业务。

让与担保一般发生于房地产，如果发生在应收账款和股权，则其拓展可能性很大。

让与担保在司法实践中获得了支持，但是其条件不严格，其一是签署并履行让与合同，其二必备的审批手续已经完成。

从实质性讲，让与担保应理解为附条件解约业务。涉及股权让与的，需要考虑实质让与之前的物权管理冲突问题。

（2）所有权保留。商品交易中，根据法律规定或者当事人约定，财产所有权人转移财产占有于对方当事人，而保留其对该财产的所有权，待对方当事人交付价金或者完成特定条件时，所有权才发生转移的担保物权。

（3）优先权也叫作先取特权，是指特定的债权人依据法律的规定而享有的就债务人的总财产或特定财产优先于其他债权人而受清偿的权利。在优先权中，就债务人不特定的总财产上成立的优先权叫作一般优先权，而就债务人特定动产或不动产上成立的优先权叫作特别优先权，这两种优先权都具有担保物权的性质。

（4）抵销。承租人支付的债务可能被抵销。

（5）并存。债权转移后可能被抵销，但优先权顺位不改变。

（6）承租不影响抵押：指银行在对抵押房屋设定抵押权时，房屋承租人同意原租赁合同签约时间作废，按照新的租赁时间承租抵押房屋。

（7）附买回条款的买卖。出卖人承诺在满足一定条件时买回出卖的标的，也属于约定的担保方式，性质上是债权性质的担保。买回担保不仅可以用于物的买卖关系中，也可以用于权利转让关系中，比如票据回购。

（8）融资担保是当事人承诺以融资购入的设备、原材料等标的作为担保物，获得融资方资金支持的，称为融资担保，在一定意义上是以资金融出方的财产反担保于其身，只是担保物变为资金的代位物。

第五节 保证金担保业务分析

保证金质押担保业务并非《民法典》规定的担保业务，但是在银行授信业务中它是一种非常重要的担保业务，因其足额担保特性广受各商业银行的青睐，因此单独分析。

一、保证金质押的起源

保证金最初产生于进口开证业务，人民银行《关于进口开证保证金问题的有关规定》

第 2 条规定，向银行申请进口开证的单位和企业，除应符合有关开证条件外，必须首先落实外汇额度和人民币的来源。凡提不出人民币开户行信用担保者，应向进口开证银行提交外汇额度和足够的人民币保证金。

保证金后来被信用维持金广泛引用到各行业，即使如此，目前也无关于保证金的权威规定出台，有关保证金的规定多见于司法解释、央行规定。

二、对保证金质押的司法实践

无论是法律上，还是行业规章上，保证金均无明确的规定，按照《民法典》的规定精神，保证金质押是指为担保债务的履行，债务人或者第三人将其金钱出质给债权人占有的，债务人不履行到期债务或者发生当事人约定的实现质权的情形，债权人有权就该金钱优先受偿。债权人在债务履行期届满前，不得与出质人约定债务人不履行到期债务时质押财产归债权人所有。债权人在质权存续期间，未经出质人同意，擅自使用、处分质押财产，给出质人造成损害的，应当承担赔偿责任。债权人负有妥善保管质押财产的义务；因保管不善致使质押财产毁损、灭失的，应当承担赔偿责任。债务人履行债务或者出质人提前清偿所担保的债权的，债权人应当返还质押财产。

值得注意的是，保证金质押担保的债权人一般为债权银行，特殊情况为其他主体，无论债权人是何种主体，保证金必须是以银行账户资金，在此情况下，质权人不是银行的话，还需要与银行签署资金监管协议，因为非银行不能监控账户，可能被认为没有实质占有保证金。

保证金质押的有效成立必须满足质权设立的两个基本条件：一是特定化；二是转移于质权人占有。

从司法实践讲，保证金特定化主要有三个表现方面：一是保证金账户是唯一确定的；二是能与特定债权联系，表现为签订书面保证金质押协议，与担保的债权能一一对应；三是账户内保证资金不会变动。如果缺少任何一个，就很可能被法院认定保证金未特定化，保证金质押质押未成立。

关于保证金转移于质权人占有，债权人实际上控制了保证金账户资金的使用，才被认定满足了保证金质押“移交占有”的要求。具体表现如下：保证金转入账户后被限制使用；不得作为日常结算账户使用；不得支取现金；质押人无法自由支配该账户及账户内资金，仅作为特定债权的担保；银行在约定的特殊情形发生时如银行到期债权未受清偿、债务人违约等情况下只能被质权人处分。需要注意的是，在动产质押法律关系中，质押物仅转移占有而不转移所有权，质权人是否有权直接处分保证金还有待商榷。

三、保证金质押的风险表现

保证金质押的风险表现主要体现在法律风险和操作风险。保证金质押的法律风险表现在如下方面。

（1）不能阻碍有权机关的冻结。《最高人民法院关于人民法院能否对信用证开证保证金采取冻结和扣划措施问题的规定》（法释〔1997〕4号1996年6月20日最高人民法院审判委员会第822次会议通过）规定：

人民法院在审理或执行案件时，依法可以对信用证开证保证金采取冻结措施，但不得扣划。如果当事人认为人民法院冻结和扣划的某项资金属于信用证开证保证金的，应当提供有关证据予以证明。人民法院审查后，可按以下原则处理：对于确系信用证开证保证金的，不得采取扣划措施；如果开证银行履行了对外支付义务，根据该银行的申请，人民法院应当立即解除对信用证开证保证金相应部分的冻结措施；如果申请开证人提供的开证保证金是外汇，当事人又举证证明信用证的受益人提供的单据与信用证条款相符时，人民法院应当立即解除冻结措施。

（2）银行扣划保证金的行为存在法律上的瑕疵。债务人不履行到期债务或者发生当事人约定的实现质权的情形，债权人有权就保证金优先受偿，但是法律没有规定债权人可以直接处置扣划保证金，银行如想扣划保证金，需有其他合法依据理由。

保证金质押的操作风险主要表现为以下几个方面。

①以结算账户或一般存款账户中的资金作为保证金或者以结算账户一般存款账户下

设立的保证金子账户上的资金作为保证金，出质人仍可使用该账户办理结算和存取款。

②出质人在开立保证金账户时没有任何款项，是个空户，随着个人住房贷款的发放或多笔业务的开展，按一定比例陆续存入保证金账户。

③缴存保证金到一定金额时，允许其在额度之外自由使用。

④释放部分保证金。

⑤保证金质押担保方式与业务不匹配。

⑥未与出质人签定保证金质押的书面协议或保证金质押条款，法院有可能以该保证金担保的债权不具体明确、担保范围、债权人和出质人的权利义务不确定而判定该担保无效。

第五章　业务调整导引

业务调整文本是合同履行过程中基于业务的变化导致合同约定不能继续履行或不适合履行，须对合同进行调整变更而使用的文本，一般为变更协议。

业务调整文本和实际业务变化相关联，和已经签署的文本之间要一一对应。业务调整分为未实际履行前的调整和业务履行过程中的调整，对应的是制式文本的修改和已经签署文本的变更。从本质上讲，银行业务的调整属于新的业务，应有新的业务批复作为文本调整的依据。

研究业务调整文本的思路如下。

一、业务调整基本类型

（1）业务变更。

（2）时间变更（包括延期、缩期）。

（3）金额变更。

（4）履行方式变更。

（5）价格利率变更。

（6）其他变更。

二、调整文本的内容要求

（1）签约文本的主体确定是业务是否有新的业务主体加入，如有，则将新加入的主体作为变更协议主体。

（2）原有业务合同签署及情况介绍，通过挂钩条款与变更协议挂钩。

（3）变更申请人及变更的理由（由申请书反映）。

（4）对原签署文本的具体修改，模式为：将编号为 *** 的《***》（合同）第 * 条内容修改为“***”。

注意关联文本条款的调整，一是同一文本内的关联条款调整，比如个人贷款发生缩期变更，必然导致每月还款金额发生增加。二是不同文本之间的关联调整，比如综合授信合同中关于贷款分项目额度的减少，必然导致贷款合同中关于贷款金额的减少。

（5）担保保障业务的继续，对于业务的变更，需要担保人明确是否继续提供担保，虽然有关司法解释认为只有重大事项的变更才需征求担保人的意见。从规范管理角度来看，银行对业务的变更均应征得担保人的同意。

有些保障业务（非典型担保业务）的保障人不适合在变更协议签字，则需单独出具同意确认书。

（6）与原来的业务关联处理。

（7）变更协议溯及既往效力。一般而言，变更协议不具溯及既往效力，签署变更协议已经发生的业务按原签署文本履行。

（8）追加登记事项，如果变更涉及登记事项，须对登记公示做出约定。

（9） 和原有合同文本的效力关系，注明变更协议与 ** 合同是否具有同等法律效力，不一致情况下一般以变更协议为准。

（10）其他事项参考文本制作来把控。

三、特殊情况处理

（1）行政监管变更。有些文本是根据监管要求进行指定和变更的，比如在办理房地产抵押登记时，登记部门要求银行对抵押合同文本进行变更调整或者直接使用登记部门提供的文本，在这种情况下，银行应在实际使用的文本中约定：本合同如与 **** 登记使用的抵押合同不一致的，以本合同为准。

（2）文本的修改。合同修改是指对制式（或者示范类）文本进行的修改，文本修订时业务没有发生，合同变更一般是指具体业务已经履行，文本补充协议指不适合对原合同进行修订情况下所做的补救性措施，一般常见于阴阳合同。有时业务批复不规范，与法律有冲突，这时修改合同需要注意把控风险。

合同变更包括原合同对变更的预留约定条款和实际变更注意事项。

（3）勾连对应关系，比如按揭贷款缩期必然导致每月还款金额增加，多次变更情况下，注意循序对应。

（4）格式条款的省略语保留。

第六章　风控业务导引

第一节　风控业务总论

风控业务指银行预防、缓释、化解业务风险维护银行合法权益的内部管理性业务，风控业务贯穿整个银行业务，影响银行产品业务具体操作，需要客户的配合，所以本书将风控业务列为单独的一个业务来研究。

风控业务的目标、管理要求、操作手段有独自的规律和特点，但是凡有业务，必有文本，风控业务属于内部业务管理，也应有内部风控所需的操作文本，对于涉及风险控制的业务操作文本，我们称之为风控文本。

风控业务文本研究的目的在于如何通过文本的控制，强化风控工作的效能，尤其提高法律风险的防范和缓释。

一、风控文本化管理

风险控制贯穿于银行经营管理整个过程。实现风控的方式很多，通过文本控制风险是其中一种有效方式，其关键就是设计合理的内控文本，使其充分满足风控目的。其具体内容分项包括以下几种。

（1）调查报告类的内控文本应明确业务可能各种风险并在操作上分解风险缓释措施。

（2）审批类文件要明确提示文本风险缓释的具体要求。

（3）贷后管理类文本能反映客户经营履行情况，快速发现风险，有利于银行及时采取缓释措施。

（4）风控文本能对已知风险能起到提醒提示作用。

（5）做好事实类文件，尤其是客户财产把控类文件对文本的制作履行有指导、提示、事项控制管理，对于有可能成为诉讼证据的业务文本要做好管理提示 / 要求，做好应诉性管理检查。

二、风控文本的功效实现

（一）以诉讼博弈为导向，强化应诉管理功能

目前银行的内控管理侧重于操作上的管理，对应诉管理准备不足，应诉风险主要表现有主体出现问题、法律关系出现问题、财产出现问题、证据事实出现问题、诉讼操作出现问题。诉讼事项可以聘请外部律师进行代理，但是为诉讼提供充足有效的准备是银行业务人员的职责，银行业务管理部门，尤其是风险部门要强化银行内部操作文本的管理，将应诉要求纳入内控文本设计使用过程。

（1）在业务操作上，尤其在贷后管理操作上，需要明确各种风险并分解风险在具体操作措施中，避免法律风险控制流于形式。

（2）强化文本（尤其是制式文本）的制作履行过程中关于风险防控的指导、提示、控制的作用。

（3）风险控制部门应根据对风险识别与缓释需要制成指导性文本 / 条款，并将其贯彻落实到对外签署的文本中，将内部管控合同化。

（二）确保合规，预防内部犯罪

合规管理包括两个方面：一是确保业务的操作符合内控合规，任何特殊的合同行为均有合规操作验证推演过程；二是痕迹管理，银行业务操作规程均有对人员控制的要求，实践证明，因内部人员违规产生的合同法律风险最大，最难控制。银行应设计风险存疑报送制度及使用文本，对于任何有疑问的业务，质疑人可以随时报送内控合规部门备案，

以便及时掌握违规甚至违法的线索。

银行应设计业务合规清单，报送法律审查咨询过程中附送清单，由法律人员对合规性进行把控。对于未经报送法审的业务，合规的重点是文本要体现已经发生过的风险具体缓释措施体现。

（三）保障风险措施落地

银行的风险缓释措施存在理论化的问题，缓释方案设计看起来合理，实际是业务人员搬抄而来的，只有将风险缓释方案具体到文本签署和履行上，才能检测出该方案是否合法，是否具有操作可行性。

（四）最大限度把控新风险

风险的发生是动态的，在业务发生后可能出现新型风险，由于时间差的问题，新型风险可能不被银行滞后的内控管理所覆盖，对于这种新型风险，法律部门可以通过观察新案例途径发现新型风险，也可以通过文本风险管理推演新的风险，与风控部门沟通，采取紧急缓释措施。

和风控密切相关的是关于文本的适用，文本的适用包括文本的签署、保管等，我们要考虑特殊情况下文本适用问题，并作为专门课题加以研究。

第二节　事实文件解构

一、事实文件概述

事实文件是指银行用来进行业务操作的客观现实证明性文件和证明事实的文本，事实文件有以下几种。

（1）信息文件，指不具有法律拘束力的文件，供参考使用，比如行业信息，新闻报道。

（2）依据文件，是决定业务操作的根据性文件，比如客户的营业执照。没有营业执照的客户不具备主体资格，银行不能开展业务。

（3）操作文件，指银行业务办理过程形成的行为记载性文件。

（4）证据文件，指能证明引发法律后果的行为 / 事件客观存在的文件，由法院和有关机关确定。证据文件产生于依据文件 / 操作文件，依据文件 / 操作文件不一定必然成为证据文件。

（5）确认文件是银行向法院或其他有权机关提供的用以证明某种法律事实存在的主张性文件。

事实文件课题是综合性课题，银行业务法律解构中关于主体、标的物、行为实施的确认需要通过事实文件确认，文本核心条款中的履行条款，需要通过事实文件进行客观识别，银行业务的风险控制需要通过事实文件进行痕迹管理和操作把控，法院通过事实文件审判争议，行政机关通过事实文件对银行进行监管处罚。

在研究事实文件过程中，拟采取如下思路。首先，确定事实文件的管理标准，民事诉讼中关于证据的把控尺度是最严格的标准，应以诉讼证据标准做好事实文件的管理。其次，针对不同业务阶段，对事实文件的搜集、识别、补充修正、采用进行分析。

事实确认文件属于裁判过程中的操作文件，主要涉及如何提供，对文件的事实属性不看重，所以可将其纳入博弈业务文本。

二、诉讼证据标准分析

按照民事诉讼法的规定，诉讼证据应当具备真实性、合法性、关联性。

除了信息类信息文件，事实文件应客观真实，搜集过程合法，形式完整，没有修改、伪造、变造、破损等情况，要有文件出具者的确认痕迹，必要时需要请专门机构鉴定。事实文件能够充分证明行为事件的发生过程和结果符合逻辑。

三、不同业务对事实文件的要求

不同业务对事实文件有着不同的要求，表现有以下几种。

第一种是调审业务文件（调审文件），指银行基于业务调查审批而收集的信息资料，是内部审批操作业务的依据文件，主要用于银行内部调查审批把控。该文件可不对外公开，其标准由银行内部把控。

调审文件是用于支撑银行业务进行的调查审批的事实文件，可能源于客户提供、网络查询等。调审文件有可能成为监管或诉讼事项的证据材料。其中信息类的文件是为了证明银行行为合理性时才可以作为佐证提供。

第二种是合同履行业务文件（履约文件），是记载合同履行事实的法律文件。此类履约文件包括签约文件和业务操作履行记载性文件，通常情况下需要符合业务需要、系统（营运）要求，从形式上要求履约文件需有关联当事人确认，即使是通知性文件，应有回执确认。

第三种是监管文件，是针对监管事项提供的文本，范围除了前述的两种文本外，还包括内部管控性文件，目的是证明银行业务行为的合规性，其标准由监管部门来确定。

监管事项可能是调查，可能是检查，可能是处罚；监管机关可能是金融监管机构，可能是工商、税务、公安以及监察等国家权力机关。

监管文件范围包括调审文件、履约文件，还包括银行内控操作文件（在检查内控制度落实情况更是如此）。

在管理档案过程中，要针对监管要求进行档案管理，围绕可能遭受监管治理处罚的事项做好防范，为可能受到的行政处罚做好事实抗辩准备。

银行尤其要注意监管对事实文件管理的要求，严格执行监管部门对档案的管理的标准。

实际上，事实文件属于业务档案管理、痕迹管理范畴，每家银行都有各自的管理要求和操作规程，本书研究重点是以已经发生的风险为导向，及时提示事实文件的风险及提供风险缓释建议。

第七章　客户财产把控业务导引

第一节　客户财产把控文本总论

客户财产把控文本是指确认处理客户财产事项的依据性文本，简称财产文本。

银行最大的授信风险在于授信资产不能清偿，客户的财产是清偿银行债务的重要来源，在客户第一还款来源不足的情况下，把控客户财产成为银行防范不良资产的重要手段。在诉讼清收保全工作中，追究客户经济财产责任是防范缓释银行业务法律风险的重点和归宿，故此我们将客户财产把控单独分析。

客户财产把控是一项综合性业务，它涉及银行业务法律结构中关于物权理论分析（含财产事实认定事项）、授信合同中银行对客户财产经营变动的监督把控事项、资金监管托管事项、担保保障文本中的担保物的约定及担保物把控、非授信物品保管（涉及重要物权凭证等物品代保管）事项、风险管理中对客户重点财产的物理监控事项。

我们在研究客户财产把控过程中，以物权理论分析作为基础，按照不同的业务种类、阶段、需求进行研究，对业务处理中涉及客户资产把控的文本进行分析和提示。

因为资金监管是客户资产把控的重要方式，其监管贯穿多个业务阶段，应专门进行分析。

对客户财产的把控限于业务办理过程，诉讼执行阶段银行对客户可执行财产查找及采取措施保全事项以及客户财产处置变现情况，属于诉讼阶段的工作，因此我们将其单独放在博弈业务中分析。

一、调查阶段的资产把控

银行在办理授信业务调查阶段，因为与客户还没有达成授信协议，所有关于财产情况都是由客户提供的，客户提供资产的资料一般仅为财务报表，只有和项目有关的资料才被详细提供，比如开发商贷款，仅就开发项目提供详细资料，因为项目资料和贷款有关，将来可能会办理抵押登记，所以会提供详细的资料。甚至有些比较强势的客户，只有同意授信后才提供财务资料，银行在审批同意办理授信前只能通过网络查询等方式获得参考性信息资料。

在这种情况下，要求银行全面把控客户资产是不可能的，只有选择重点来把控，除了前面说到的项目财产资料 / 抵（质押）押担保财产之外，还需要根据审批文件中提到的重点资产进行调查。

还要注意一种情况，就是与风险缓释方案有关的财产情况也要把控，比如批复要求对供应链融资中的核心企业财产情况进行关注，银行调查人员需要加以注意。

二、签约阶段的资产把控

签约阶段的资产把控分为担保物把控和回笼资金把控，回笼资金的把控放在资金回笼监管部分，这里重点研究对担保物的约定把控。

三、贷后管理阶段客户财产的把控

银行贷款发放后，对客户的财产监控很重要，这种监控是出于监管的要求，另外也出于风险缓释的把控，严格意义上属于风控管理内容。具体操作上每家银行都有各自的规程要求，总体上讲，要注意以下几个问题。

（1）以合同约定的范围进行财产监管，比如增资、股权转让都是监管的内容，我们需要分析该种财产变化的影响，采取纠正措施。

（2）对财产的监管要落实“有证据证明”的底线原则。

（3）注意客户的资产流出是否等价，对于非等价流出，银行要享有相应的应收账款权利和控制权利。

（4）对财产的把控不仅局限于客户和担保物，还要尽可能把控保障人的财产情况。

（5）最重要的一点，贷后管理过程中客户财产的把控重点要与诉讼执行挂钩，一旦形成诉讼，银行能不能抓住这些资产，如何执行，应当提前做好哪些准备。

四、物品保管条款

物品保管条款指关于物品交接、管理、使用、损耗、保险的合同条款，根据保管人划分为客户自管、银行保管、第三人托管，根据保管对象分为实物保管、权证保管。

物品保管针对的业务包括：①授信资产业务发生的物品保管；②中间业务的物品保管，典型的是保管箱业务；③和负债业务关联的保管，比如上门收款过程中的现金存管；④行政事务类的保管，比如物品保管、寄库保管等。

授信资产业务发生的物品保管是最常见的保管，主要是对担保物凭证的保管，虽然其属于物权担保业务范围，但是对担保权证保管一般不在担保合同文本中约定而是另行约定或签署代保管协议。从银行管理角度，授信资产业务属于特殊的中间业务。

1. 担保物权证代保管

代保管的主要作用和目的在于：①确保物品安全；②确保物品保管减少损耗；③确保物品不产生侵权行为。关键点包括：①物品的交接；②物品的日常管理；③物品的损失责任及处理；④费用成本承担。

2. 保管箱业务

保管箱业务属于银行中间业务，对应保管箱协议。

3. 现金存管业务

现金存管属于上门收款现金服务，上门收款就是将客户现金由银行入库暂时保管，现金存管。

4. 寄库保管

寄库保管发生于银行与银行之间，是委托行将尾款箱委托有金库银行进行托管的业务。

5. 行政物品保管

行政物品保管指在行政综合事务过程中发生的物品保管，其业务需要有专门协议予以明确。

第二节 授信业务资金监管解析

一、导论

实施资金监管是授信银行控制资金使用、回笼、保障借款人及时清偿授信的常用监管措施，资金监管主要表现为对账户资金的监管，通常情况下通过签署履行资金监管协议来实现。

由于现行法律、监管、实践对资金监管没有权威系统的规定、解释、指导，授信银行对资金监管业务很容易发生误理解、误操作事项形成风险，现拟以授信业务资金监管需要为出发点，梳理授信业务资金监管的注意事项，从而以资金监管文本的制作和使用为落脚点，为大家提供参考性建议。

二、授信业务分类

账户监管业务是银行通过账户控制对客户资金进行实际占有控制的业务，从性质上分为如下类别。

（1）授信监管。银行基于自身授信业务需要而实行的资金监管，根据资金性质分为：①支付资金监管；②归集资金监管；③回笼资金监管；④出质资金监管；⑤封闭资金监管。

（2）中间业务监管，银行接受当事人委托进行的监管（如果是出于监管部门要求，进行的是托管业务），主要包括：①募集资金监管；②存管资金监管；③资金结算监管。

（3）混合业务，其名义上是其他金融机构委托监管，实际是银行本身监管，发生在银行的影子银行业务，主要包括：①支付受托资金监管；②归集受托资金监管；③回笼受托资金监管；④担保受托监管；⑤占有受托资金监管。

账户监管是银行保证资金回笼、授信到期收回的重要风控措施，一定要做好账户监管的研究。

三、账户监管业务法律把控

（1）监管账户一定选择专户（特户），不是专户不能对抗查冻扣。

（2）监管账户要约定为封闭账户，除了查询，客户不能进行网络银行业务。

（3）监管账户资金用途要有限制，非经银行同意不能使用监管账户资金，质押情况下只能用于清偿银行授信债务。

（4）对于客户特殊的回款，要约定确保回笼，必要时，需要付款方出具承诺或者付款到监管账户的责任确认书。

（5）对于具有账户质押性质的账户监管，要进行账户质押约定，办理应收账款质押等登记。对于没有质押要求的，尽量约定账户资金由银行占有并专门优先用于清偿贷款。

（6）被监管人授权银行直接扣划账户资金用于清偿债务。

（7）对于由第三方委托银行进行资金监管的，要明确约定授权且该授权经过被监管人的同意。

四、资金监管业务法律研究

（一）关于资金监管的管理现状梳理

1. 目前没有关于资金监管的明确规定

法律上没有直接的关于资金监管的规定，中国人民银行也没有关于资金监管的规定，银行内部也没有资金监管的操作管理规定。

2. 目前没有资金监管账户的规定

《人民币银行结算账户管理办法》第三条规定，单位银行结算账户按用途分为基本存款账户、一般存款账户、专用存款账户、临时存款账户。第十三条规定，专用存款账户是存款人按照法律、行政法规和规章，对其特定用途资金进行专项管理和使用而开立的银行结算账户。

实际业务操作中银行是按照《专用存款账户管理办法》对监管账户进行营运监控的。

3. 资金监管及监管账户的实践

监管有明确要求的类似账户包括有回笼资金账户和受托支付监管账户，监管部门对这两种账户是否具有资金监管账户性质没有明确。

《流动资金贷款管理暂行办法》第二十七条规定：采用贷款人受托支付的，贷款人应根据约定的贷款用途，审核借款人提供的支付申请所列支付对象、支付金额等信息是否与相应的商务合同等证明材料相符。审核同意后，贷款人应将贷款资金通过借款人账户支付给借款人交易对象。

《流动资金贷款管理暂行办法》第三十一条规定：贷款人应通过借款合同的约定，要求借款人指定专门资金回笼账户并及时提供该账户资金进出情况。

贷款人可根据借款人信用状况、融资情况等，与借款人协商签订账户管理协议，明确约定对指定账户回笼资金进出的管理。

贷款人应关注大额及异常资金流入流出情况，加强对资金回笼账户的监控。

（二）银行关于资金监管的一般要求

银行进行资金监管的来源依据《流动资金贷款管理暂行办法》第三十一条款规定，按照该规定，银行应通过借款合同的约定专门资金回笼账户，与借款人协商签订账户管理协议，明确约定对指定账户回笼资金进出的管理。

银行的这种资金监管为常规监管，常规监管的目的在于强化对大额及异常资金流入流出情况，主要内容包括：确保资金合规合理支付使用、确保目标资金回笼、确保账户资金封闭运行、借款人不会通过网银等手段私自使用账户资金。

在常规监管情况下，监管账户既可以用于受托支付，也可用于资金回笼、还可以用于资金归集。

（三）资金监管资金优先受偿权利分析

为了防止借款人出现违约事件，银行往往要求监管资金账户优先用于清偿授信业务项下债务，从经营风险防控上此类要求无可厚非，但在具体操作上存在巨大的法律风险。

银行一般参照专用存款账户的模式管理资金监管账户，比如禁止监管账户开通网上支付等，但是资金监管账户开设为一般存款账户。注意这里的营运操作存在一定的冲突：资金监管是通过账户监管来实现的，如果进行账户监管，需要营运部门掌握账户监管协议，而营运部门只对专用存款账户保存账户监管协议并进行操作，不对一般存款账户保留账户监管协议及时进行操作，所以，在实际操作中，资金监管账户可能存在失控问题。

商品房预售资金监管账户属于房地产管理部门委托银行进行商品房预售资金监管的账户，银行对该户无主动监管权利，不属于本书中的资金监管账户。

由于银行监控了监管账户，借款人不可能使用监管资金，因此所谓的优先受偿是针对第三人的，假如因为第三人发生监管账户的冻结、扣划，授信银行仍有权将监管资金优先清收授信债权。因此，银行如果想取得监管资金优先受偿效果，首先要使监管资金具有金钱质押的特征。监管资金实现金钱质押的特征有三个，一是签署质押合同，二是监管资金被授信银行移交占有，三是监管资金被特定化，其中监管资金不能用于借款人的日常经营。

例如，在中国农业发展银行安徽省分行诉张大标、安徽长江融资担保集团有限公司执行异议之诉纠纷案（安徽省高级人民法院〔2013〕皖民二终字第00261号民事判决）；珠海农村商业银行股份有限公司执行异议案（广东省高级人民法院〔2014〕粤高法执复字第158号民事裁定）中，法院认定，当事人按照约定将金钱以保证金专户形式特定化并移交质权人占有、控制的，应当认定该金钱质押成立，保证金专用账户内的资金因业务发生情况虽处于浮动状态，但该浮动均与保证金业务相对应，支出的款项亦未用于非保证金业务的日常结算的，不影响该金钱质权的设立。

本案裁判规则的反向推理就是，如果支出的监管资金用于非保证金业务的日常结算，监管资金不具有特定化性质。

授信银行如果没有签署质押协议，又允许监管资金用于非质押用途，授信银行对监管资金不具优先受偿权利。因此授信银行要使监管资金优先受偿本行债权，在业务批复中须明确：签订特户质押合同，签署质押资金监管协议，单独设定特户资金监管协议，约定资金仅限于清偿债权而不能像回笼资金监管那样供借款人日常经营使用，即使经银行同意也不可以。

我们把特户资金的监管称为出质资金监管。

值得一提的是，这里的特户质押不同于保证金质押，保证金质押在设定之时，借款人已将金钱存入保证金账户，特户质押是对未来回笼资金的质押，在设定质押时，出质资金还未受授信银行监控。

特户质押也不同于应收账款质押，虽然两者都是以未来回款为出质物，但是出质应收账款的来源范围是固定的，甚至有商务合同为基础。

特户质押类似于出口退税账户质押，比如在中国工商银行常州市新区支行与常州市康美服装有限公司、常州市康盛服装有限公司借款合同纠纷案（江苏省常州市中级人民法院〔2004〕常民二初字第150号民事判决）中，法院认为，借款人以出口退税账户托管的方式贷款，构成出口退税权利质押，贷款人在借款未受清偿时，有权对借款人的出口退税款优先受偿。

授信银行如果想规避第三人对监管资金的冻结扣划，就应将出质资金监管与回笼资金的监管区分开来，单独成立出质资金监管账户，按照法律要求审定特户质押权利。

特户质押虽然被司法解释所认可，但在业务管理上，授信银行缺乏特户质押管理办法，这给具体操作带来困难，但从风险防范上，特户质押是种尝试，未必无效，有比没有总是多层保障。

（四）关于资金监管的司法实践

资金监管在司法实践上有所反映，在法律及行政监管对资金监管没有明确要求情况下，司法实践观点对银行的资金监管业务具有重要指导意义，有关司法观点主要包括两个方面。

1. 银行作为中间服务机构的观点

最高院《关于审理经济合同纠纷案件有关保证的若干问题的规定》第九条规定“向债权人保证监督支付专款专用的，做出该项保证的人，在履行了监督支付专款专用义务后，不再承担责任。未尽监督义务造成资金流失的，应对流失的资金承担连带责任。”，按照最高院的司法解释，银行主体地位为中间服务机构，按其服务义务承担相应民事责任，这点在中国农业银行佳木斯市市区支行与广西防城港金海岸贸易公司等购销合同纠纷案（案号为（2000）经提字第 1 号）审理中得到了充分的体现。

2. 银行作为质权人的资金监管观点

（1）特户金钱可以质押。

《最高人民法院关于适用〈中华人民共和国担保法〉若干问题的解释》第八十五条规定，债务人或者第三人将其金钱以特户、封金、保证金等形式特定化后，移交债权人占有作为债权的担保，债务人不履行债务时，债权人可以以该金钱优先受偿。根据该规定，银行可以接受特户、封金、保证金等金钱质押，资金监管是移交银行占有资金的表现形式。

金钱质押是一种特殊的质押，金钱是一种特殊的动产，不同于其他动产，其所有权随着交付而绝对转移，而其他动产则可只改变占有而不转移所有权，因此，金钱如用作质押则须用特定的方式。用金钱质押须先将其特定化后再交付质权人占用，其特定化的形式可采用特户、封金、保证金等形式，其中特户和保证金属于金融机构或具有该性质的机构为出质金钱开设的专用账户。可见，司法实务当中，对金钱特定化理解为资金存放于特定的账户（非结算账户）这一存放形式。

根据资金存放时间的不同，金钱质押包括两种质押：一种是现金质押，包括封金、保证金质押；另一种是特户质押。特户质押与现金质押的最大区别在于，现金质押发生时质押的金钱已经存在、固定并在质押时交付给银行，而特户质押设定时质押的金钱是不固定的，需要在将来时间陆续交付（存入监管账户）的。

（2）未特定化的监管账户内资金依法可以扣划。

通过司法案例可以得知，未特定化的监管账户内资金依法可以扣划，典型的案例就是重庆四中法院关于（2008）渝四中法刑初字第25号案件。

在该案件中罪犯陈某涉嫌欺诈被追究刑事责任，被判承担民事赔偿责任并进入执行阶段。在执行过程中，执行法院通过远程网络全额冻结陈某在平安银行重庆分行营业部账户，该账户上有存款余额23955元，账户状态为“正常”，账户分户状态栏标注信息为“信贷资金监管账户（零售）/黄金定投账户”，存款银行认为陈某该账户作为其购买黄金定投产品资金监管账户，人民法院不应扣划，并提出执行异议。执行法院认为，被执行人开具的账户内资金来自银行信贷并依协议被银行监管，如果该账户不为监管银行占有，则银行的监管形式不属于对信托财产的管理，也不符合特户、封金、保证金等特定化的法定要件，依法可以扣划账户内资金，因此驳回了存款银行的执行异议。

通过此案可以确定，人民法院是从监管账户的质押性质来判定账户资金是否有对抗第三人法律效力，没有质押担保的资金监管，其监管账户资金可以扣划。银行在业务实践中需要高度关注监管资金的优先受偿问题。

第一个关注点，在业务审批过程中一定要明确资金监管账户的质押性质，最好明确签署何种资金的监管协议，以便清楚业务的具体操作，批复中只要求“资金优先用于清偿债务”是不明确的。

第二个关注点，要完成符合账户质押的成立要件。一般而言，资金监管仅为出质金钱的移交，要构成特户质押，还须双方签订书面质押合同、质押条款，形成质押合意，如果不单独签署质押协议，资金账户监管协议应有明确的质押条款。

注意：特户质押的最大特点就是先设定质押，后移交质押金钱，所以不能按照《民法典》“质权自出质人交付质押财产时设立”规定进行约定。

第三个关注点，注意针对监管账户强化营运监控。在资金监管账户为一般账户情况下，营运部门不接触监管账户协议，不了解账户管控，这是账户监管在管控上的漏洞，银行应在内部做好管控，在账户性质上注明“质押账户”。

（五）不同性质资金监管的管控及操作

银行虽然对资金监管有业务上的需求，也签署了资金监管协议，但是对监管资金性质认识不清，存在错误使用、管控不到位的问题。

监管资金可分为三个范围方面的资金：一是信贷业务资金，基于信贷业务而产生的资金；二是受托资金，基于受托监管而产生的资金；三是混业资金。

每个范围方面资金项下又可以细分为不同类型的资金，我们有必要针对不同的资金，明确不同的监管目的，梳理内控管理的要求，把控好对应的资金监管账户的使用，保障监管协议制作符合业务及管理要求。

1. 信贷业务资金

（1）支付资金。

支付资金是按照监管要求由授信银行受托支付的信贷资金，支付资金监管是监管部门的要求，目的是确保客户资金使用符合用途，其管理和操作基本成熟，不再详述。

资金监管账户单独设定，不能与其他具有优先受偿性质的账户混同，不涉及优先受偿，无须单独签署资金监管协议，只需在借款合同做约定即可，资金全部支付完毕账户即可撤销。

实际用款人与借款人不一样的，还要签署三方（银行、借款人、用款人）支付资金监管协议，资金监管协议需注明，款项到达用款人即实现贷款发放。

如果贷款为信托贷款的，也需要签署三方（银行、借款人、信托公司）支付资金监管协议。

（2）归集资金。

归集资金主要是围绕银行授信产生的资金归集，包括各种非出质应收款项归集，补偿补贴、预收款归集，归集资金来源不限，银行对归集资金管理的目的首先是揽存，借款人对该账户的资金可以有条件申请使用，归集资金不具有优先受偿权，其账户不能和支付资金账户以外的账户混同。

归集资金可以变成其他性质资金，是资金监管业务中的重要监管资金，在账户设计使用上要注意以下几点。

①归集资金可以作为回笼资金处理，此时其监管账户应该和回笼资金账户相同。

②归集资金可以作为担保回笼资金处理，此时其监管账户应该单独设立，或者回笼资金账户相同，无论单独设立，还是与回笼资金账户相同，账户资金只能只进不出（除非还贷）。

③归集资金监管仅作为资金流动控制使用，在这种情况下，一定要单独设立，不要与回笼资金账户 / 质押账户混同，此类归集账户允许借款人有条件支付。

如果归集资金具有部分偿债功能，应当归集资金监管协议中明确偿债条款。

④标准而言，应有第三方（款项支付方）作为主体签署的资金监管协议。第三方不方便签约的，应有第三方承诺。第三方不能承诺的，借款方应承诺到期自动划转，归集付款方划付到其他账户资金。

（3）回笼资金。

按照贷款管理办法，银行必须在贷款合同中约定成立回笼资金专用账户，用于清偿贷款，合同还约定回笼账户的使用限制条款和银行扣划还贷的权利。回笼资金专用账户的资金为回笼资金。

银行对回笼资金的监管没有特殊要求，通常情况下，只要求客户在还贷前足额将款项划付至回笼账户，以便银行及时扣款。

回笼资金监管也是监管部门要求的监管，回笼资金账户正常理解为还款账户，它是一种双方约定的专用账户，银行与借款人必须遵守。账户资金用于偿债，不能挪作他用。账户可以作为会计操作使用，在无纸化办公要求下，还贷不再由还款人划付到银行名下的还款账户而由银行在回笼资金账户扣划。

法律对回笼资金是否有优先受偿没有规定，回笼资金也没纳入专门存款账户适用范围，回笼资金不具备优先受偿的法律属性，在纳入专门存款账户适用范围之前，只能通过约定来明确优先受偿属性。无法对抗第三人的查冻扣。如果让回笼资金账户内资金具有优先受偿权利，还需签署特户质押协议使其具有质押属性或者所有权转移属性。

（4）出质资金。

出质资金是特户质押项下的将来预期归集资金，对出质资金监管的目的是实现权利质押上的优先受偿权，须单列账户，具体操作应符合特户质押的要求。

特户质押的实践依据源于出口退税账户质押，按照前面的描述，特户质押的操作应参考保证金质押 + 出口退税账户质押 + 应收账款质押等其他质押权的管理来进行。银行最好制作特户质押协议范本，出质资金监管协议的制作要符合特户质押协议要求，不建议将特户质押协议和资金监管协议两者合一。

特户质押的资金来源应该是不确定的，任何可以偿债的资金均可以作为特户质押对象，但是应摒除物权法律上可以设定权利质押的出质物来源，比如应收账款，应收账款有专门的质押，不能用特户，还有特户质押是否需要锁定问题。

特户质押的资金移交问题，因为其不是质押时移交监管，而是将来监管，所以特户质押不适用封金、保证金质押的操作，需要根据司法实践，比照出口退税账户质押进行约定。

值得注意的是，在业务管理上，银行很少有特户质押管理办法，这给具体操作带来困难，在业务操作上，有些批复如果只要求监管资金优先用于清偿贷款而没有要求进行特户质押，批复的这个要求是无法实现的。这个优先首先不适用借款人，在资金被银行监管情况下，借款人不可能动用监管资金，谈不上优先的问题，优先问题应适用第三人，假设有第三人冻结了监管的资金，银行希望监管资金优先用于清偿贷款，但是优先受偿应以质押为前提，没有质押就没有优先受偿权，从具体实践上，封户质押是种尝试，未必有效，但是有比没有总是多层保障。出质资金的来源和移交是核心问题。

（5）占有资金。

占有资金是客户账户名下由银行监管控制并具有所有权的资金。

典型的占有资金就是保理资金，银行保理业务的特点就是银行在为客户提供融资支持情况下，受让客户名下的应收账款，应收账款的基础合同是客户与其付款义务人在保里业务发生前签署的，应收账户的收款账户仍为客户账户，但是在银行提供资金后，其回款性质应为银行所有。

与其类似的资金还有担保回款。所谓的担保回款，是指基于担保物变现、补偿、赔偿而产生的款项，比如出质应收账款质押的回款，出质房地产的售卖。担保回款与债务清偿有额度期限错配的问题，担保回款不能支付当期债务需要先行存款的问题，或者对超出当期债务剩余部分留存的问题，根据物权法律的规定，担保物变现款应清偿担保的债务，如何操作是个问题，所以通过银行持有来处理。

银行对占有资金监管的目的是当回款应当立即用于清偿账务而基于特殊原因不能清偿债务时，为了避免该款项查冻扣风险而采取的资金监管。

占有资金监管不需要制定质押协议，但是应在监管协议中明确资金的性质归银行所有，或者银行有权划入内部账户。需要明确银行对持有资金的所有权性质，并对持有资金存款支付高的利息。占有资金特殊，应单独设立账户。

（6）偿债资金。

偿债资金是专门用于借款人清偿银行债务的资金。典型的偿债资金就是担保回款，担保回款是指基于担保物变现、补偿、赔偿而产生的款项，比如出质应收账款的回款，出质房地产的售卖变现款项。

《民法典》第四百零六条规定：抵押期间，抵押人可以转让抵押财产。当事人另有约定的，按照其约定。抵押财产转让的，抵押权不受影响。抵押人转让抵押财产的，应当及时通知抵押权人。抵押权人能够证明抵押财产转让可能损害抵押权的，可以请求抵押人将转让所得的价款向抵押权人提前清偿债务或者提存。转让的价款超过债权数额的部分归抵押人所有，不足部分由债务人清偿。

该规定体现了这样的一个物权法原理：基于担保物而形成的金钱应用于提前清偿债务。如果授信银行随着担保回款提前清收债权，也就不存在偿债资金问题了。

在实际业务操作中，有些担保回款不能立即用于清偿贷款，担保回款与债务清偿有额度期限错配问题，比如担保回款不能支付当期债务需要先行存款的问题，或者对超出当期债务剩余部分留存的问题。

在不能立即提前清偿债务的情况下，偿债资金本应划入银行自有资金账户或划付至银行内部账户，由于在实践过程中以上两种操作均存在不同的困难，授信银行只能通过资金监管方式占有该用于偿债的资金。

偿债资金除了担保回款，还有他人愿意代偿的资金、用于还贷的特殊补贴款、非质押的保证金、差额补足款、保理回款等。

偿债资金性质上应为授信银行占有的资金，用于清偿债务，不能挪作他用，也不应被第三人扣划。偿债资金的占有 / 偿债性质与预收款性质相类似，虽然是借款人名下账户的资金，但是为授信银行完全占有 / 独立控制，银行抵销 / 清偿对应的债务。

偿债资金不能用于借款人的经营，所以不能放在常规的监管账户，偿债资金不属于质押金钱，不需要制定质押协议，不能放在出质特户进行监管，授信银行只能放在专用的偿债资金账户进行监管，偿债资金监管协议中需要明确授信银行对偿债资金的占有 / 偿债性质。

在授信银行不想或不能账务上提前清偿债务情况下，实际债务与形式账务处于分离状态，具有法律上的不确定，授信银行如果不想偿债资金被第三人扣划，就必要采取相应的缓释措施，对偿债资金占有监管就是一种尝试，偿债资金监管的最终预期效果是债务已经清偿，账务还未处理。

总之，授信银行在资金监管过程中要注意区分回笼资金、出质资金、偿债资金的不同性质，签署不同的资金监管协议，区分设立不同的监管账户，防患于未然。

2. 中间业务受托监管资金 / 账户托管业务

（1）业务概述。

账户托管业务是指客户根据业务需要伙监管要求，在银行开立托管账户，将资金存入账户由银行进行托管，达到客户不能随意转移处分资金的目的，托管业务范围包括各种基金的保管，有些业务名为存管监管，仍为账户托管业务。账户托管的价值在防止客户滥用资金，携款跑路。

（2）账户托管业务法律把控。

账户托管业务是银行的中间业务，重点是规避托管失职风险。从操作上讲，尽量制定资金对外支付的明确流程，约定托管账资金对外划付的书面格式文件，约定划付文件由托管人出具，银行仅进行书面审查。

对于按照监管要求进行托管的账户，银行要对划付进行监管审查，对于特殊情况，需要监管部门认证同意后划付。对于第三人托管业务，比如债券发行托管业务，发行管理人不同意出具划付意见的，银行要把控用途的实质审查。

受托资金指银行接受他人委托，对特定资金提供的监管资金，可根据委托人或委托业务的不同进行分类，具体细分为：预售资金户监管、保障支付资金监管、募集资金监管、建设资金监管、信托资金监管、共管资金账户监管、专项资金账户监管、证券账户监管、资金封闭监管理财监管、委贷理财监管、存管资金监管等。

受托资金监管属于银行中间服务，对应的是受托监管账户金，通常情况下，该资金交付与银行无关，银行无须考虑优先受偿问题。

在受托监管方面，银行的资金监管受委托方的委托范围限制，银行注意厘清自身的监管责任，责任越少越好，当然在名为受托实为监控的情况下，过少的责任导致权利减少，不利于银行的风险控制。

受托监管不同于托管，托管属于基于监管要求而进行的，其内容受监管要求，受托监管属于自治监管，内容由当事人自行确定。

受托监管的银行需要注意，监督义务要清，责任要明，不要承担过多审查责任；银行通过书面指令付款；纠纷转移，任何疑义由委托人解释处理。

3. 混业资金

混业资金是指同时具有授信业务和受托业务性质的资金，一般适用银证理财等创新业务中的资金监管，混业资金监管是按照信贷业务资金监管 + 受托监管种类混合情况进行分类，基本的种类包括：①支付受托资金监管，比如信托贷款受托支付资金监管协议；②归集受托资金监管；③回笼受托资金监管；④担保受托监管，指债权人为其他机构情况下银行接受委托作为资金监管人监督担保人签署履行担保业务过程中的资金回转；⑤占有受托资金监管。

混业资金监管特点包括以下几点。

（1）针对其他机构无法对账户进行监管的情况下，银行接受委托，可代为行使监管银行的责任，代为行使债权人权利。

（2）委托人或者监管受益人让渡权利给银行，银行可以独立行使监管权利，维护核心利益。

（3）监管的目的既要满足授信监管实质要求，也要符合受托监管形式要求。

（4）银行主动监管，委托人授予银行独立绝对权利，甚至授予银行独立维权的权利。

（5）账户单位禁止使用账户资金，资金使用完全由银行控制。

（6）混业资金监管表现有两种形式。一是直接由银行加入融资主从合同，在融资主从中增加监管条款，比如以信托公司为债权人的信托贷款项下保证金质押协议。二是由银行、委托人、借款人签署独立的资金监管协议，比如信托贷款下的资金监管协议。

（7）混业监管协议重点是制定全权代理条款，银行可以独立行使权利，自行衡量及处理有利于委托人的事项。

（六）监管账户（账号）的关系

监管账户（账号）的关系是支付账户、回笼账户可以和归集账户合并，出质特户和封闭账户各自独立。银行对归集账户、出质特户资金要划转到回笼账户清贷，封闭账户应转入内部账户。

授信类监管协议可划分为三种：综合类（支付、归集、回笼）、质押类和占有类。

从本质上讲，银行的监管不是基于法律赋予的权利，而是客户的授权，所以监管协议本质上应该是授权管理合同。不是双方同意就合法，一定要对该动作进行法律关系定性，比如张三给李四 10 万元钱，这个行为可以是支付货款，如是行贿受贿，该行为并不被法律所认可，虽然属于当事人的你情我愿。

资金监管一般有以下要求：未经贷款人事先书面同意，借款人不得对监管账户办理网上银行、购买支票业务及批量代扣业务，以该账户或账户内的资金向任何第三方提供任何形式的担保，并不得使用该账户内的资金。

实际上，只有专门存款账户才可以办理上述业务，如果监管账户是一般计算账户，银行营运部门不会进行上述操作，也不会知晓保存监管协议，不会进行监管。账户监管由营运监控管理最为妥当，而实际业务过程中存在监管缺失问题。

要注意操作过程中的矛盾冲突，如果监管账户被设定为专用账户并按专用账户办理，营运部门能监控账户，专用存款账户只收不付，而银行批复允许客户可以有条件使用专户资金，两者存在冲突。

第三节　应收账款业务简析

一、应收账款业务概念

应收账款业务是基于客户应收账款而发生的业务，它是综合性业务，包括应收账款账户结算服务业务，应收账款授信业务、应收账款质押业务、应收账款权益业务。

票据等收款凭证业务应属特殊的应收账款业务，但不在本次讨论的范围，此处仅讨论非票据应收账款业务。

应收账款账户结算服务业务主要包括账户监管托管业务。应收账款属于特殊的资产，无论哪种业务，银行对应收账款的监控属于必须具备的条件，这种监管主要是通过账户结算监管来完成的，因此应收账款的结算监管成为必然。

此类业务属于必需的辅助的从属的业务，没有其他业务为前提，对应收账款没有监管依据，有了监管，应收账款业务才能彻底实现。

应收账款授信业务是基于应收账款开展的授信业务，比如保理业务和进口保付业务。权益业务有专门的课题做研究，不做重复分析描述。

应收账款质押业务是以应收账款为出质物开展的质押担保和非典型担保业务。应收账款权益类业务是指围绕应收账款产生的金融产品所发生的业务，比如应收账款理财、应收账款收益权转让等。应收账款关系客户的回款情况影响客户偿贷能力，很多金融创新产品基于对应收账款的开发而来，因此有必要将应收账款业务作为重要课题来研究。

二、应收账款法律解读

《民法典》第四百二十五条中对动产质权下了定义，对权利质权的定义未作描述，但确认了权利质押准用动产质押的相关规定，因此可从动产质押的定义中去理解把握应收账款这种财产权利质押。有学者将应收账款质押界定为：债务人或第三人将其有权处分且可以转让的应收账款出质给债权人并登记于信贷征信机构，作为债权实现的担保，债务人不履行债务时，债权人有权依法以该应收账款折价或者以拍卖、变卖它的价款优先受偿。

我国《民法典》将应收账款明确规定为可以出质的财产权利之一，按照民法理论，财产权利包括物权（所有权、用益物权、担保物权）、债权以及其他特殊的财产权（如知识产权中的财产权等）。应收账款之所以被确定为一种独立的财产权利类型，其具有以下的固有特性。

（1）应收账款主要是金钱债权。从应收账款的构成来看，应收账款主要表现为以金钱债权为内容的付款请求权。《应收账款质押登记办法》在界定应收账款时采用了概括加列举的模式，即在将其概括为付款请求权的同时，以列举方式明确将金钱债权纳入应收账款范畴，并列明应收账款包括以下权利：销售产生的债权（包括销售货物，供应水、电、气、暖，知识产权的许可使用等），出租产生的债权（包括出租动产或不动产），提供服务产生的债权，公路、桥梁、隧道、渡口等不动产收费权，提供贷款或其他信用产生的债权。由此可见，应收账款主要是金钱债权。至于公路、桥梁、隧道、渡口等不动产收费权是否也属于金钱债权，《应收账款质押登记办法》在分类列举时回避了“债权”字样的使用，笔者认为不动产收费权归入应收账款范畴，主要是因为其经济利益的实现方式为债权形式，但不动产收费权并非一种单纯的债权，而是一种以金钱债权为实现形式的特殊财产权利。

（2）应收账款主要是合同债权。按照民法理论，债权可基于合同、侵权、无因管理和不当得利形成，且均可以偿付金钱为内容。但金钱债权并非都是应收账款，一方面因侵权、无因管理和不当得利所形成的金钱债权，主要系第三方介入而产生的付款请求权，更多体现为对权利的救济，与应收账款直接基于财产权利所产生的付款请求权不同；另一方面，按照《应收账款质押登记办法》之规定，应收账款系因提供货物、服务或者设施而获得，与侵权、无因管理和不当得利并不相干。因此，应收账款主要是基于合同而形成的金钱债权。该合同为民事合同，债权人与债务人具有平等的法律地位，实践中所谓的财政补贴、政府承诺返还的土地收益金等预期利益不应归属于《民法典》意义上的应收账款。

（3）应收账款是非证券化的一般债权。按照是否以证券化形式为表征，债权可以分为证券债权和一般债权。应收账款一般无固定格式的权利凭证，至于《国务院关于收费公路项目贷款担保问题的批复》（国函〔1999〕28 号）规定公路收费权以省级政府批准的收费文件作为权力证书，笔者认为其实质是一种资格确定的法律证明文件，不是一种证券化凭证。《民法典》将应收账款与存单、国债等具有证券化表征的债权并列，亦表明应收账款不以票据或其他有价证券为表征，是一种非证券化的债权。

（4）应收账款可以是既存债权也可以是未来债权。通常认为，得为质权标的权利应同时具备财产权、可转让性、非不得设质等条件。未来债权是相对于现有债权而言的，顾名思义是指现在尚未存在、但在将来有可能发生的债权。未来债权作为可以转让的财产权，其转让一般无损债务人的利益，亦不违背法律精神，而且在国际上得到大多数国家或组织的确认，具有让渡和换价的可能，自可得设置。因此应收账款既可以是现存的，也可以是将来可能取得的。

三、业务场景分解 / 动作分解

应收账款业务的基础场景有三种：一是应收账款的确认与调整变化；二是应收账款的监控；三是处置变现。

应收账款的应用场景包括：①转让保理场景，包括转让协议与转让通知；②质押场景，包括签署协议与登记；③权益场景，签署协议与通知，一般情况下仍做好应收账款质押登记 / 转让登记等，以对抗第三人。

四、保理业务

1. 保理概念

保理（factoring）全称保付代理，又称托收保付，卖方将其现在或将来的基于其与买方订立的货物销售 / 服务合同所产生的应收账款转让给保理商（提供保理服务的金融机构），由保理商向其提供资金融通、买方资信评估、销售账户管理、信用风险担保、账款催收等一系列服务的综合金融服务方式。它是商业贸易中以托收、赊账方式结算货款时，卖方为了强化应收账款管理、增强流动性而采用的一种委托第三者（保理商）管理应收账款的做法。

国际统一司法协会《国际保理公约》对保理的定义是：应收账款管理服务机构以保理商身份和以赊销方式提供商品或服务的销售商之间的一项持续性安排，根据这一安排，销售商将其现在或将来的基于其与买方 (债务人) 订立的货物销售 / 服务合同所产生的应收账款转让给保理商，由保理商为其提供下列服务中的至少两项：①贸易融资；②销售分户账管理；③应收账款催收；④信用风险控制与坏账担保。

2. 保理分类

商业保理（commercial factoring）指由非银行保理商开展的保理业务。

国内保理（domestic factoring）指保理商为在国内贸易中的买方、卖方提供的保理业务。国内保理是指保理商（通）为国内贸易中以赊销的信用销售方式销售货物或提供服务而设计的一项综合性金融服务。卖方（国内供应商）将其与买方（债务人）订立的销售合同所产生的应收账款转让给保理商，由保理商为其提供贸易融资、销售分户账管理、应收账款的催收、信用风险控制与坏账担保等综合性金融服务。

国际保理（international factoring）指保理商为在国际贸易中的买方、卖方提供的保理业务。国际保理业务的运作有单保理和双保理两种方式。仅涉及进出口商一方保理商的为单保理方式，涉及双方保理商的为双保理方式。单保理是只有出口银行与出口商签订保理协议，并对出口商的应收账款承作保理业务。双保理是进出口银行都与进出口商签订保理协议。

3. 保理业务中银行权利

以有追索权保理融资业务为例，有追索权保理融资业务是指卖方将对买方的应收账款转让给保理银行，保理银行根据卖方的融资申请，在审查同意后向卖方支付保理融资款项。保理银行有权在发生本合同约定事项时要求卖方回购应收账款，买方和商务合同项下的全部风险仍由卖方承担。

（1）银行基于应收账款转让产生的基本权利。

卖方获得保理总额度后，其向保理银行申请叙做每一笔保理融资业务前应将其在该商务合同项下的应收账款转让给保理银行，保理银行同时受让应收账款上的下述权利：①采取法律允许的一切措施，作为债权人要求买方支付应收账款；②如商务合同约定卖方保留所有权的，则货物所有权应一并转让给保理银行，但卖方仍应负责运送货物以及对货物的瑕疵等事项依据商务合同承担义务；③再次转让应收账款；④背书转让、贴现商务合同项下与应收账款有关的票据；⑤受让并执行与应收账款有关的任何保险、担保；⑥其他依照法律法规或商务合同规定卖方享有的与应收账款有关的权利。商务合同项下应由卖方承担的义务仍由卖方承担，不随应收账款转让。

（2）银行基于应收账款转让产生的票据权利。

对于买方和卖方在商务合同中约定以汇票作为结算方式的，卖方承诺：一旦买方通知其收取票据，卖方应立即通知保理银行，并按照保理银行的要求，与保理银行一同到买方处办理票据接收事宜，取得汇票后应直接送至保理银行处办理票据贴现，并将贴现资金直接转入保理回款专户。

（3）银行基于卖方违约产生的要求应收账款回购权利。

五、应收账款池融资业务

应收账款池融资业务是指转让人（客户）将其与商务合同买方已签订及将签订的商务合同项下的未到期的合格应收账款债权批量转让给受让人（银行），形成应收账款池，并在前述应收账款池内的应收账款能够满足规定的融资比例要求的情况下，受让人根据本协议及其与转让人签署的具体业务合同，经审查同意后为转让人办理相应的融资业务。转让人在本业务中承担商务合同买方及商务合同所涉及的交易的全部风险。

应收账款池融资是针对变动的应收账款进行的应收账款转让融资业务。

六、赔款保险转让

赔款保险转让是指客户的付款方违约情况下，客户将保险理赔款转让给银行，此类业务属于辅助业务，不属于担保，是客户与保险公司签署具体保险协议。

第四节　实物保管业务简析

一、实物保管业务概述

实物保管业务分为保管箱业务和实物控制业务。保管箱业务是指由银行对客户重要资料进行保管的业务，一般为权证资料（存单、票据、权属证书），也包括对现金的临时保管，属于银行的中间业务。实物控制业务是围绕授信客户实物资产进行保管控制的业务，实质是风控业务，确保银行对物的控制确保银行授信存在物的清偿保障。

实物保管业务延伸业务为第三人保管，比如仓储保管，在法律上属于出质物的移交占有，是质押担保成立的法律要件。

银行还存在对资金的非典型保管业务，就是客户将资金以预付款或其他名义，打入银行账户，由银行单独保管，此类业务属于创新，法律效力待定。

二、实物保管业务法律把控

保管箱业务属于合同法律上的存管业务，银行要注意保管的安全，不能丢失，一般情况下限定最高赔偿额。

实物控制业务和保管箱业务类似，但是不存入保管箱，银行不收取费用，存管期间以保管物到期或授信清偿之日为限。

仓储质押保管业务是银行委托仓储管理者代为保管客户动产业务，需要注意把控物的灭失风险，保管物的真实情况和辩护情况，需要针对动态动产质押（核定库存）、静态动产质押、未来货权质押开证、未来货权质押开证等不同业务开展不同的风控措施。

保兑仓业务是指银行与客户将物品（一般为货物）交付仓储公司保管，兑现的业务，因为信用风险太大而被淡化，但是此类业务实际是银行监控实物的方式，所以作为基础业务研究，尤其在供应链业务中，资金流动、物资流动和法律权利流动构成供应链的三大要素。

第四部分

博弈维权业务

第一章　概论

博弈维权业务是指银行通过有权机关保全自身资产、维护自身权益的业务，可划分为以下几种。

（1）从博弈权益看，分为民事法律权益、行政法律权益、刑事法律权益。民事法律权益包括经营权益、财产类权益，知识产权、商誉等无形资产权益以及经营权益。

（2）从博弈途径分为民事诉讼、行政诉讼、刑事诉讼、仲裁、调解以及和解。

（3）从博弈对象分为客户、行政机关、公诉机关、侵权第三人、内部员工。

（4）从博弈角色分为主动博弈和被动博弈。

我们在业务解构过程中，以博弈途径为主框架，结合其他分类来进行，即分为博弈基础工作、民事诉讼/仲裁、行政诉讼、刑事诉讼、化险和解、财产与执行、侵权/维权。

银行在博弈维权过程中，一般委托专业人士（律师）进行操作，我们可以研究分析博弈维权文本的结构、用途和使用条件，进而评判代理律师的结果，做好方案的选择、识别和分析新型风险，进而指导日常风控工作。

考虑民事诉讼是银行博弈维权业务的主要构成，这里博弈维权以民诉为标准，其他博弈维权方式为补充。

博弈维权业务与其他业务的关系：在风险防控上，博弈维权是最后的防线；从某种意义上讲，其他业务都是在为博弈维权业务做准备；在结果监测上，博弈维权结果是其他工作的衡量尺度，博弈维权工作的成功与失败对其他工作均具有借鉴和指导作用，其他业务工作主管部门主导业务处理，博弈维权工作一般由法律部门负责和指导。

博弈形成文本是指在博弈过程中提供和使用的文本（包含于不同文本中的文字段落描述），文本适用对象为主持博弈的有权机关（博弈机关包括法院和仲裁机关），不是有权机关制作的结论性博弈文书。

博弈形成文本范围包括起诉状、答辩状、上诉状、财产保全申请书、强制执行申请书、和解协议、签署法院调解书以及执行和解协议、仲裁申请书等。

在仲裁过程中形成经过权威机关的磋商和解性维权文本，一般也认定为博弈形成文本，原因是在权威机关（法院、公证处）主持下进行，法律瑕疵更小，更具有执行力。

博弈形成文本身有格式形式上的要求，可以研究其模板及使用说明，博弈形成文本内容上基本遵循有和要求、有何事实和法律依据的逻辑要求，而起诉状是博弈形成文本的典型文书，此处将以起诉状为典型示范，分析具体博弈形成文本的制作。

博弈形成文本直接反映具体争议法律关系，具体争议法律关系是和具体业务法律有关，是和权利义务责任条款有关，我们建议在有关具体业务法律分析中注意增加博弈形成文书的内容。

不同博弈业务会形成不同的具体文本，但是文本的制作有基本规律，我们对这些规律做总体归纳，需要寻找文本制作规律和观测要求标准，保障自身能制作合格的文本，或者对已经（由律师）完成的文本有审查的指导。

1. 关于证据事实

案件的审理，需要事实，事实需要证据，证据本身需要质证，法院会根据案情进行事实调查，对证据可能有不同的理解。我们在收集保留证据时，需要对证据自身按照法官的理解进行梳理，有必要就法院梳理证据的规则经验进行归纳，办法就是通过现场直播、判决以及具体的案件交流研讨。

2. 关于行政诉讼

行政诉讼是源于银行不服行政机关的行政处罚而采取的诉讼活动，这里的行政机关不仅包括银行监管部门，也包括其他部门。尽管理论上行政诉讼是银行维护自身合法权益的途径，实际上银行很少提起行政诉讼，大多是通过行政复议来解决，行政复议是与行政行为具有法律上利害关系的人认为行政机关所做出的行政行为侵犯其合法权益，依法向具有法定权限的行政机关申请复议，由复议机关依法对被申请行政行为合法性和合理性进行审查并做出决定的活动和制度。行政复议是行政机关实施的被动行政行为，它兼具行政监督、行政救济和行政司法行为的特征和属性。它对于监督和维护行政主体依法行使行政职权，保护相对人的合法权益等均具有重要的意义和作用。

《行政复议法实施条例》第十九条规定，申请人应当在行政复议申请书中载明下列事项：

（1）申请人的基本情况，包括公民的姓名、性别、年龄、身份证号码、工作单位、住所、邮政编码；法人或者其他组织的名称、住所、邮政编码和法定代表人或者主要负责人的姓名、职务；

（2）被申请人的名称；

（3）行政复议请求、申请行政复议的主要事实和理由；

（4）申请人的签名或者盖章；

（5）申请行政复议的日期。

行政复议也不是最好的维权办法。实际上，除非特殊情况，行政机关一般采取最轻原则进行行政处罚，银行业没有复议的必要，可建议采取申辩方式，在行政处罚形成过程及时改正错误，申诉自身理由，获得行政机关的理解。

理论上，行政机关对银行实施的违法行政管理行为，银行均有权通过复议/起诉维护自身的权益，实际业务中，银行很少对行政机关提起诉讼，通常通过申辩恳请的方式取得行政机关的理解和支持，豁免或减少行政机关对银行的不利措施。

行政机关行政处理不当的原因一般包括：①程序瑕疵；②规则适用不当；③事实有瑕疵。银行应围绕这三个方面，提供申辩文本，征得行政机关的认可。申辩文本内容一般包括：事情经过、有权机关的处理意见、有权机关处理不当原因、银行建议处理方案。

第二章　博弈维权基础

博弈维权核心内容是通过有权机关实现自身的主张，虽然过程和结果有不可预测性，凡事预则立，银行需要做好前期准备和基础工作。现以民事诉讼为例来分析博弈维权的几个基础点。

一、事实证据收集

以事实为根据永远是裁判的基础，在启动或应对博弈诉讼之前，需要先搜集事实证据。

我们收集事实文件时应注意以下问题。

（1）全面搜索，依据业务办理的顺序，提取业务办理文件，按照时间顺序排列。

（2）注意处理好事实文件的有效性。事实文件以原件、由博弈对手签章确认为有效标准，同时注意瑕疵事实文件的处理，包括以下几种情况。

①内部管理文件，不能作为证据事实文件使用。

②信息性质文本可以参考资料提供。

③客户提供的复印件文本，没有其他证据佐证，不属于有效证据。

④银行自行打印的文件比如回单等，需要有客户收到或者能收到的证据。

⑤对于短信、微信、电子邮件等形式的证据需要有其他证明文件证明其有效。

（3）对提取的事实文件列表进行分析，注明事实文件的证明事项。银行在收集事实之后，要对事实文件反映 / 证明的行为事件进行整理，搭建业务操作过程演示，形成业务模式的法律事实构成要素。

我们对争议事实进行描述，以便加深事实过程的理解，同时对庭审期间的质证打下基础。

二、法律关系的梳理

按照业务规程进行了业务操作，但是我们所做的业务可能和想象中的法律标准不一致，需要对事实发生的业务按照法律标准重新进行梳理，首先要确认争议业务真实的法律关系。

可以从以下几个各方面验证事实上的法律关系与预设的法律关系是否一致。

（1）具体业务操作是否合法有效，比如借款人身份被证明为假，则借贷行为是虚假的，在法律上不存在。

（2）是否贯彻执行批复要求，偏离风控标准，或者对法律风险提示未做落实，或者擅自接受客户的变动请求，这些都可能发生法律关系偏差。

（3）已经发生对交易模式合法性予以质疑的案例、律令或权威人士理论。

（4）业务主体的权利义务责任存在混乱不明晰的情况。

三、博弈策划的确定与权利主张

（一）博弈策划原理

博弈策划是指在各种博弈实践活动中，银行围绕博弈裁判机关创造性地运用法律手段，解决法律纷争的方式和方法，包括博弈技巧、博弈策略和博弈智慧三个层面。

可选择策略是指在理论和实践上可能实现诉讼目标的路径。以当事人的请求权为基础展开，寻求该请求权的规范基础，从而将小前提归入大前提，最终确定请求权是否能够得到支持的结论。

在进行策略选择时，应当充分预测对方就每一个可选策略可能采取的反制措施，依据该预测进行综合分析。

在进行策略选择时，应考虑每个可选择策略的举证责任、赔偿范围、管辖法院，法律适用等因素。应当在以下方面对每一个可选择策略进行综合分析：①该策略对客户（应理解为银行的博弈对手）一方的优势；②该策略对客户一方的劣势；③该策略对客户一方的风险；④该策略对客户一方的机会。

对每一个可选择策略确定后，应当对该策略实施须支付的成本，证据提交风险，可执行性或可操作性等进行综合性评价，如有可能应尽可能做到指标量化。

（二）博弈策划形成机制

博弈策略的形成过程基本如下。

第一步，从诉讼目的进行诉讼策略的选择。

实现诉讼目的是银行追求的最终结果，任何一家银行都不会为了诉讼而诉讼，即使诉讼结果对银行有利但却背离银行的诉讼目的，那诉讼工作也是失败的，从银行角度来看，诉讼目的是否实现才是评判一个案件诉讼成功与否的标准。

在大多数情况下，诉讼结果和诉讼目的是重合的，即一个完全的胜诉判决往往就能达到银行的诉讼目的，但诉讼结果和诉讼目的之间并不是等同的，实践中存在银行都可以预料和接受的肯定会败诉的案件，有些案件诉讼结果和诉讼目的相互背离，诉讼策略是否满足经营管理需求十分重要。

特殊情况下诉讼的过程更重于结果。诉讼是一种谈判施压的手段，这种情形在一些大型企业的诉讼中比较常见，因为大型企业具备完整的风险防范和管理体系而且大型项目的招投标过程中也要求这些企业不得有诉讼的记录，因此在一些争议无法沟通或者沟通陷入僵局的时候，对方往往会通过诉讼的方式进行施压，迫使对方进行谈判或接受相应方案，这就要求律师在代理此类案件中把握诉讼的度，双方目前或今后可能还有很多项目需要合作，一旦通过诉讼导致双方合作关系终止，将得不偿失。

诉讼有可能是一种拖延时间的策略，这类情形常见于侵权诉讼过程中，我国目前的侵权赔偿属于补偿性赔偿而不是惩罚性，理论上即使侵权者不会从其侵权行为中获利，但也不会因为侵权而倾家荡产，权利人不仅面临着较高的举证责任，同时还需要承担较高的诉讼成本，因此在实践中对于一些确定侵权的案件，经常会出现利用管辖权异议、鉴定、延期举证等手段来拖延案件的审理，达到扩大侵权利益的目的。

诉讼也有可能是一种行为合理性的背书，近年来为了抑制腐败，相关部门不断加大对财务的管理力度，包括收支分离、内部审计、外部财务监察等，这一系列措施很好地防范了国有资产流失及内部腐败问题，但也束缚了相关人员的职权，审计的利剑高悬使得许多属于内部权限范围内的合理支出推到法院来解决，以法院的判决作为指示其行为的依据，而不顾诉讼的成本及风险，代理此类案件需要律师最大限度地维护国有资产利益的同时也要注意诉讼双方利益的平衡，防止因为诉讼激化矛盾而引火上身。

诉讼可能还是一种打击竞争对手的手段。虽然我国采用的是二审终审制，但自从我国开始实施立案登记制后，案多人少的矛盾逐渐突出，尤其是在省会或一线城市，民事诉讼法规定的审限成为案件的理论处理时间。一个案件从起诉到生效判决少则半年多则两三年，先入为主的思维定式导致一些企业利用上述时间差，利用诉讼后大肆宣传的方式打击竞争对手，尤其是在竞争对手处于融资、上市等关键时间节点。等相应的热度过去，鲜有人去关注案件的结果，无论最终的结果如何显然其诉讼目的已经完成。

第二步，根据诉讼策略选择诉讼目标。

一般情况下，银行处理诉讼事务的目的不外乎三种：一是实现自身权益，这主要体现在银行主动提起诉讼上；二是免责，主要体现在银行被告 / 无独立请求地三人案件上；三是维护本身权益，一般为银行作为有独立请求权第三人案件上。

在诉讼管理中，我们需要确定诉讼争议关联的法律关系内容范围，博弈机关在审理案件过程中也需要确定争议的法律关系如何。诉讼的目标是和权利义务责任关联的，权利义务责任有不同的分类和具体内容，我们需要进行甄别选用。

第三步，根据诉讼目标确定具体的诉讼请求。

诉讼请求是指请求博弈机关予以支持并可以执行的具体事项。

诉讼目标和诉讼请求不完全一样，比如欠款诉讼纠纷，我们的诉讼目标是让借款人履行还款义务，在诉讼请求上则不能笼统地说让借款人履行还款义务，而是判令借款人立即清偿贷款本金 **** 元。

第四步，围绕诉讼请求提供事实和理由，也叫依据文本（陈词）。

依据文本包括事实依据文本和法律依据文本，法律依据文本主要围绕着权利义务责任的构成来描述，证明银行的主张符合法律条件，符合内在逻辑，法律规定充足。

第五步，提供备用陈词。

为确定博弈主张是否合法，法院会总结相应的争议焦点，并围绕争议焦点进行审理（一般不对焦点外的问题进行审理），银行或银行对手可能会针对争议焦点提出异议。争议焦点影响案件性质走向，为了争取有利于自身的争议焦点，银行应准备备用陈词。

另外，银行针对对手可能提出的对抗性主张，或者修正自身依据上的瑕疵，也或做必要的准备，一旦庭审有变，能进行抗辩。

我们在文本基本条款中对通用的法律条款进行了分析，在核心法律条款中对权利义务责任条款进行了法理上的分析，对具体银行业务涉及的法律内容进行归纳。从银行业务实践来看，银行业务大部分法律内容都是可知的，我们有必要围绕具体业务分类和法律规定的权利义务责任建立一个诉讼请求信息查询库并加以不断完善，提高工作效率。

关于提供备用陈词，虽然它与具体案件息息相关，但是争议焦点具有共通性，建议也制作争议信息查询库，方便查询。

（三）博弈策划的误区防范

博弈策划决定博弈文本，也决定博弈的最后效果，所以要谨慎进行策划，尽量规避失误，缓释风险。

博弈策划的失误从理论上看有很多，但是我们建议从实践案例中总结归纳博弈失误，防微杜渐。

（1）未能贯彻落实经营管理目标。

①未能全面客观分析案件情况，整体把握案件进程与目标。

②未能充分预见可能出现的各种状况和结果，未能识别各种可能诉讼陷阱和风险，制定解决预案或采取必要措施进行法律风险合理管控。

③可行性不强，没有充分考虑争议解决成本、风险、目标，解决方案不可行。

④可选择策略失误提示如下。

a. 在确认可选择策略时，应当保证逻辑完整，不存在漏项，即使有的选项看似不可行，亦不得遗漏。

b. 确认可选择策略时，应全面从诉讼手段和非诉讼手段综合考虑，其中诉讼手段应作为考量的基础。诉讼手段包括民事诉讼、行政诉讼和刑事诉讼；非诉讼手段主要指协商、调解等。

c. 应当将诉讼手段和非诉讼手段再进行细分，使可选择的策略更加具有可操作性。

（2）基础法律关系判断出现失误。

①确认争议点——案由失误。

②搜集梳理解决争议法律与归责体系不全，或者而没有确认具有优势的法律关系以及归责体系。

（3）依据陈词不严谨。

①逻辑不清晰，案件发展的逻辑以及法律规范的逻辑关系混乱，不能支持自身主张。

②法律依据不足。依据陈词所依据的法律、法规、司法解释、案例不全、过时，失效。

③逻辑错误，没有注意客观因果与法律因果、法律风险与市场风险、法定责任与违约责任的区分和适用。

（4）诉讼主体和事实不当。

（5）财物失控执行不能（另行研究）。

第三章　民事诉讼仲裁

民事诉讼仲裁形成文本是指在裁判过程中提供和使用的文本（包含于不同文本中的文字段落描述，简称裁判文本），文本适用对象为主持裁判的有权机关（裁判机关，包括法院、仲裁机关），不是有权机关制作的结论性裁判文书。

裁判文本范围包括起诉状、答辩状、上诉状、财产保全申请书、强制执行申请书、和解协议、签署法院调解书以及执行和解协议、仲裁申请书等。

裁判文本从用途上分为：磋商文本、裁决文本、请求文本以及事实文本。

裁判形成文本身有格式形式上的要求，注意搜集整理模板及使用说明，但是裁判形成文本内容上基本遵循有何要求、有何事实和法律依据的逻辑要求，而起诉状是裁判形成文本的典型文书。现将以起诉状为典型示范，分析具体裁判形成文本的制作。

一、起诉状的起草及审查

1. 起诉书的解构

裁判形成文本直接反映具体争议法律关系，具体争议法律关系是和具体业务法律有关，是和权利义务责任条款有关，我们建议在有关具体业务法律分析中注意增加裁判形成文书的内容。

具体不同裁判业务会形成不同的具体文本，但是文本的制作有基本规律，我们对这些规律做总体归纳，需要寻找文本制作规律和观测要求标准，保障自身能制作合格的文本，或者对已经（由律师）完成的文本有个审查的指导。

裁判形成文本从内容上讲包括事实认定文本，法律依据文本和权利主张文本。

事实认定文本包括记载事实发生的证据文件、证据目录说明、质证解释等，要注意以下三点，一是事实文本有专门章节讨论，二是事实认定文本需要得到法官或权力人员认可，三是事实文本是裁判形成文本的客观依据。

法律依据文本其实就是法律适用的推理，需要从正面阐述和反面禁止两方面论述，在不去额定情况下，要考虑仲裁者的因素，尽量排除不利的因素，有两点，经过法官认可的依据才是有效依据，法律依据是裁判的前提。

权利主张文本是实现诉讼目的要求的文本，它体现了银行的诉讼策略的实施，延伸不同的争议焦点的设置。

我们对裁判形成文本的分析研究，主要是围绕着权利主张文本展开的，裁判权力主张与裁判策划息息相关，关于事实及应诉操作，我们暂时忽略，假设事实清楚毋庸置疑。

另外，对于不便于总结的事项，我们采取风险列举的方式给大家提供参考。

2. 起诉书采纳性研究（实质要求）

不同于业务文本，维权文本最大的特点就是不确定性，其是否被采纳，受对方，尤其是有权机关的影响。因此把控有权机关的处理原则及民事当人利益需求非常重要，以及在其基础上的方案设计。

司法裁判理论非常重要，且需要注意最新的发展，我们希望能有人进行司法裁判理论细化研究，建议的细化研究方向包括：①裁判规则归纳（解决纠纷争议的潜规则）；②相对方人员的思路、利益请求；③如何及时把控动态变化；④方案思路的确定原则。

二、证据质证

人民法院依据法律事实进行裁判，法律事实源自证据，证据源自当事人的提供，经过质证被法院采用，所以质证是庭审的重要环节。质证有举证和质证两个步骤。

1. 关于举证，银行应提供证据目录和证据原件

证据是发生争议情况下向博弈机关提供的具有法律事实证明效力的文件，包括但不限于调审文件、履约文件，也包括违约事件文件、损失文件等。其文本的界定由法律规定和博弈机关（人员）来认定，要求具有真实性、合法性、关联性。

证据目录是对证据来源真实性、关联性和证明目的进行说明的文本。

2. 关于质证，只有经过法院认可的证据才成为有效证据

我们研究诉讼事实文件（证据）时应和法院的事实调查相结合。

（1）举证规则很重要，要明确谁主张谁举证的原理运用。

（2）仲裁者对证据的审核认定（质证）规则。

（3）如何正确描述证据或中或有效质疑对方证据。

三、辩论

辩论是当事人在事实基础上对自身权利的主张和对对方主张的反驳，要注意归纳争议焦点，争议焦点是审判的思路，主要围绕银行业务当事人权利义务责任来展开，可按照庭前准备的方案应对。

民事诉讼裁判是动态过程，只有专业人士才能有效掌握技巧，但是，法官的审理裁判是有迹可循的，只要确定好合理的诉讼方案，银行的权益会得到保护。

第四章　其他博弈维权业务

第一节　刑事诉讼

银行涉及刑事诉讼的情况有三种：①银行涉嫌犯罪，含银行员工涉嫌犯罪；②银行被犯罪行为侵害；③银行的客户涉嫌犯罪。

银行涉嫌犯罪的比较少见，最多见的是银行员工涉嫌犯罪，其中核心问题是银行是否为员工犯罪承担赔偿责任。

第二节　化险和解

化险业务是指银行为了保全清收资产或避免、减少追责损失而与客户协商解决业务危机的工作。

化险业务发生于业务管理，负责单位为业务主管部门，最后都需要风险部门审批，化险不成，将形成诉讼等博弈状态。

化险业务源于常规业务，但是不同于常规业务，最显著的特征就是可能有第三人参与。

银行法务注意通过文本履行监控发现法律风险。从理论上讲，合同的制订签署后，业务的履行一般会按照合同约定进行。但是实践过程中，会出现业务实践与合同约定不一致相互脱节的问题，在这种情况下，需要根据情况采取不同的修正措施：第一种是修改变更文本，此类情况为合同的变更；第二种是修正业务操作，确保业务按照合同的标准进行，此类情况为文本履行监控。文本履行监控主要发生于客户行为异常 / 违约的情况，也有第三人出现干扰的情况；第三种情况则来自银行，银行在签约放款之时存在漏洞需要弥补，或者合同履行过程中银行的管理出现新的要求变化。银行法务人员要善于与业务部门人员沟通，在日常发审过程中发现法律风险。

在这种情况下，银行需要通过采取相应的补救措施，补救措施对应的法律文件就叫补漏文件。补漏文件是针对业务管理 / 维权过程中发现银行存在管理漏洞情况 / 需要变通缓释情况下为了堵塞漏洞、缓释风险而形成的专用文本，它可以是（银行或客户）单方的，也可以是双方的。文本履行监控管理的核心就是如何确保银行合同权益不受损害。

从目前实践来看，化险业务包括以下几种。

第一种：贷款的催收，在贷款发生危险时，比如逾期，银行会采取发律师函的催收措施，催收函一般由律师撰写，内容包括银行债权情况、客户违约情况、银行催收要求、客户可能承担的后果。

第二种：行为纠正，客户发生危及银行利益事件后，银行发出纠正要求，客户为此与银行达成了解协议。主要有以下几种表现。

①银行授信出现危险、不良情况下，银行可以通过保全清收类协议缓释风险，加速不良资产的清收，比如协议处置变现抵押物 / 出质物。

②对于客户不能纠正的事项，客户提供新的担保保障措施，双方达成担保保障协议。

③逐步偿还协议，由银行与客户及担保人达成还款清偿计划，一般是确定银行债权情况、债务人确认无异议情况、客户还债计划及操作步骤、担保人的履约义务。偿还协议有固化事实作用、催收作用及执行力，公证情况下有强制执行效力。此类业务也发生于执行阶段。

第三种：谅解，在银行给他人造成侵权处于不利情况下，银行为减少诉讼损失，而与客户达成的偿付性协议，一般写作补偿协议。

和解性协议一般内容包括：事情起因及客户要求、银行的补偿措施、客户声明银行不担责、保密协议、客户弃权声明。

第四种：容让，银行虽然在法律上并无过错，但是为了规避声誉风险，或者减少经营成本，而与客户达成的了事协议，适用于业务维权和社会声誉维权，内容类似和解性协议。

第五种：反制，客户受损情况下会通过监管部门 / 行业协会 / 新闻机构对银行提出非分要求（碰瓷），银行须对上述机构或者客户要求进行答复，提供答复声明性文件，针对客户请求作出答复或者针对舆情事件所作的声明。

答复文件内容包括：事情的经过、银行的依据、客户要求不合理合法之处、建议措施，以及警告提示（不得妨害工作秩序）等。

答复文件目的在于尽量取得客户理解，化解风险。在客户不认可的情况下，银行要避免客户投诉问题，起诉问题以及通过社会舆情施压问题。

声明性文件是针对社会舆情风险由银行单方做出的解释性文件。建议化险文本在律师指导下完成。

第三节　财产执行

财产执行业务是复合型业务，是综合客户财产把控与民事诉讼业务的执行阶段，其核心内容是如何查找客户财产保障能执行回款。

财产执行业务分为执行诉讼程序业务和清收财产控制业务。

执行诉讼程序业务包括以下阶段。

1. 诉前（诉讼）保全

银行为了避免客户转移资产影响判决履行，在诉讼前或起诉后申请法院对客户财产采取保全措施，保全措施包括查冻扣以及其他措施，此类业务有如下三个特点。

①银行对财产的落实一般基于风控管理。

②诉讼保全需要提供担保。

③使用的文本为诉讼保全申请书，如诉前保全文本、诉讼保全文本。

2. 诉讼裁判

银行申请有权享有物的权利，比如抵押担保。银行有权申请处置抵押物，优先受偿。还有其他维权行为和要求，比如要求返还财产，撤销客户对财产的处置行为等。

银行对财产的落实一般基于风控管理，应做好对担保物的把控。

使用的文本为诉讼起诉状，刑事担保物权诉讼文本，排除妨碍文本、撤销权文本，无效诉讼文本。

3. 申请执行

对于客户或博弈对手不履行法院判决的，银行提出强制执行申请。

银行对财产的落实一般基于风控管理和对担保物的把控。对于客户存款、房地产等财产，法院会依职权行措施，包括查冻扣等，无须银行提供。

文本包括强制执行申请，恢复执行申请书。

4. 执行拍卖程序

该程序是由法院组织对客户财产公开拍卖的程序。拍卖资产可能是银行提供的，也可能是法院获得的。

拍卖程序是由法院发起，银行履行配合，签署确认各种法律文书。也有银行提供拍卖申请书的。

5. 执行异议诉讼

法院在执行法院提供的财产时，由第三人向法院提出的执行异议诉讼，阻断银行执行申请。此程序同讼程序。

6. 执行中止和恢复执行

在客户无财产可执行情况下，由银行递交中止本次执行申请，等发现新财产线索后再执行。

7. 协议处理财产

由银行与客户或第三人协商处理客户的资产，可能发生于执行阶段，也可能发生于化险和解阶段。一般情况下，该资产有客户提供，或者银行掌握，使用的文本为和解协议。

8. 清收财产控制业务

清收财产控制业务就是会知晓、掌控、请求处理客户资产的业务，核心是对财产的把控，分为以下几个方面。

（1）清收财产的来源来自业务管理。

银行在向法院提供财产线索时，对于业务管理中掌握的客户财产，要提供权属证明、权利证书 、合同文本、保管情况文件占有情况、其他权利情况以及其他法院要求的文件。

（2）注意可供执行财产的标准。

注意把控法院执行财产的要求，在日常管理中尽量做好相应准备。

银行应将可知晓掌控财产、法院可执行财产及具体财产的类型相结合，形成可供财产的范围参考，指导日常工作。

（3）勇于尝试不明财产的查找与执行。

银行对客户的某些财产在业务办理过程中没有掌握或不便掌握，银行应拓展思维，通过社会力量收集财产线索，与执行机关沟通，进行调查取证。对于财产情况不明的尽量说服法官采取执行措施。

执行工作是弹性很大的工作，争取法官的支持能增加成功可能性。

第四节　侵权纠纷

侵权业务，指银行针对侵犯他人权益或者银行权益被他人侵犯发生纠纷进行处理的业务。

侵权行为可能发生于任何业务办理过程中，对其研究属于综合性课题。因为侵权业务具有突发性，所以它具有特殊性。

从法理上讲，侵权行为构成要素有三个，有损害事实、有损害行为、损害事实和结果有直接联系，还有一个有争议的构成要素是主观有故意 / 过错的。侵权对象侵权对象包括人身权、财产权和知识产权。

侵权行为从银行管理分类可分为银行侵权行为和银行被侵权行为（或维权行为）。从银行操作分类上分为侵权预防行为和侵权处理行为。从管控程度上分为可测侵权行为和突发侵权行为。

一、侵权行为的预防

银行侵权的产生可能包括以下几点。

（1）业务规程设置不合理。比如规定，一旦借款人逾期还款，直接扣收借款账户存款，司法案例认定银行扣款属于侵权。

（2）操作失误，比如泄密、招牌脱落伤人等。

（3）受客户牵连，比如银行委托广告公司制作广告，若广告图案侵权，银行将承担连带赔偿责任。

（4）员工犯罪，比如员工盗取客户存款引发的侵权事件。

对于银行侵权行为的预防，主要做好风险检测。

（1）操作规程不合理的大部分原因是违反强制性法律规定和规避社会责任，对于业务操作流程的设置，我们要学习有关强制性法律规定和社会责任的承担，尤其是对安全、客户保护和公平原则方面的规定，要细化落实到操作规程中。

（2）无论是监管部门，还是银行内控部门，对业务的操作都有明确规定，我们在制定、学习、执行过程中要把侵权风险作为检测的重要内容，评估操作行为对客户或其他第三人的侵权可能，采取相应措施加以防范。

（3）与客户发生业务过程中，要在合同中明确侵权行为的预防及后果的承担，在实践中要注意控制侵权行为不要发生。

提示：如何搜集不同的银行侵权行为及应对措施是我们长期的工作。银行被侵权的行为属于突发性行为，银行很难控制。

二、侵权行为的处理

侵权行为的处理包括和解和诉讼两种方式，均属于民事纠纷，除了在操作规程上参照民事诉讼处理外，要结合侵权纠纷的特殊性做好相应的应对措施。

对于银行侵权纠纷实际业务处理，主要围绕免责、减责、转移风险三个目标进行。从案例来看，坚持合规操作能免除和减轻银行责任。

对于银行被侵权行为的处理，要求侵权人如何承担民事责任是重点，尤其要注意银行维护权利措施、采取权利自救行为而被起诉侵权的情况。

我们需要在银行权益种类及补损措施方面进行整理，为银行被侵权时的维权提供参考。

第五部分

文本法务管理

第一章　文本法务管理总论

银行业务的法律风险防控主要通过银行法务的管理来实现，银行法务通过整合各种资源来实现银行业务法律风险的防范和缓释，因此国家提出建立总法律顾问制度，确立银行法务的权威，将法律的顾问性质、辅助性质从属性质向管理性质转化。但是从实际情况看，银行法务工作并未引起足够的重视。银行法务的工作主要体现在文本的管理上。

银行业务文本制作、使用、管理属于全行人员共同参与的实务，但是从专业角度讲，银行法律事务部门（团队）是管理核心单位，没有法务人员的管理，银行业务文本的制作及使用会失去组织上的保障，其效果会不尽如人意。如何规范有效管理好文本是一个很重要的问题。

我们进行文本法务管理的探讨原因有以下几个方面。

一是重塑银行法务的角色地位，强化评价师、导师的功能。

二是制定银行法审工作标准，使报审部门和法务审查工作能够相互衔接。

三是努力做好文本管理的基础工作，提高法律工作效能。主要体现在两方面：①宣传文本使用标准，提高文本管理的全行水平；②建立业务文本范文、业务风险等信息库。

四是建立法务管理体系，方便服务外包的对接，对于派驻银行的服务律师，或者律所内部服务银行团队的法审有所借鉴。

第二章　文本管理使用组织体系的建立

银行业务文本管理是银行的整体工作，在银行法务人员不多的情况下，如何建立组织保障体系十分重要。

作为文本管理负责团队，银行法务在组织管理文本的时候应注意以下问题。

（1）建立法律团队，由银行各业务部门设置法律审查岗，贯彻落实文本的信息传递，负责法律报审的初级整理。

（2）强调由业务部门提供文本样本。

（3）注意各部门的分工，要求各部门从各自部门职责提供风险信息和缓释办法。最好建立数据库并不断更新。

（4）尽量将工作外转，比如消防、建设等经常性的业务文本有业务主管部门制定专门文本并负责管理，减少法务人员的工作量。

（5）尽量建立完善信息库，供其他人员查询，提前做好瑕疵清除，法务人员应为检验员而不是制造工。

（6）关于文本打印，用印检查，由法律人员配备专人。

（7）建立文本修改更新机制。

（8）有效利用外部律师资源，让律师提供最新法律信息。

当前银行业界有种普遍的趋势，凡是对外用印，均要求银行法务进行审查。银行的法务人员要自觉培养指导师的角色，尽量不要陷于具体的业务操作，法务人员的重点工作是建立文本制作使用的标准，采取有效的措施推动全行人员遵照执行，事必躬亲的做法不仅会增加自身工作量，也会养成业务部门懒惰和推诿心理，何况主控业务的是业务人员，法务人员的角色是顾问，越俎代庖是工作的大忌。

第三章　法审咨询的原则和流程

一、先行业务性审查

对于报送审查的法律性文件，必须坚持业务性审查先行原则，要求报审部门提供批复性文件、银行专项资质证明文件、合同主体身份证明、报审业务性质说明。

要求报审部门提供完备的报审背景资料：业务涉及的基础交易、交易背景文件与情况；管理文件、产品计划书及操作流程/审批文件；要求报审部门提供有关主管单位的意见。

法务人员要根据法律审查报审及审查资料清单逐项核实是否齐全。法律审查报审查资料主要内容包括以下几点。

①是否违反中国人民银行、中国银行业监督管理委员会及其他管理机构制定的规章；②是否违反银行的规章及行内政策；③是否超越业务权限；④是否符合有权决策部门的决策意见；⑤是否真实反映谈判情况，文本不会反复；⑥是否已知法律风险核实缓释方案已经通过；⑦对方当事人是否具有签约主体资格，当事人主体身份是否确认无误；⑧是否完成审批流程，商业条款完整、准确，符合实际业务要求；⑨是否所用文本系最新的制式、示范文本基础上修改，业务文本格式规范段落编号准确，语句通顺，无错别字。

法律审核意见不能流于形式，对报审文本应结合业务背景、合作模式，对可能出现法律风险的条款逐一认真审核并充分揭示；主动研究业务模式、细节，细致了解业务部门的本意，避免存在歧义，留下纠纷隐患。

二、把控好文本法审与督导/服务作用

文本的法审与督导分为两部分内容，文本的法审操作与法审的督导作用。文本的法

审操作管理是从技术操作层面上展开的，每家银行均有合同审查的管理规范，律师也有合同审查的规范，法审的功能定位有两种意见。一种意见是服务功能，法律服务仅为顾问服务，不得干预业务经营，法律意见仅供参考，这是主流。另一种意见是管理功能，以法律为标准，按照法律要求来规范 / 督导业务操作。在国家强调建立银行总法律顾问制度，这个规定颁布表达了趋势，在实践中，法律团队纳入风险团队，如自称部门会凸显其管理功能。

文本法审有范围确定问题，文本法审是大法审概念，不仅是对现有文本的审查，而且包括对合同文本制定的审查，还包括非银行签约文本的审查，还有内部操作文件的建议，总之，凡是业务关联的文本都应纳入文本审查范围。

文本法审遵循工作思路，合同审查是基础，业务靠合同进行，模式检测是载体，业务需要确保合法，法律规划是本质，掌握金融发展规律，律令遵从前面的规律。讲律令对业务的影响可以从这个角度进行。

对于银行法审工作而言，因为对法律风险的理解不同，所以首先考虑的就是顺利完成法审工作，其中就有法审规则，银行从来没有很具体的法审规则，所以制定规则很重要。法审规则应该是：以合同文本条款为基础，以信控为导向，以风险重点，以免责为标准。风控包括内部管理，甚至党建风险，不仅仅指法律上的风险。免责就是尽量不深入法律核心，以信控制度为底线。对于涉及律令红线或风险底线的，法务人员要努力修改，不能纠正的，要做好风险提示。

银行应考虑建立法审规则信息库，归纳总结法审的操作规程，可以从以下几个方面建立发审规则信息库：规则属性、规则编号（也是规则库编号）、规则概括、规则简介、起草人，建立日期、备注。

关于制定法审的规程，需要注意以下几点。

（1）法律审查审限管理，注意不要超期。

（2）要重视重要法律条款的审查，对生效时间、生效条件、协议有效期间、争议解决方式、管辖地选择、三方所持合同的法律效力、合同有效期届满后续约或解约的模式等内容确保审查到位，内容不缺。

（3）法律审查符合风险监控要求，对比较复杂、风险发生可能性较大的文本要特别重视，通过出具详细的法律意见书的方式，对涉及的法律、法规，可能存在的风险隐患（含商业条款明显有问题的）进行提示，同时从法律角度提出意见和建议。

银行法务要建立风控文本化机制，协助业务部门进行各类风险的分析，并强化文本对风控的管理。

第四章　制式文本的管理

制式文本管理包括起草使用制式文本和监控管理，根据分行需求，修订总行制式合同文本，后续监控管理同总行制式文本使用，具体业务单个文本制作按审查处理。

制式文本是银行常见的规范性文本，统一适用某种银行业务，制式合同文本使用的职责分工、业务流程、使用规则、人员要求及保管要求，银行都有各自的规定。

通常情况下，对于银行制式文本，由银行业务主管部门负责制作，由业务拓展部门、风险控制部门、营运部门配合，法律部门审定。制式文本的制订，一般遵循以下原则：①凡有业务，文本先行；②与业务匹配；③符合合同制作一般原理；④充分体现风险防控；⑤便于文本使用；⑥制式文本附带制作说明和使用指导。

制式文本应由银行的总行法律部门审核发布，制式文本的修改，应当通过银行法律部门审核。银行法律部门的审核，银行内部应制定法律审查修改的流程，流程注意实现文本的选制标准。

制式文本一般要求印制使用，银行分支机构印制时要注意合同版本与总行下发的合同版本相对应，避免因印刷错误造成的风险。

客户文本是指由客户提供的不能修改的文本，对于客户文本，业务主管部门、业务拓展部门、风险控制、营运部门提供该文本的风险分析及缓释措施，报经法律部门审查备案后使用。

文本的选择制作是文本应用的基础，文本从制作主体上分为银行制式文本、客户制式文本、双方协商共同制作的文本（包括制式文本的修订）。

对于银行制式文本，由银行业务主管部门负责制作，有业务拓展部门、风险控制部门、营运部门配合，法律部门审定，对于客户制式文本/双方协商共同制作的文本，由业务主管部门、业务拓展部门、风险控制、营运部门提供使用修改方案，由法律部门审定。

第五章　文本的适用管理

文本的适用管理是指文本形成流程、使用、保管的系统性控制，加强文本适用管理的目的在于提高文本的质量和适用效能，充分发挥文本的法律价值。银行法务应指导制定文本填写使用操作规程，确保业务的操作与文本的约定相一致，业务操作与文本不相悖，是相互脱离的。

银行业务文本有自身的适用管理规律，我们在探讨文本的适用管理过程中，首先以文本的功能为展开面，以文本的形成流程为线索，结合各文本的效能，对文本的管理进行全面动态管理。

（1）通过履行具体的法律审查职能，督导业务主管部门对文本制作使用规范流程。

（2）建立银行业务文本数据库，为业务部门提供支持。

（3）正确提示文本法律风险，基础修改建议。及时反馈最新仲裁动态。

（4）收集文本使用出现的问题，审查操作合规性。

（5）做好文本的使用、保管管理。确保合同真实合法有效，诉讼证据原件不可丢失。

第六部分

信息及工具库建设

第一章　银法用典信息库建设概论

无论在学习中，还是在工作中，强大的信息支持能使我们事半功倍，因此有必要围绕“银法用典”这一项目建立丰富完善的信息库。我们可以就信息库的建立作为一个单独的项目拓展。在此，我们拟对信息库的分类、作用、信息建立标准、信息检索查询方式、信息采集渠道、信息有偿分享制度进行介绍，引导、协助大家共建共享银法用典信息。

银行应与律师事务所展开基础性合作，由银行与律所搜集信息，建库共享，对具体项目制定使用标准，做好操作流程安排，逐步建立信息库有偿制度，形成良性发展模式。

目前我们主张对信息资料的形式有统一的要求和标准，具体包括以下几部分。

（1）信息资料分为目录资料和信息簇资料。

目录资料用于寻找查询，信息簇资料以单独文件夹形式设立，文件夹下包含信息源资料、信息源资料，以 Word 版本为主，这样做原因在于方便引用，其他形式，比如音频、视频、PPT 等仅作参考。关于扫描件形式的信息资料，比如书籍、杂志、扫描页等，是在无法保留或者保留 Word 版本成本过高的情况下才使用的。

（2）信息资料应有银法用典的标志，表示该信息文件（主要是信息源资料）经过银法用典信息库查询校正过。

（3）信息源资料的形式表现采用公文版本，需要制定具体信息标准。

信息库可以分为查阅类信息、工具类信息和观察类信息。

查阅类信息的特点是不对信息进行修改，仅为阅读使用，包括律令信息、实例信息以及理论信息。

工具类信息是可以协助完成我们工作的信息，包括银行业务框架的信息、业务文本信息，以及业务风险信息、业务专题信息。工具类信息的特点是可以不断完善和修正，最终适应和满足工作的需要。

观察类信息就是围绕某一专题 / 事项 / 现象进行的全方位观察记录信息，它的特点是一种待结论的事实记载，比如跟踪某项政策规定的实施效果，或者律令规定对利率的影响变化，这种信息不一定会直接帮助我们完成现实的工作，但是这些信息的收集和整理能够提供事实的基础和拓展思路，提高认识事物的水平。这种信息属于尝试性信息，尚无经验可循。

下面分别分析不同的信息建设。

1. 关于律令信息库的建设

律令指国家法律法规、监管规定、通知、精神等指导性 / 规范性文件，律令信息单元应当包括律令、律令信息要素，律令背景解读文件，律令提示文件。实际上，单位内部的规定也属于律令，但是由于保密性质，不在收集范围内，单位工作的人员应注意比照律令信息自行收集整理。

律令信息目录要素包括：律令名称、律令发布人、律令编号、律令生效日期、律令失效日期、律令标签等。律令标签可帮助我们快速搜集关联的律令，它是收集人的自行标签，每个人需要根据自己的工作自行确定。

律令信息搜集来源：一般而言，访问律令发布者官方网站，可以收集律令信息，但是有些内部指导性的文件，则需要律令发布者内部工作人员搜集和提供，这些规定虽然不具备对外的效力，但是根据“县官不如现管”的原则，这些内部文件对我们的工作实践影响很大，所以需要和业内人士多交流沟通。

对于律令性质信息的收集，我们建议通过奖励的办法鼓励大家收集，当然我们也需要出售信息库来获得奖励基金。

2. 实例信息库

实例指与银行业务有关的裁判、仲裁、行政处罚、刑事等发生的真实案例。

实例信息目录要素包括：实例名称、裁判处理机关（发生多次裁判处理的，以最后、最高级别为准）、业务范围、实例编号、案由、终止日期、实例标签。

实例信息内容要素应当包括实例原文、案例信息要素、案例背景文件、案例解读文件，案例逻辑剖析文件、使用警示提示。建立实例信息库时注意把控以下几点。

（1）挖掘实例的示范作用，案例具有示范作用，挖掘其指导、借鉴作用，有权威的案例更能说服裁判人员作出倾向己方的处理结果。

（2）对于不能全部搜集实例信息的，应注明来源，提高可信度。

（3）简化实例，有些实例的公告文书（比如判决书）比较完整，应根据核心内容和价值点进行缩减成文，这样可以避免侵权的风险，同时也便于在理论分析、共享时引用。

（4）尽可能将实例中的逻辑推理进行抽炼，一个是便于吸收实例，二是抽炼出来的逻辑组更加实用。

实例信息收集渠道包括三种：一是网上专门网站，比如法院的司法裁判文书网，银行监管机关的处罚网，这些来源信息权威全面，但是一般没有解构内容；二是裁判处理机构发行的专刊，能够解构裁判处理的思路，比如最高院的《司法实践》上面刊登了法官裁判的思路分析；三是专业论述，银行法务、律师、学者经常发表关于实例的文章，可以作为参考资料来使用。

3. 理论信息库

理论信息是业务研究者针对某项特殊论题所做的学术信息，形式包括网文、杂志、书籍、PPT、音频、视频等。

理论信息目录要素包括：课题名称、课题范围内容、对应的业务、发表时间（理论也有时效性）。

理论信息内容要素包括：信息原文、版权情况、信息抽炼、信息价值点。

理论信息的整理使用注意把控以下几点。

（1）注意版权，除了记载版权情况，引用时要表明来源，避免出现抄袭。在使用该信息时注意权利人关于权利的声明。

（2）对于杂志、书籍类的信息，尽量扫描入库，单独保管，方便使用。

（3）对于不同甚至相冲突的理论，都要搜集，不因为个人爱好倾向就擅自取舍，遵循兼听则明原则。

理论信息的搜集：理论信息的收集渠道十分广泛，希望大家可以推荐好的理论来源。

4. 银行业务框架信息

银行业务框架信息是将银行业务进行梳理并安排的结果，其中并不存在实质内容，但是银行业务信息的梳理非常重要，它决定我们如何便利安排金融法律信息的结构和快速查询有关信息。

银行业务框架的信息建立应和银行业务的法律分类勾连，要和银行业务内部条线管理关联、要和法院的案由勾连，还要和资产的保全关联。

另外，除了业务框架，还有理论框架，我们拟研究的课题项目有时并不针对银行业务或者具体的银行业务，我们初步以本书的编写逻辑，对公共性理论课题进行再梳理。

我们对银行文本理论及业务课题进行了框架式梳理，基于银行业务框架的基础性和决定性完成本书，如有不足之处可联系 QQ188028182 与我们交流。

5. 银行业务文本信息

银行业务文本信息就是针对银行的不同具体业务搜集的各种范本信息。本书围绕银行业务文本展开论述，对银行业务文本的搜集属于题中之义，而且，银行业务范本能极大地提升我们的工作效率。

银行业务文本信息目录要素包括：适用业务种类（可以从大到小分几个级别）、适用情况、文本名称（适用业务 + 文本名称 + 版本）、文本提供时间、文本提供人等。

银行业务文本信息内容要素包括：范本、编写背景、范本的解构及注意事项、文本性质（标准文本 / 变形文本 / 特意文本 / 综合文本）、适用说明、参考资料、版权信息等，注意，除极特殊情况，内控文本不属于文本信息之列。

银行业务文本信息来源主要有两个，一是银法用典研究组提供示范文本，二是专业人士提供文本主补充。

6. 银行业务即时风险信息

银行业务即时风险信息是指银行业务高概率发生风险的信息。所谓高概率的发生，是指有实例证明发生，或者业务审批中明确加以防范，或者能通过理论推导出有可能发生的风险。

我们建立银行业务即时风险信息的原因在于银行风控管理滞后于现实，很明显的例子，如发生一起不利于银行的裁判案例情况下，在该风险被银行消化并制定管理措施前，存在危险空白期。我们拟通过银行业务风险信息的建立，及时识别风险，以便采取缓释措施，降低银行风险。

银行业务即时风险信息目录要素包括：风险名称、发生业务、风险提示源、发生日期、提供人。

银行业务即时风险信息内容要素包括：①风险名称及级别（风险从层次顺序上讲，可以分为法理风险、基础文本风险，具体业务风险）；②风险构成分析（含缓释措施）；③适用的业务；④识别标志；⑤文本实践提示。

银行业务即时风险信息主要从业务办理、司法案例、社会新闻、监管提示等渠道获得。

风险信息采集过程需要把控两点：①专人或者专门组织负责即时搜索；②建立有效的风险识别工具库。

风险识别工具库是指用于风险识别、检测和缓释的参考信息集合。

风险工具与风控文本理论的关系是，风控文本理论具有指导性、基础性，风险工具具有实践性、具体性，可与具体业务风险结合，风险列表可以作为检测表。

7. 裁判信息库

裁判信息是围绕银行业务通过权力机构维权减损的信息，也包括财产线索搜集信息。

我们设立裁判信息库的目的有两点：一是裁判过程不受银行控制，必须主动进行信息的采集才能未雨绸缪，知己知彼；二是按照业务划分裁判信息库，可以吸引专业律师参与信息库的建设，为银行防范和缓释裁判风险提供更好的检测、指导和支撑作用。

文本信息、及时风险信息和裁判信息都是以业务信息为基础构建的，我们甚至可以考虑将前三者纳入业务信息。但是三种信息的侧重点不一样，需要有专业的人士处理，合并在一起，会降低信息采集整理的质量，所以，我们保留将其分开，同时建议三种信息的专业处理人士，以银行业务为纽带，形成相互支撑配合的机制，这个机制如何形成，还需要大家一起努力。

第二章　银行业务课题框架目录及使用说明

（1）银行文本理论业务课题题目框架目录应分为“银行文本法理课题框架目录”和“银行业务框架目录”（“业务目录”），合并为“银行业务课题框架目录”（简称“课题框架目录”），参考模板如下。

银行业务课题框架目录模板（×××版）

业务板块	业务分项	框架课题	研究人	分项课题	研究人	基础课题题目	研究人	详情备注

（2）“课题框架目录”设定的目的在于帮助大家统一研究课题归集标准，便于大家查找、修改、使用。

（3）“课题框架目录”课题共有 4 级。分项为第 1 级，框架为第 2 级，分项课题为第 3 级，基础课题为第 4 级。任何人都可以选择参加对第 2、3、4 级课题研究，但是数目不超过 3 个，第 2、3、4 级对应的数量不超过 1、2、3 个。

上级课题研究应对下级课题研究负有规划指导。

（4）“课题框架目录”板块课题代码采取性质字母的方式表示，剩余的课题按照板块课题代码顺序编码。编码可用“00”形式表示。业务综合课题自动包括以下分课题：业务模式、风险分析、侵权风险提示、业务文本参考。

（5）详情备注需注明课题研究人、最近研究时间，最近更新等信息。

（6）提供的目录属于参考文本，尚未定型，随情况进行补充更新，有兴趣的朋友可以向 QQ188028182 索取。

另外，按照实践，银行业务应按业务管理部门划分比较好，我们也草拟了课题框架示范，有兴趣的朋友可以与我们交流。

第三章　诉讼风险自测表及使用指导

法律是银行风控的最后一道防线。由于诉讼的专业性和滞后性，不被大多数银行工作人员所熟知，所以，诉讼风险是银行风控的难点和薄弱点。而银行业务的风险把控，关键在于识别，只有识别风险，才能分析风险，缓释风险，而识别风险的前提是高度灵敏的风险意识，只有具备风险意识，才能产生风险识别的注意力。

风险识别首先是一种事件识别，事件包括已经发生的事件（事实）、规划事件（事项）、推断事件等。无论风险的性质如何，一定依附于事件，在银行对业务操作严格规范管理的情况下，通过事件识别不失为识别风险的可行办法。

事件识别是一种经验积累，按照常规的风控训练规则，一般是举例说明哪些事情需要注意，这些事情会引发哪些不良后果，因此我们风控思维习惯是，这个事情是不是正常？是否有危险？危险在哪？能否克服？

针对诉讼风险的防控，尝试探讨诉讼风险意识培养途径，提高银行法律素养。我们认为培养诉讼风险意识的有效办法之一充分使用《诉讼风险自测表（×××版）》（附表见后）这一工具。

“诉讼风险自测表（×××版）”由两部分构成，一方面是异常事件发现途径，另一方面是风险领域检验。

异常事件是相对于正常事件而言的，任何业务都有标准的模式、标准的适用情景和标准的操作动作，但是实际操作中，现实总会和标准有所不同，我们对这些差异及时评测，就能发现是否存在异常事件，我们认为评测差异的途径有以下几个。

（1）内外规定。无论外部的法律法规、监管要求，还是银行内部的业务管理办法、操作流程，对于银行业务的办理都有具体要求，如果具体业务实际情况与内外规定不一样，通过对比找出差异，分析出风险，其中银行内外禁止性/强制性规定是重点。

（2）批复管理。银行办理业务，尤其是授信业务，都须经过审批，批复管理文件一般会有风控的要求，如果业务事件与批复要求不符，意味着该事件存在风险。

（3）库表自检。指对照风险识别库（该识别库由各家银行或操作人自行建立和不断补充、完善）进行风险自检，查看业务办理中是否存在风险事件，风险识别库应包括未在业务管理规定反映的风险提示，案例提示等。

（4）利益冲突。诉讼产生于利益争议，利益争议表现为多种形式，比如客户经营模式不当可能会陷入经济困境导致逾期事件发生，客户的活动表现异常或不合理，比如业务管理人员的不配合，报送文件虚假，客户谈判姿态强势，要求不合理。

（5）法律意见。对于法律部门（含外聘律师）处理的业务，如果法律部门提出法律意见或提示，一定要高度注意，尤其法律部门关于文本制定使用的建议和提示，一定要作为风险识别的重点加以评测。

（6）实战经验。实战经验指业务经办人员的具体业务实践直觉，实战经验途径不是一种科学的可评判检测的异常事件发现途径，但是它是一种直接有效的途径，每个人都有自身的独特感悟。我们强调实战经验这一途径，目的也在于提醒 / 鼓励业务经办人员提高自身的业务技能。

发现异常事件后，再通过诉讼风险范围进行检测，确定异常事件是否构成诉讼风险可能，诉讼风险范围包括以下几种。

（1）事实风险，也叫证据风险，没有证据支持的诉讼无法胜诉。具体风险分类包括：①没有搜集必要的证据文件；②证据文件有形式上的瑕疵或使用上的瑕疵；③证据文件保管不当破损丢失。检测角度为：客户提供的资料是否盖章确认？能否反映业务情况？能否达到标准要求？

（2）主体风险，能将责任落实到人，风险表现为：①遗漏主体；②无法追责；③逃废债务。检测角度为：客户主体是不是漏掉？客户主体要承担何种责任？承担责任的依据是什么？

（3）诉请风险。诉讼请求银行起诉的核心，由业务法律关系决定，有什么业务就有什么请求，是银行诉讼权益（风险规避）需求的具体显现，实质体现法律运用风险，要把业务需求与法律权利挂钩，根据法律权利设定诉讼请求。检测角度为：业务操作是不是遗漏重点风控要求？如果出现重要风险情况，银行将要求客户做什么？银行的要求依据体现在哪里？

（4）资产风险。客户用于清偿授信债务的资产失控，识别资产风险的目的是尽量控制客户的还款资源包括：①第一还款来源资产；②担保物权资产；③其他资产。检测角度包括：重点资产失控的可能性表现在哪几方面？是否有应对措施？措施会被法院支持吗？

（5）权益风险。权益指银行除授信权资产之外的其他权益，权益风险包括各种风险管理产生的风险以及被诉产生的资产风险，声誉风险，赔偿风险。检测角度为：我们在办理业务中的这项行为是否坚持了公平原则、保护消费者权益原则？是否尽到了社会责任？ 有没有可能侵犯他人利益或者被他人侵犯？

（6）其他风险。由使用人自行确定。

通过风险监测后，我们可以大体得出诉讼风险的存在可能，在诉讼风险意识表相应处做标志，其中横杠表示无法自测或与本身职责有冲突；叉号表示无风险；对号表示有风险；问号表示有疑问。自测完毕，对有诉讼风险或疑似有诉讼风险的情况作说明。

关于诉讼风险意识反馈机制有以下几个问题。

第一，对风险意识反馈要从宽掌握，以不影响业务为准。风险意识反馈不能作为评判业务的标准，业务拓展部门为了促成业务的实现，不会主动暴露业务风险，以免业务被驳回。另外，所谓的诉讼风险意识不是正式的确认结果，所谓的诉讼风险可能存在，可能不存在，诉讼风险意识自测在于提高业务人员主动进行诉讼风险防范积极性，不能成为业务人员拓展业务的紧箍咒。

第二，诉讼风险意识检测表主要适用业务调查人员，但是也适用其他部门人员，包括业务主管部门人员、风控人员、贷后管理人员，甚至法律人员。

第三，确定妥当的诉讼风险意识检测运行机制。因为诉讼风险意识自测的目的是提高业务人的诉讼风险防范意识，提供诉讼风险防范线索，因此其结果不应纳入业务控制流程而是赋予备案流程，即任何人均可以将某笔业务存在的诉讼风险直接向内控部门报送备案，由内控部门筛选是否确定为实际风险，并提出后续建议。如果内控部门没有专业法律人员做判断，可以外聘律师进行。

诉讼风险自测表（×××版）

风险类别	内外规定	批复管理	库表自检	利益冲突	法律意见	实战经验	备注
1 事实风险							
2 主体风险							
3 诉请风险							
4 资产风险							
5 权益风险							
6 其他							

自测人：

自测时间：

自测业务：

后　记

有内容，有意思，有福利！

很早的时候，我就问过一位银行领导，既然合同对银行十分重要，为什么没有人愿意专门研究呢？这位领导回答：自己辛苦，大家得益，得不偿失。

既然是好事情，总该有人去做，我们愿意点燃火种，引燃大家的热情，一起研究银行业务文本，一起研究银行业务风险，一起分享我们的研究课题成果。

我们设计的基本模式就是召集志同道合的朋友研发课题，将课题成果通过一定的方式进行推广，通过福利吸引更多的朋友参与建设，从而形成良性循环，我们称之为共建共享模式。

我们努力贯彻执行三个原则。

第一个原则就是有内容。

本书仅为银法用典的尝试性著写，水平有限，仅希望引发大家不断创作，形成各自系列优秀作品，银法用典核心在于学以致用，是理论研究和业务实践的结合体，任何遇到银行法律问题的人都可以从银法用典找到参考的依据，发挥指引、指导、参考、借鉴的作用。

我们希望更多的人参与进来，不断提供新的信息，不断完善银法用典内容，提高可用性。

第二个原则就是有意思。

可以参与研究的人很多，包括银行法务人员、银行管理人员、银行业务拓展人员、法院审判人员、检察系统人员、公安系统人员、银行监管人员、行政机关人员、提供银行法律服务的律师人员，以及银行法律的学者和爱好者，他们都能参与银法用典的研究，共享成果和收益。

有一种研究方法叫费曼方法，此方法的特点是：设定目标，参与人员平等交流，共同发现问题，相互指导，最终解决问题，共同进步。我们希望大家组团参与，在参与过程中形成各自的友谊团队。

最近听郭德纲相声，他有一句话——人熟是个宝，捧场的都是熟人，就是将酒桌上的文化端到舞台，每个相声演员都以此为出发点，塑造自己的娱乐角色形象。这和主旋律关系不大，和心情、娱乐、情感需求有关系，所谓的团队建设，应该包含情感。

第三个原则就是有福利。

俗话说得好，无利不起早，我们的共建共享一定要有福利的因素在里面，否则无法持续发展。

所谓的福利就是得到自己心属的东西，它当然首先包括赚钱，但是唯钱是图是法律人的思想陷阱，所以我们用“福利”代替“赚钱”。

为大家谋福利的途径很多，比如收购有价值的专业参考信息，读者提供修改意见或建议，或者提供工作中遇到的问题，会获得我们的福利；比如提供营销分成，购书者帮助我们进行销售 / 推广的行为会获得我们的福利；比如进行业务 / 资本合作，我们拟和律师 / 律所 / 相关单位合作，获得福利来源资本，形成发展循环模式。最终的模式需要和大家一起研究并付诸实践。

欢迎加入我们的微信群银法用典共建共享，欢迎与 QQ 号 188028182 联系，商谈合作事项。

再次感谢大家的支持！

2022.10